U0781902

融媒体·新视听 研究丛书

听觉媒介景观再造

城市广播转型研究

Reconstructing
Auditory Media Landscape

A Research on City Radio Transformation

连新元 ◎ 著

中国传媒大学 出版社

·北京·

本书系"北京市高层次创新创业人才支持计划青年拔尖人才"资助项目研究成果，项目号：2014000020044ZS01。

序

困惑中思考，感悟中超越

——从《听觉媒介景观再造：城市广播转型研究》出版说起

祝贺连新元的新作《听觉媒介景观再造：城市广播转型研究》（以下简称为《景观》）出版。因我本人在北京广播学院（现中国传媒大学）任教 57 年，50 余年学广播、教广播、研究广播，对广播有一种特殊的专业认同和关注。《景观》的作者连新元曾是北京广播学院 2002 级广播新闻专业的硕士研究生，在校期间常见他在阅览室读书、记笔记，在期刊发表多篇广播业务的文章，是一位认真上进的学生。连新元毕业正值北京电台新闻频率改版，急需广播新生力量，遂前往实习；实习期间认真努力，顺利被北京新闻广播录用，至今十余年。他从社会新闻记者、深度报道记者做起，到今天担任了特别报道部的主任，侧重报道重大事件和舆论监督题材，力求报道接地气、见实效，力争将舆论监督落到实处。他策划和采制的《南辛堡村土地确权调查》《打工妹杜瑞霞的维权之路》《阳光政府背后的公民力量》等报道曾获全国和北京市的新闻奖项，体现了一线广播新闻从业者的社会责任担当和舆论监督的建设性力量。广播新闻一线超负荷的工作状态练就了他对媒介责任的认知，积累了对社会的困惑和感悟，也点燃了他进一步求知解惑的学习动力，2007 年他考取了中国传媒大学广播新闻的博士研究生。

读博期间他较系统和用心地攻读了新闻传播和有关社科的理论著作，拓宽了学术视野，力求将实践中的感悟提升至理论层面，力求将理论的启示融入新闻策划与运作中。他的博士论文《社会转型期城市广播发展研究》对城市广播的功能定位、受众转变、节目形态、话语流变等问题进行了实践至理论的梳理，特别强调了社会转型期城市广播成为城市"社会神经中枢"的媒介深层价值开发，体现了当代城市广播特有的人本服务理念。

传媒大师麦克卢汉说："每一种新媒介的产生与运用，都宣告我们进入了一个新时代。"移动互联网技术的互联互通、互动分享，使人类进入无时无刻不网络的新媒体时代。电波时代使广播进入了新的口传时代，新媒体技术使广播转型进入了人人都有麦克风的全民话语时代。《景观》一书体现了连新元对新媒体时代城市广播转型的思考和感悟，将"社会神经中枢"的深层价值开发置于新媒体技术平台之上，这将是二十一世纪城市广播转型的主要路径，将使城市广播成为多元用户（特别是中下层用户）利益表达的有效渠道，成为草根话语、精英话语、主流话语交流整合的多元话语平台，促进城市多元文化与主流文化的交流融合，健康发展，使新媒体时代的城市广播真正成为个性化、人格化、人本化的广播"心灵媒介"。

新媒体时代城市广播转型充满了机遇和挑战，也负载着更多的困惑、瓶颈和期待，其中内容无比丰富，智慧与原创潜力无穷，亦充满诸多问题和不确定因素。《景观》一书体现了作者困惑中思考，感悟中创新的进取精神，既有可喜的探索，也有诸多的局限。相信连新元会百尺竿头更进一步，在工作学习中不负众望超越自我，一切皆在路上。

（中国传媒大学教授、博士生导师，已退休）

2017.5.20 写于北京复兴门

目 录

音频二维码目录

绪 论

一、研究缘起

中国社会正处在转型期：从传统社会向现代社会、从农业社会向工业社会、从封闭性社会向开放性社会转型。在我国社会转型的宏观背景下，在全球化、社会变革、经济发展、新媒体这"四大推手"的共同推动下，广播媒体正经历从宏观到中观再到微观的变革，媒介生态环境、媒介受众、媒介主体形态和媒介功能都在深刻转型。

在中国广播深刻变革的过程中，城市广播的发展创新起到了"领头羊"的重要作用。从广播发展规律看，广播的本土化定位仍是城市广播发展的相对优势空间。结合北京人民广播电台（以下简称为"北京电台"）等城市电台在新的媒介生态背景下创新发展的丰富实践，进行从实践至理论的梳理，在多学科的理论框架中，探索中国城市广播在社会转型与新媒体时代的创新与重塑，正是本书的研究缘起和意义所在。

社会学研究认为，社会转型的具体内容包括结构、机制、利益、观念等方面的转轨和转变。近三十年来，市场化、工业化、现代化和制度改革等几类重大社会转型浓缩在了同一个历史时代[①]，深刻地影响着当下社会的方方面面。在这一背景下，传播与社会发展的互动和影响是空前的，集中表现在中国城市的转型过程中。在这一过程中，广播媒介的传播活动发生了哪些变化？广播媒介表现出怎样的形态变化？如何建构广播媒介的社会意义？城市广播与社会话语

---

① 杨清涛等. 和谐之道——社会转型期人民内部利益矛盾解析 [M]. 北京：人民出版社，2009：43.

生产之间的内在关系是什么？社会转型过程中所出现的分化、失衡等问题如何影响城市广播的发展？如何定位城市广播在社会转型中的作用？如何借助城市广播，在社会转型中进行有效的社会动员与舆论引导，进而促进城市文化和城市社会的发展？

要回答上述问题，除了社会学理论，还需要借鉴发展传播学的相关理论。发展传播学研究的核心，是"传播与社会发展"问题。其基本涵义在于"运用现代和传统的传播技术，以促进和加强社会经济、政治和文化变革的过程"[①]，主要集中于发展中国家如何进行大众传播的实践。传播学的代表性人物施拉姆认为："有效的信息传播可以对经济社会发展做出贡献，可以加速社会变革的进程，也可以减缓变革中的困难和痛苦。"[②] 而从发展中国家的特殊情况出发，"广播的'地位尤其重要'。非洲80%的家庭有收音机，一个小型广播电台只需要3 000美元就能建立。广播是受众最为广泛的大众媒体，特别是社会中最边缘的群体也可以收听广播。"[③] 因此，从2011年开始，每年的2月13日被联合国教科文组织定为世界广播日（World Radio Day），以此"彰显广播在促进教育、言论自由、公众辩论以及自然灾害中所具有的信息传播功能"[④]。正基于此，广播媒介的功能和社会责任已成为发展传播学研究的重要内容。

从社会学、发展传播学、广播媒介理论等研究基础出发，重新审视社会转型之于城市广播的影响，以及城市广播对于城市建设和社会发展的作用，本书提出以下思路：

1. 城市广播与城市化进程

社会转型之于城市最大的变化在于城市化进程的加快。在城市化进程中，城市扩张、经济发展、文化多元，特别是社会阶层逐渐分化；中产阶层成为城市主流的同时，富裕阶层和贫困人群也出现分化，贫富差距加大。与此同时，大量农村劳动力脱离农业生产，加入城市产业队伍，带来城市社会关系、阶层结构、组织方式、行为方式、生活方式和价值观念的变革。在这一背景之下，

---

① 徐晖明. 我国发展传播学研究状况［J］. 当代传播，2003（2）.
② 威尔伯·施拉姆. 大众传播媒介与社会发展［M］. 金燕宁等，译. 北京：华夏出版社，1990：78.
③ 张加宁. 今迎来第一个世界广播日 电波跨越时空影响世界［EB/OL］.（2012-02-13）［2017-04-01］. http://china.cnr.cn/yaowen/201202/t20120213_509153091.shtml.
④ 同上.

大众传媒的传播环境、传播方式、受众群体都在发生急剧变化。城市广播从功能定位到传媒形态、传播语态，再到传播内容与传播观念都在城市化的影响中发生变化；同时，城市广播也在以自身的传播活动影响着城市社会，服务城市化进程，推动新型城市社会的形成。

2. 城市广播与城市"人"

城市社会转型中形成了多元的利益群体，社会阶层重新定位。不同的阶层往往有其特殊的文化需求、经济利益、政治诉求，媒介需求也变得更为多元和丰富。城市多元阶层、多元文化、多元选择需要城市广播的呼应：交通广播成为中产白领的信息驿站，流行音乐广播成为时尚年轻人的流行文化平台；文艺台则可以是本土文化与新兴外来文化融合的大舞台。

城市广播通过传播与沟通，可协助阶层之间的"黏合"，特别是有助于提升弱势群体的话语权。同时，城市听众的年龄、职业、教育水平、生活方式、价值取向、媒介接触习惯也在变化。当广播的人本关怀、贴心服务被听众逐渐认可，它成为城市听众获取信息的电子秘书；而在急剧社会变革中压力倍增的人们又希望把广播当作心灵的沟通平台，以及排忧解难、解疑释惑的共鸣箱；一些老年人、残疾人、农民工[①]，又因为广播的尊重、体贴与呵护，找到了可以依赖的心灵触媒及话语表达的渠道。要实现上述功能，城市广播需逐步实现自身的变革。

3. 城市广播与政治文明

社会转型期政府的信息透明度尚有提高空间；公共服务水平和公信力也有待提高；二元结构导致的城乡差别还广泛存在；户籍限制带来的公民待遇差异问题难以消弭。这些问题的存在导致了一些社会问题，难以建立公平包容的和谐城市。中国社科院发布的《中国城市竞争力报告2016：新引擎：多中心群网化城市体系》显示，2015年和谐城市竞争力十强为：深圳、北京、武汉、上海、厦门、宁波、苏州、青岛、大连、威海。"中国和谐城市竞争力综合得分从2013年的2.52上升到2016年的3.90，全国城市整体水平有所提高。除了沿海少数发达城市外，基本上处于中等偏下的水平，并且城市之间分化严重，城市级别越高的城市和谐度越好。东、中、西三大地带差距显著，东北地区下滑严重。"[②]

---

① "农民工"被认为是带有歧视性的称呼，但由于这已成为约定俗成的说法，本书为避免表述混乱，亦采用这一称呼，为中性表述。

② 张隽玮. 中国和谐城市竞争力武汉居第三［N/OL］. 长江日报.（2016-5-31）［2017-05-20］. http://cjrb.cjn.cn/html/2016-05/31/content_5534457.htm.

转型期政治文明的进程需要媒介积极推动。在这一过程中，广播以其独特的传播特性，正越来越受到各方关注。作为政民互动的对话平台，城市广播被赋予更多的责任与期望；作为可以移动接触、突发事件中反应迅捷的媒体，广播正在成为重大突发事件中的第一媒体，受到政府和社会的重视。

围绕上述角度，近三十年来，城市广播为谋求自身发展进行了积极的探索。

广播的转型与变革从改革开放的前沿广东省开始，1986 年年底珠江经济广播电台（以下简称为"珠江经济台"）的创办使广播实现了向声音传播规律的初步回归。随后上海电台率先布局专业台：1987 年 5 月，上海电台先后成立新闻教育台、文艺台、经济台；并在 1991 年 9 月开播国内首个交通台。广东电台和北京电台紧随其后：广东电台新闻台（1989 年 11 月）、音乐台（1991 年 1 月）、股市台（1993 年 4 月）、羊城交通台（1993 年 7 月）相继开播；北京电台经济台（1990 年 8 月）、新闻台和音乐台（1993 年 3 月 1 日）、儿童台（1993 年 9 月）、交通台（1993 年 12 月）、文艺台（1994 年 4 月）、教育台（1994 年 12 月）相继开播。

珠江经济台开播之后，广播运作模式变革逐渐转向城市台，新一轮专业化改革的红利逐渐实现。直至今日，城市电台还基本维持上述专业系列台的传播格局。

城市听众需求多元化需要城市广播进一步分众化传播；城市广播有限频率资源需重新整合与定位。北京电台有 10 个专业广播，其中 3 个专业广播为调频和中波双频播出，总共拥有 13 个频率资源（调频 7 个，中波 6 个），有进一步细分的空间。与此同时，10 个专业广播中，同质性内容形成内耗，造成节目恶性竞争与人力资源浪费。因此在社会转型期的背景下对城市广播传媒形态的演化规律进行研究是很有必要的。

近年广播电视收视（听）率"定乾坤"的导向，在一定程度上导致城市广播在频率定位、节目调整中过度强调经济效益，频率与节目追逐高端，从而造成公共职能弱化。对社会转型的背景缺乏科学认知与把握，对广播频率和节目定位的多元服务功能理解偏窄，导致出现这些倾向：过度市场化、过度商业化，乃至出现迎合媚俗导向；对弱势群体服务不到位，政府与民众互动未能实现机制化，各级政府对应急广播的重要作用未能充分重视，一旦出现灾情，不同程度出现信息盲区，造成生命财产损失；对社会的关注往往流于表层，舆论监督守望社会的意识薄弱；此外，广播服务性信息不够，贴近性、实用性存在差距，难以成为市民的必听媒体……解决上述种种问题的前提在于对社会转型期城市广播功能的重新审视。

4.城市广播与新媒体

新媒体的发展壮大,使传统媒体面临新的竞争和机遇。以互联网为代表的新媒体正在成为公众传递信息、表达意见、评论时政、释放情绪的一个主要渠道。融入新媒体的发展格局,拓展新形势下的发展空间,是城市广播的唯一选择。城市广播面临的问题在于,对新媒体的研究和理解相对滞后。与新媒体融合不只是技术门槛,更重要的是理念,还有政策门槛。当前民营资本已经开始大举进军网络电台,城市广播媒体应积极拥抱新媒体,进一步拓展城市广播新的发展空间。

基于上述城市广播的发展现状,面对现实中不断涌现的新问题、新机遇,对城市广播的理论框架进行有效的阐释和解答,对中国转型期社会和城市广播之间的互动关系进行新的解读和探究十分迫切。

二、研究框架

基于本研究所持的角度,本书将听众定位为客体,城市广播定位为主体。

第一章通过对城市广播所处的媒介环境的分析,探讨转型期大背景对于媒介可能带来的影响。城市社会的变迁是城市广播所处的最大生态变化,足以决定城市广播的发展走向。而经济环境、法规环境和媒体竞争环境(主要是新媒体竞争)是影响城市广播发展的主要变量。出于全文布局的考量,新媒体环境我们将在第五章进行分析。

第二章探讨的城市广播受众转型是第一章媒介生态问题的延伸。它包含两部分主要内容:一是分析城市中产阶级的增长对于城市广播的促进与支撑,这部分人群有诸多广播接触的特点,比如移动性强、收听方式渐趋伴随性、收听渠道更加多元、媒体接触复合型等;二是对城市其他主要收听群体进行分析,主要包括大学生、老年人和流动人口群体,并就提升对老年人和流动人口的服务提出建议。

第三章主要研究了城市广播主体形态转型的两个层次:宏观意义上的城市广播传媒结构、中观和微观意义上的节目形态。城市广播形态的变迁,为其实现功能转型提供了可能。

第四章以城市社会转型的视角,从广播一般性功能中抽离出城市广播的特殊功能,这些功能包括协助消除阶层隔阂、提升城市弱势群体话语权、推动城乡互动、促进政民沟通实现政治转型、建构应急广播应对城市突发事件等。

第五章通过对新媒体的研究，探讨城市广播如何在舆论环境复杂化条件下实现主流引导，以及城市广播在媒介融合大背景下的发展趋向。作者在这一章提出，要以广播的"声音"为核心，把声音传播的优势最大化，把音频融入新媒体中，实现从广播到"音媒"的转变。

上述研究结构是基于美国政治学家 H.D. 拉斯韦尔提出的"5W"传播模式。该模式的传播结构为：谁（who）、说什么（says what）、通过什么渠道（in which channel）、对谁说（to whom）、产生什么效果（with what effect），虽然这个模式被认为过于简单，忽略了反馈，忽略了传播过程中外部环境的影响，也忽略了传播行为的复杂性，但该模式概括性强，以简单的模式说明了大众传播复杂的过程。因此，本书也借鉴该模式，对研究内容进行界定。城市广播（谁）在城市社会转型期通过自身传媒形态、传播方式、传播内容的变革（通过什么渠道？说什么？怎么说？），向同样处于转型中的听众传播信息（给谁？），在社会转型期发挥城市广播的功能（取得什么效果？）。本书研究框架如下图所示。

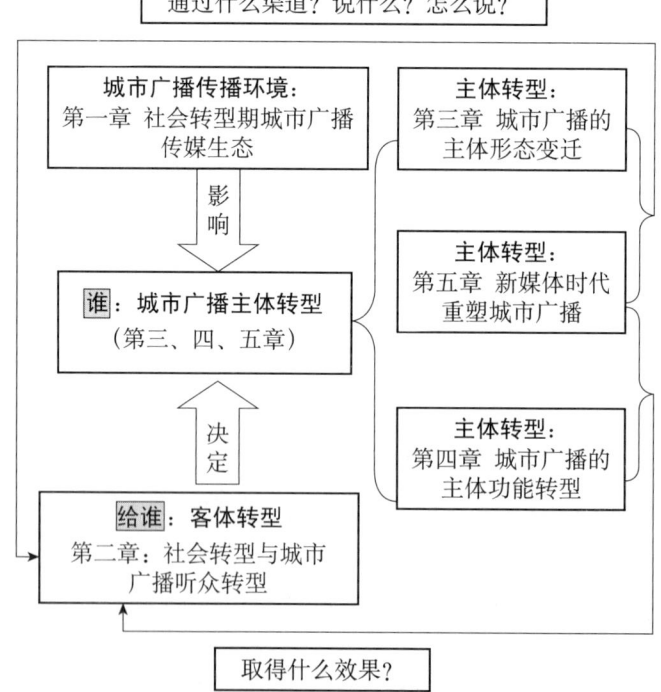

图 1　本书研究框架图示

第一章 社会转型期城市广播传媒生态

互动与转型：城市与广播关系辨析
动力与制约：市场经济与城市广播产业
开放与管束：体改与城市广播话语尺度

"生态系统"是指由生物群落及其生存环境共同组成的动态平衡系统。这一概念是由英国植物生态学家坦斯利 (A.G.Tansley) 提出的。"媒介生态"的概念也由此生发。传播学者们通常把**"媒介生态"**界定为某一特定时代中，媒介各构成要素之间、媒介之间、媒介与外部环境之间相互关联、相互制约而达到的一种相对平衡的结构。"媒介生态包括内生态与外生态两级层次。内生态层次主要是指媒介内部的生态机构和媒介间的协调机制。外生态层次则涵盖了政策法律环境、技术经济环境、传播人才和教育环境、媒体的国际交流环境等若干要素。"①媒介与个人之间的互动构成了受众生态环境；媒介系统与社会系统之间的互动关系构成了媒介制度与政策环境；媒介与媒介之间的相互竞争构成了媒介的行业生态环境。②本书所要讨论的媒介生态指城市广播的外生态，主要包括社会经济环境、政策法律环境、受众生态和新媒体生态环境；受众生态环境将在第二章专门论述；新媒体环境将在第五章涉及。

第一节　互动与转型：城市与广播关系辨析

一、城市广播是城市的听觉景观

"城市是区别于乡村的一种相对永久性的大型聚落，是以非农业活动为主

---

① 郑瑜. 媒介生态与科学发展 [J]. 当代传播，2008（6）.

② 王驾珍，陈玲. 媒体舆论监督"弱效果"论辨析——以媒介生态学的视角 [J]. 新闻爱好者，2012（6）.

体，人口、经济、政治、文化高度集中的社会物质系统。"① 在区别于乡村的众多指标中，人口的多少是关键的指标。联合国为了进行国际性的对比调查，建议所有国家的人口普查和官方统计，把集中居住人口达 100 000 人以上的地方称为城市。② 根据民政部 2011 年 6 月发布的《2010 年社会服务发展统计报告》，全国（除港澳台地区）设市城市数量为 663 个。

城市广播则是指以各地城市市域为主要覆盖范围的、主要以城市居住人口为传播对象的广播机构。其中包括市级电台、直辖市电台，以及中央台和省级台所办的专门面对城市听众的广播频率。城市与城市广播是相互依存、互利共生的关系。

（一）广播在城市运行机理中不可或缺

19 世纪兴起的电报、电话以及 20 世纪兴起的广播、电视、电影、卫星通讯、计算机网络等媒介技术，重新定义了时间与空间的意义，重新建构了社会关系。进入信息社会，大众媒介成为信息传播主渠道，从以前的多渠道传播，到现在以大众传播媒介为主，媒介本身成为信息生产、传播的承载机构，"媒介即信息"③ 日益明显。印刷媒介、电子媒介早已成为各种信息传播的主渠道。传播是社会运行的内在机制，因此，传播方式的变革必将带来社会的变迁。不论是社会生产还是商品流通，都建立在传播的基础上。原材料的来源、生产活动的组织，以及商品的价格、行情、未来趋势，都通过信息来表示，经由传播而实现。

从城市社会学的角度来看，大众传媒所提供的信息可以协调社会组织的活动、推动社会改革、影响社会舆论导向、制造流行、引导消费等。任何现代城市都必须具备由大众传媒所提供的信息才能正常运转。甚至有学者把城市中的大众传媒系统与神经系统相类比——神经系统是"人和多细胞动物体内调节各器官的活动和适应外部环境的全部神经装置"。④ 而对于城市这样一个社会单元来说，信息是通过大众传媒在城市的个人、团体和各种社会组织之间进行传

---

① 刘国光.中外城市知识辞典［M］.北京：中国城市出版社，1991.
② 麦夷，江美球.城市社会学概论［M］.贵州：贵州人民出版社，1988：25.
③ 马歇尔·麦克卢汉.理解媒介——论人的延伸［M］.何道宽，译.北京：商务印书馆，2000：16.
④ 许英.城市社会学［M］.济南：齐鲁书社，2002：270.

递的；市民、社团各种组织也正是根据这些信息做出反应和决策的。由此可见，大众传媒之于城市社会恰如神经系统之于人体。

广播是传媒生态中唯一的音频媒介，它以其自身的独特优势，成为城市运行机理中不可或缺的内在机制，也成为城市的一道风景线。城市的视觉景观是更容易引起关注的，**听觉景观**却容易被忽略。飘荡在城市上空的广播是听觉景观的重要组成部分。

2008 年北京奥运会前夕，北京电台曾经出品《听，北京的声音 2008 秒》大型音响纪念光盘，在这张时长 2008 秒的 CD 中，汇集了一些最能代表北京的声音，用这些充满感情、自然动听的声音讲述了北京的历史、北京的变迁以及北京的发展。整张 CD 分八个部分，从《北京晨韵》《北京的脚步》《鸽哨·校园》《激情广场》《午后·雷雨》《黄昏·古韵·闲情》《北京夜色》到《奥运来了》，以时间作为轴线表现出普通北京人一天的生活，京剧、琴书、鸽哨、暮鼓晨钟等北京传统文化的代表声音都按照整体篇章的节奏有机串联起来，胡同游三轮车队叮当作响的铃声，王府井夜市上吆喝大王的叫卖声以及景山公园千人大合唱等，从不同角度传递出北京人不同的生活状态。

城市听觉景观经典案例：听，北京的声音 2008 秒

图 1-1　北京电台出品的《听，北京的声音 2008 秒》大型音响纪念光盘封面

一方面城市广播作为城市的音频媒介，记录城市声音景观，将其作为城市文化传承和城市记忆的一部分，可彰显媒体价值。城市广播依托城市而存在，并随着城市的发展而壮大；城市广播同时又是城市的"耳朵"与"喉舌"，敏锐觉察城市的动静，反馈城市信息，服务城市大众，是政府与民众互动的平台，也是市民之间沟通的纽带，还是突发事件中的救助者。城市广播在促进城市发展、助力城市顺利运转中的作用不可小觑。

另一方面，城市的发展为广播提供了更广阔的空间。

从上世纪 60 年代到 80 年代，中国广播度过了一段黄金时期，但自电视在中国普及以来，广播的发展受到了严峻的挑战。一个问题随即被提出：电视会不会取代广播？然而，从上世纪 90 年代末开始，广播的发展却如火如荼。1994 年，中国广播的营业额达 51 000 万元，到 2003 年，这一数据升至 21.90 亿元。[①] 以**交通广播**为例，2012 年，北京电台交通台 60 人创造了 6 亿元的广告收入。2007 年，全国交通广播的广告创收总额已经占全国广播广告创收的近二分之一[②]，全国有 62.2% 的交通频率在当地广播中排名第一[③]。这一现象被业界称为"交通广播现象"。交通广播之所以迅猛发展，有一个重要的依托，那就是城市。"从 20 世纪 90 年代开始，广播就开始将目光聚焦于城市，尤其是北京、上海、广州等中心城市。这些城市已成为国家电台、省会电台、地市电台交锋、角逐的主战场。"[④]1991 年 9 月 30 日，中国第一个交通电台在上海出现，正是顺应了上海城市发展的需求。

可以说城市经济的繁荣、城市化的日益推进赋予了广播"第二春"。"'城市化'与'广播发展'是共生互利关系，'城市化'使得广播受众构成由'农村'转向'城市'。'城市化'的三个特征：城市交通一体化、城市居民知识化、区域城市共生化，为广播发展提供了条件。"[⑤]汽车业的发展，尤其是私家车数量的不断增多，使得车载收音机的数量得以增加。目前仅北京一个城市，机动车的保有量就突破了 500 万辆，其中绝大部分是私家汽车。私家车主——"这批

① 丁俊杰，黄升民.中国广播产业报告——产业发展与经营管理创新［M］.北京：中国传媒大学出版社，2005：61.

② 秦晓天，谢先进.交通广播发展历程与思考［J］.现代视听，2007（1）.

③ 丁俊杰，黄升民.中国广播产业报告——产业发展与经营管理创新［M］.北京：中国传媒大学出版社，2005：61.

④ 同上.

⑤ 韩冰.广播论谈［M］.北京：新时代出版社，2005：52.

具有高端市场价值的受众的加入，为广播的发展提供了契机。"①

交通广播的兴起，也带动了其他城市广播频率的发展。以交通广播为样本，各频率从节目结构、节目内容、话语形态、办台理念，甚至广告经营，都进行了一番改革；北京电台曾有这样的政策：由于希望在交通广播投放广告的客户太多，竞争激烈，所以在交通广播投放广告的客户，需要在其他相对弱势的中波频率上投放广告，这一政策被称为"搭售"。通过这种方式，北京电台下属各频率的广告经营得以被带动。随着其他城市广播频率逐渐找到城市传播的规律，从输血到逐渐实现自我造血，从而实现城市广播全行业的繁荣。

（二）城市广播声音传播的基本特性

城市广播具有音频媒介的一般性特征，这些特征有优点，也有与生俱来的缺陷。

1. 声音传播的非视觉性

从人类接受信息的心理、生理特征来看，单一渠道传播的有效性较高。心理学家研究表明，人的知觉只能在一条通路上工作。也就是说，从感官到脑的通路只有一条"行车道"，视、听的信息都可以用这条通道，但不能同时使用，其中一部分必须停在"候车室（短期记忆）"里等待。因此，用两种感官来处理的信息绝不是用一种感官来处理的两倍。而且在受众接受电视媒介的传播过程中，用视觉取得的信息和用听觉取得的信息之间有时会发生干扰现象。换言之，不仅不会有双倍的效果，视听兼用的路线反而没有只用视或听来得有效。②因此，广播和报纸的信息传播效果相对于电视和网络是较好的。在四大媒介中，网络传播效果则相对较差。网上海量的文字信息、令人眼花缭乱的 Flash 动画、目不暇接的图片和录像，让你在信息的"围剿"下"疲于奔命"，让你高度紧张、身心疲惫。

广播是四大媒介中唯一的非视觉媒介。"可以置'眼球'于不顾；可以超然于'眼球大战'；可以担负起解放人们日渐疲劳的'眼球'的重任。"③由此看

---

① 丁俊杰，黄升民. 中国广播产业报告——产业发展与经营管理创新 ［M］. 北京：中国传媒大学出版社，2005：22.

② W. 宣伟伯. 传媒信息与人——传学概论 ［M］. 余也鲁，译. 北京：中国展望出版社，1985：58.

③ 周小普，刘展. 中国广播的网上发展及制约因素 ［J］. 现代传播，2001（3）.

来，在媒介争夺"眼球"大战日益激烈的今天，在人们日益对纷繁芜杂的视觉污染烦不胜烦的今天，听广播，无异于是一种媒介接触行为的"返璞归真"，一种心灵的"自然回归"。城市中工作生活压力大，信息传播渠道过载，通过广播迅捷获取信息、得到心灵抚慰、娱乐放松身心，成为很多市民接触广播的原因。①

2. 声音传播的时间线性

和报纸、网络相比，广播的主要特点之一是声音的时间线性传播。从本质上说，广播其实就是时间的媒介。广播一旦开始播出，就有了因为时间而产生的各种矛盾。比如，围绕广电媒体广告的多少（时长）而制定相关的约束性法规；再比如，主持人在节目结束的时候总喜欢说"因为时间的关系，只能和听众朋友说再见了"，这是因为时间的有限性在制约着节目的继续。因此，充分、合理、有效地开发广播的**时间资源**就显得特别重要。

从珠江经济台的改革到北京电台系列台的建立，本质上都是广播时间资源的重新分配。无论是专业系列台、大时段版块节目、综合性节目还是专题性节目，都是广播**"时间版面"**编排方式的探索。具体节目形式的创新，使广播节目更加丰富多彩，时间利用更加充分、合理。自广播诞生以来，广播人就从未停止过对广播时间资源合理利用的探索。

随着现代传播技术的发展，先进的传播技术从采、写、编、录、播、传输等各个环节为广播传播提供了便利条件。首先，"即时"传播成为可能，这体现了现代传播的**即时性和瞬时态**。这一切的关键在于时间，时间越短，速度越快，空间距离也就越小，即通常所说的"用时间消灭空间"。"'用时间消灭空间'在采用现代传播技术的基础上，它集中地体现为对时间资源的有效配置和对空间能量的开发利用。"② 其次，热线电话、手机短信的引入，以及网络广播的在线点播，也是对广播时间链的拓展和延伸。因此，"研究和开发时间资源，建立科学的时间管理体系，推进现代传播活动更加健康和自由地发展"③，成为广播媒体的重要课题。

在城市的收听环境中，听众媒介接触呈复合型（本书第二章将有专门探

---

① 连新元."聋子式"传播削弱网络媒介竞争力［J］.传媒观察.2003（9）.

② 赵鹏.现代传播：用时间消灭空间［J］.山西广播电视大学学报，2006（9）.

③ 同上。

讨），城市广播要在信息传播方面取得竞争优势，以快取胜是行之有效的措施。城市广播的传播特性，使广播节目的采制不需要像报纸、电视那样经过多重工序才能实现，在新闻现场，只需要一部手机便可以发出最新的报道，而且还生动传神，这是其他媒介所不能比拟的。

另外，面对城市听众的高参与度、高表达欲，广播逐渐从以往点对面的传播发展到点对点的传播，热线电话给听众倾吐心声的机会，而手机短信、微信、微博参与节目的形式则给传受双方带来快捷、直接的沟通渠道。

3. 音频媒介收听的便利性

收音机小巧玲珑，便于携带，受众收听广播的同时还可以进行其他事务，如：开车、行走、工作、家务，甚至学习。特别是车载广播的兴起，将广播收听便利性这一特点发挥到极致，车载广播使广播业从低迷再次走向繁荣，而且发展空间还很大。交通广播的发展就是对移动收听优势的充分开发。交通广播依靠开发路况信息、汽车音乐等适合车上收听的节目资源，取得了巨大的成功。可以预见的是，随着国内私家车的日益普及，车载广播的收听率也将大幅攀升，从而带动广播业的发展。

广播的便携性和收听的便利性使广播成为个人化和贴近性强的媒体，随身收听的广播媒介成为不少听众的"资讯中心""娱乐中心"和"心理抚慰所"。城市听众工作、生活节奏快，难得有时间坐下来读书、看报、看电视；广播的伴随性使随时随地收听成为可能，为城市听众节约了获取信息的时间；广播也成为陪伴性媒体，是为城市听众提供"存在感""现场感"、去除"孤独感"的媒体。

同时，收音机不需要固定电源，电池就可以维持长时间的使用，因此被称为**"高存活性媒介"**[①]。在突发事件发生时，广播往往能起到关键作用。广播的灾区动员功能、灾难救援功能、灾区内外的信息传递功能已经得到充分验证。

4. 声音传播的劣势

总的来说，广播传播的劣势和局限性可概括为以下几个方面。

（1）听觉的易逝性：转瞬即逝，难以查找，影响二次传播，特别在网络时代，这意味着无法在网上形成二次传播的影响力（除非整理成文字上网，但这

---

① 曹璐. 当代中国广播媒介的理念与功能变革［G］// 曹璐，胡正荣. 广播创新与发展. 北京：北京广播学院出版社，2004：45.

已经不是传统意义上的广播）。

（2）视觉缺失的不确定性，容易听错（同音字），声音表现手段有限，难以展现画面与场面。

（3）听觉超负荷：难以传播数字多、逻辑性强、线索多元的复杂内容。

（4）容易引起听觉疲劳：收听状态多为伴随式，容易分散注意力，影响传播效果；要求广播节目要有针对性、贴近性、节奏感。

（5）听觉形象难以确立：广播主持人完全依靠声音树立形象，主持人形象容易弱化；同样，广播节目、广播频率品牌都易于同质化，难以形成品牌效应。

（6）传统广播的线性传播，听众只能被动地按节目表收听广播，增加被动收听与准时"赴约"的难度。

上述传播劣势阻碍了广播媒介影响力的形成，以至于有人说广播是"弱势媒介"。

（三）城市广播扎根地域特色鲜明

除了具有以上广播媒介的基本特性，城市广播还有以下特征：

1. 走专业化、细分化、特色化道路

随着听众的多元化、需求的多样化，城市广播顺应听众需求，频率设置逐渐走向专业化与细分化。

城市广播专业系列台的建立，是广播在共时链上开发时间资源的有效手段。"一台多频"的传播格局，增强了城市广播的传播能力，增加了传播信息量，也为优化时间版面的传播方式提供了可能；更重要的是，朝听众"各取所需"的目标迈进重要一步：随着广播朝专业化的方向不断发展，听众只要打开相应频率，就可以获得想要的信息。

以北京广播市场为例，主流频率是专业台，不过由于这种专业台播出的节目涵盖广泛，因此本书称之为"专业化综合台"；也有部分电台实现了从专业台到类型化电台的变革。关于城市广播频率的专业化、细分化变革，本书第三章在专门探讨"城市广播的主体转型"时将有详细论述。

2. 注重本地化和贴近性

基于广播便利和贴近的特性，以及城市广播传播范围和收听群体的确定性，城市广播形成了本土化的传播规律，源于本地，服务当地：服务于本地听众的信息需求，提供本地受众的娱乐陪伴，增进本地民众之间、政府与公众之间的交流与沟通。

城市广播注重为本地听众提供贴近性的本土化信息服务。由于城市广播传播范围集中，为其提供贴近性的服务创造了有利条件。"由于广播容易和小型社区发生非集中化的、亲密的关系，所以广播更容易在世界范围内实现多样化的社区传播，用麦克卢汉的话来说，成为现代的'部落鼓'。"① 比如，交通广播从上世纪九十年代创办以来，至今仍在各地盛行不衰，其中很重要的原因就是贴近与服务。交通广播提供的路况信息、出行指南、汽修常识、警情提示、城市生活资讯是其黏合听众的法宝。以北京交通广播为例，在该台的节目架构中，除了少量娱乐节目和新闻节目，最多的就是生活服务类节目，比如《路况信息》《路况会商室》《1039 汽车服务热线》《1039 都市调查组》《一路畅通》等，都是以提供贴近服务为特色的节目。

城市广播注重百姓与政府的沟通，提供信息发布、政策解读、政民互动。"面对社会转型期出现的诸多问题，广播的伴随性、参与性、互动性、时效性等优势得到充分发挥，使得电台不仅成为党和政府的喉舌，还成为政治民主的话语平台、社会舆论的瞭望平台、社会和谐的安全阀门。"② 比如，北京电台城市广播就有一档《城市零距离》节目，该节目最重要的内容就是约请北京市各委办局负责人参加"市民对话一把手"，政府部门的"一把手"们通过电波发布政务信息、政策解读，还会就百姓遇到的难事进行现场办公，解决实际问题。

城市广播注重地方特色。在话语风格上，在坚持普通话传播的基础上，非常注重把地方方言也纳入其中，比如广东地区城市广播，粤语不可缺少；北京电台则凸显京腔京韵。这样在话语风格上，就与听众有了天然的勾连，容易产生亲近感。

城市广播注重提供多元文化的休闲娱乐服务。城市中文化呈现多样性特征，传统文化、现代时尚文化、现代艺术、国际文化在城市中汇聚与融合，形成了

---

① 邓炘炘.动力与困窘：中国广播体制改革研究［M］.北京：中国经济出版社，2006：45.
② 侯迎忠，梁烨.城市广播竞争态势研究——以长沙为例［J］.中国广播电视学刊，2007（12）.

城市听众多样化的文化娱乐需求。以广播擅长传播的音乐为例，传统戏曲、民族美声、通俗流行，多种多样的音乐风格都有相应听众群体，都能在城市广播中找到相应节目。在北京广播市场中，音乐娱乐类频率定位鲜明，听众各取所需、各得其乐，如下表所示。

表 1-1　北京广播市场音乐、文艺类频率汇总

	频率	音乐类型
1	北京人民广播电台文艺广播 FM87.6	戏曲、相声等传统艺术
2	北京人民广播电台音乐广播 FM97.4	华语通俗音乐为主，欧美流行音乐、民族美声、古典音乐为辅
3	北京人民广播电台动听调频 FM94.5	欧美流行音乐
4	中央人民广播电台音乐之声 FM90.0	华语通俗音乐为主、欧美流行音乐为辅
5	中央人民广播电台文艺之声 FM106.6/AM747	戏曲、相声、脱口秀等娱乐节目
6	中国国际广播电台轻松调频 FM91.5	欧美流行音乐为主
7	中国国际广播电台金曲调频 FM88.7	欧美流行音乐

3. 注重品牌建设、产业化经营

城市广播市场频率众多、竞争激烈；城市经济发达，城市广播产业经营空间巨大……多种因素促使城市广播加强了对品牌建设、产业化经营的投入。

在品牌建设方面，从明星主持人的打造、名牌节目的经营、频率听觉形象的包装、电台形象标示的设计，以及地面活动的开展，城市广播不遗余力。以北京电台交通广播为例，该台自创办以来，培育了一批名牌节目，涌现出不少明星主持人。名牌节目和明星主持人使广播的频率形象在听众心中扎根。"听觉版面属不具形态的线性传播。广播频率既是有形资产又是无形资产，广播的频率形象是成活在目标受众心中的特定形象。……成活在交通广播电波的每档节目中，成活在频率呼号的听觉标示中。"[1] 在此基础之上，加上地面活动和形象标示的推广，一个立体的交通广播品牌形象即被成功打造出来了。

除以上功能特征之外，城市广播还注重管理创新、跨媒体合作等。

二、城市社会转型与广播传播环境变化

国内最早提出"社会转型"的是以李培林为代表的社会学者，他在《另一

---

① 曹璐. 前景传播与"交通广播现象"［J］. 中国广播电视学刊，2003（10）.

只看不见的手——社会结构转型》中探讨了与社会转型有关的理论。**"转型社会"**指从传统社会向现代社会、从农业社会向工业社会、从封闭性社会向开放性社会的社会变迁和发展，社会转型的具体内容是结构转换、机制转轨、利益调整和观念转变。在社会转型时期，人们的行为方式、生活方式、价值体系都会发生明显的变化。①而"没有一条信息能够脱离社会结构，或者脱离信息传播者和信息接受者共处的具体环境。信息的存在方式绝不仅仅是信息本身：信息总是处在传播者和接受者双方的互动关系当中。"②因此，转型期除了带来城市社会阶层分化、利益结构重组、城市文化重塑、城市社会心理失衡，也带来城市广播传播环境的变化。

（一）城市社会阶层分化和利益结构重组

转型期社会各阶层处于分化与组合过程中。由于转型期社会权力和资源（财富）的转移和重新配置，使社会各阶层的社会地位和社会角色发生了变化，对社会资源的配置提出了"重新洗牌"的要求。③最突出的问题是原本作为政权主要依靠对象的工人、农民阶层被快速边缘化，以及一个由城市贫民（包括失业者和残疾者组成的贫困群体）和外来务工群体等组成的贫困阶层或底层社会形成了。

由于社会阶层的分化和利益关系的重组，同时由于利益关系的复杂化、既得利益群体的顽固化、底层群体的弱势化、阶层之间关系的断裂趋势，使得社会群体之间和不同社会力量之间的冲突和竞争有加剧可能。社会学者宋林飞指出："只有采取切实的措施，扩大中等收入层与准中等收入层、收缩低收入层、控制高收入层，才能形成稳定的社会结构以及保证经济高速增长的社会环境。"④

20世纪80年代处于中国社会转型的初期，由于社会问题主要集中于经济领域，因此只要一抓经济，矛盾就会随之缓解；20世纪90年代处于社会转型的中期，当物质生活得到一定满足后，经济增长在某种程度上已经不能导致社

---

① 李培林等.另一只看不见的手——社会结构转型［M］.北京：社会科学文献出版社，2005：3.

② 陈卫星.新闻传播学·新视界译丛［M］.北京：华夏出版社，2010：总序.

③ 林默彪.社会转型与转型社会的基本特征［J］.社会主义研究，2004（6）.

④ 姚喜君.社会转型传播学［M］.上海：上海交通大学出版社，2008：38.

会状况的自然改善，两者出现明显脱节。特别是 20 世纪末和 21 世纪初，虽然经济增长已接近 10%，但社会上的各种矛盾和冲突依然非常尖锐和棘手，这主要体现在数目较大的失业人群、贫富悬殊和不容忽视的社会治安等方面。这在很大程度上意味着我国社会发展出现了"拐点"——经济与社会协调发展时代结束了。

从深层意义上讲，这是一个社会变迁中的利益再分配与利益重组的过程。在新旧体制的交锋和摩擦中，社会弱势群体相关问题日益凸显，构成了影响社会稳定与社会发展的重要风险因素之一，并且引起了人们的高度关注。相反，一些特权阶层、既得利益阶层却通过种种手段获取超额利益。在当前市场经济条件下，虽然不否认大部分人勤劳致富、诚实发家，但"个别官员贪污受贿、国有资产流失，造成收入和财富越来越集中在少数人手里"[①]。因此，在一个分化的社会中，不同的阶层难以形成一个完整整体；立场的不同、价值观的差异也不仅仅是"多元社会"那么简单。

（二）城市化引发人口结构变化

城市化也称为城镇化、都市化，是由农业为主的传统乡村社会向以工业和服务业为主的现代城市社会逐渐转变的历史过程，具体包括人口职业的转变、产业结构的转变、土地及地域空间的变化。城市化过程不只是一种人口空间布局的变化，更是一种社会关系、阶层结构、组织方式、行为方式、生活方式和价值观念的变化。一个社会通过城市化发展，就会改变原来的社会结构形态，实现从农业社会、乡村社会、传统社会向工业社会、城市社会和现代社会的转型。

人口结构变化为城市广播带来新机遇。城市化最重要的指标就是农业人口的非农业化，上千万农村劳动力进入城市寻找工作机会，极大地改变了中国社会的基本构成，特别是城市社会的基本构成。以城乡人口比例构成变迁划分，中国城市化已经经历了三个阶段：1949 年中国城市人口比重为 10.64%，近 90% 的中国人口生活居住在农村；从 1949 年到 1979 年，中国处于城市化起飞阶段，1979 年中国城市人口比重达到 19.96%，还有 80% 的人口生活在农村；从 1980

---

① 孙立平.断箭——关注当下中国发展中的社会断裂［G］//社会学家茶座.精华本.卷一.济南：山东人民出版社，2006：7.

年开始，中国进入了快速城市化发展阶段。[①] 根据国家统计局发布的 2011 年国民经济和社会发展统计公报，2011 年年末全国城镇人口占总人口比重首次超过 50%，达到 51.3%，这是中国社会结构的一个历史性变化，表明中国已经结束了以乡村型社会为主体的时代，开始进入到以城市型社会为主体的新的城市时代。"如果能保持年均 1.3% 左右的增长速度，截至 2020 年，我国城市化率将达到 58%，相当于目前世界平均城市化水平，到 2050 年，将会有 7.5 亿人口居住在城市。届时，中国将会完成历史上规模空前的地理、人口大转移。"[②]

人口城市化的同时，城市建设也在突飞猛进。20 世纪 80 年代之后，一大批小城镇的崛起，开辟了中国城市化的新进程。从 2000 年到 2010 年，小城镇由 2 176 个增加到 20 312 个，城市数量由 190 个增加到 663 个，其中大城市、特大城市及超大城市为 93 个，城市化水平显著提高。

随着我国城市化进程的加快，广播的受众市场向城市转移。"城市受众成为未来 20 年广播成长最快的核心受众。而这些新增的城市受众会因为'生活节奏快''移动性强''经济文化水平较高'等特性，使广播媒体成为他们接受外界信息的重要途径。"[③] 在这个过程中，广播媒介也面临"城市化"的机遇与挑战。从近年来城市电台的发展状况来看，城市电台与城市化进程初步实现了互相促进的良好互动关系，特别是以交通广播为代表的城市频率，充分发掘了城市听众移动性强的收听特点，以城市听众青睐的信息服务、娱乐伴随服务为切入点，获得了长足的发展。这既契合了城市化发展的需求，同时，又在为城市化进程中以大都市交通为代表的城市管理提升、磨合提供润滑剂；另外，城市电台为城市各阶层服务的同时，也提供沟通、了解的平台，促进城市阶层融合。应特别关注新兴城市人群和新兴社会阶层，推动城市化过程中城乡统筹、区域协调发展。虽然目前城市人口已经超过农村人口，但简单从人口比例的变化上判断城市化程度是片面的，实际上众多农民工[④] 群体虽然工作在城市，但是并没有真正融入城市，形成了所谓的"半城市化"现象。面对城市化进程中的种种问题，

---

① 李强等. 城市化进程中的重大社会问题及其对策研究［M］. 北京：经济科学出版社，2009：12.

② 杨清涛等. 和谐之道——社会转型期人民内部利益矛盾解析［M］. 北京：人民出版社，2009：188.

③ 栾轶玫. 中国广播事业发展面临的新"四化"［J］. 中国记者，2003（2）.

④ "农民工"被认为是带有歧视性的称呼，但由于这已成为约定俗成的说法，本书为避免表述混乱，亦采用这一称呼，为中性表述。

城市广播不应只是"城市人的广播"，应以更包容的视角、更广阔的视野审视这些问题，为民众福祉、城市融合、政府决策、社会发展提供更多建设性的意见。

下一阶段，中国城市化将由粗放型向区域化、追求城市化质量的方向发展。"城市化发展走向区域化，即整个城市化过程不单纯地以城市发展为标志或载体，而是将城市特性向城市外传播，让乡村居民也获得城市文明和城市生活方式，进而在此基础上形成大都市区。实现大、中、小城市、城镇、乡村协调发展的经济、社会、文化生活的一体化。"① 这也为形成城市广播的潜在听众奠定了基础。**大都市区**的听众要比传统意义上的"城市听众"宽泛得多。而且大都市区听众的移动性更强、对于信息的渴求度更高，为城市广播的升级提供空间。比如，北京与周边的天津、唐山、石家庄、保定、廊坊、张家口等城市通过快速的交通网络，已经初步形成了大都市区的雏形，为此，北京交通广播与周边省市电台建立了信息互换机制，播报区域内高速、航空、铁路信息，为大都市区听众服务。因此，大都市区的形成，必定需要相应的媒体服务，对于传统"城市广播"既是挑战更是机遇。城市广播改革必须与中国城市化进程同步。大都市化不仅重绘中国经济"版图"，而且为城市广播深层变革提供了新的战略构想。新媒体技术亦将促进城市广播突破多年行政体制束缚，将重绘跨城市、跨媒体、以人为本的以城市圈为基础的城市广播发展蓝图。

生活方式变革引发媒介功能调整。城市化也是一种生活方式转变的过程。乡村居民习惯于日出而作、日落而息，生活节奏比较缓慢。城市开辟了人类生活的新天地，人们的思想观念和行为方式都发生了很大的变化。这些变化主要表现在："生活丰富而复杂；生活节奏快；人际交往趋于表面化和事本主义；家庭规模缩小，功能减弱，个人自主性增强；城市文化具有突出的异质性特征。"② 对很多人来说，媒介接触是生活方式的一部分；因此，生活方式的变革，必然会对媒介接触带来影响，从而引发媒介功能调整。

广播媒介的特点是以时间版面为依托的线性传播。广播时间媒介的特点形

---

① 王春光.改革开放三十年来中国城市化与社会结构变迁［EB/OL］.（2009-12-29）
　　［2016-3-5］.http://www.sociology 2010.cass.cn/.
② 许英.城市社会学［M］.济南：齐鲁书社，2002：105.

成不同的收听时间段，人们依不同的生活、工作方式选择广播。城市广播媒介的内容定位和时间安排要适应不同分众群体的需要，真正做到嵌入目标受众的生活圈。

伴随人口结构变化，一些问题也出现了。城市化的快速推进带来经济发展的红利、向现代社会转型的契机，但中国的城市化本身就是与社会结构转型高度重合、相互影响的过程，在这种双重的社会变迁中产生了许多带有中国特色的社会问题。社会学者李强把城市化过程中的社会问题概括为以下几个方面的关系：城市化与社会阶层结构的关系、与社会公正的关系、与弱势群体社会保障的关系、与城市管理体制的关系，以及与城市社会空间的关系。[①]

过多的**人口**给城市带来了巨大的压力；同时，大量的流动人口也给城市管理带来了挑战。以北京为例，北京市统计局、国家统计局北京调查总队 2016 年年初发布的最新统计数据显示，2015 年年末北京常住人口为 2 170.5 万人，其中常住外来人口为 822.6 万人，占常住人口的 37.9%。

原有的**城乡二元结构**导致的壁垒在城市化背景下也被复制，体现在人口上，就是所谓农民工与城市居民的区分。这种区分不只是在称谓上，还包括户籍制度、福利制度、社会保障制度等与体制相关的领域。由于这种区分的存在，使"流入城市的农村人口成为城市的边缘化群体，无法真正融入城市主流社会……伴随而来的则是城市中贫民窟与富豪社区、中产社区并存，进而引发多种结构性社会问题和矛盾"[②]。

另外，环境污染、自然生态恶化、水资源短缺、能源紧张、交通堵塞、就业困难、住房拥挤、对特定弱势群体的歧视、城市贫困问题、社会治安恶化、旧城文物保护、社区邻里关系冷漠，以及教育、医疗、养老等公共服务供给不足等问题，都在城市化急剧推进的过程中凸显出来。

处理好这些问题有赖于多方面的因素，其中传媒的力量不容忽视。城市广播作为城市传媒中的重要力量，在其中的作用应充分发挥，本书探讨的城市广播功能定位，主要问题之一就是探讨城市广播在当下中国城市化进程中如何促

---

① 李强等.城市化进程中的重大社会问题及其对策研究［M］.北京：经济科学出版社，2009：12.

② 王春光.改革开放三十年来中国城市化与社会结构变迁［EB/OL］.（2009-12-29）［2016-3-5］.http://www.sociology 2010.cass.cn/.

进这一过程的顺畅推进，辅助缓解社会矛盾和推动一系列社会问题的解决。

（三）城市价值观多元化

1. 价值观多元化与城市广播主流价值的弘扬

当代中国呈现出价值观多元化的态势。随着社会的转型，传统的文化价值观念不断被解构，社会心理发生巨大变化；传统的价值关系和道德体系正受到市场经济及外来文化的强烈冲击，传统的信仰价值体系不可避免地陷入危机甚至瓦解之中。这源于"经济领域的多元化，进一步导致经济以外领域多元化的出现。社会领域作为经济领域的补充与服务组织，获得了合法性，同时也获得了自主性。"① 但新的信仰价值体系尚未得到大多数民众的认同，社会价值系统处于多元价值的交互作用中。

这种交互作用的力量最终会达成平衡，但这种平衡并不是一元的平衡，而是稳定的多元结构；"一个和谐社会，首先应该是多元、差异的社会，是多元一体、和而不同的，是'以不齐为齐'的社会，是一个承认个性、尊重创造性、鼓励多样性的社会"②。在这一社会价值观结构中，应有得到社会普遍认同的主流价值观。

在日益多元化的社会结构中，传媒的传播环境也在发生变化。面对多元化的受众群体，如何做到多元文化的传播平衡，又不失对主流价值观的弘扬？况且这些多元的受众群体主动性越来越强，"人们脱离了原先的刚性约束，比如说脱离阶级、单位、身份约束，被释放到社会里，形成了多种多样的利益主体与价值主体，就像一个个活跃的自由电子，他们在不同的时间与空间里，会形成不同的舆论群体。围绕不同的舆论焦点，进行新的分解和聚合"③。如何在尊重受众的基础上进行传受互动，在相互的舆论角力中，实现传媒话语的主流价值引导？

传媒可以通过传播主流文化、多元审美内容，实现对社会主流价值观的引导。比如北京电台新闻广播的"北京榜样"评选，面向社会广泛征集候选人物，评选百姓身边乐于奉献、古道热肠、追逐梦想、乐观向上的草根榜样。他们的共同点是身在北京、热爱北京、奉献北京。他们在平凡的工作岗位上展现了基

① 张涛甫.媒介化社会语境下的舆论表达［J］.现代传播，2006（5）.
② 黄平，姚洋，韩毓海.我们的时代——现实中国从哪里来，往哪里去？［M］.北京：中央编译出版社，2006：11.
③ 张涛甫.媒介化社会语境下的舆论表达［J］.现代传播，2006（5）.

层老百姓积极、乐观的人生态度，他们以平凡的举动展现了不平凡的精神力量。该活动已经连续举办七届，评选了上百位榜样人物。城市广播通过对此类故事的传播，可在一定程度上实现对真善美的宣传，对主流审美的弘扬。

2. 社会心理失衡与传媒引导

从社会心理方面看，社会转型时期一个突出的特征是社会大众由于生活和未来的不确定以及竞争的压力带来心理焦虑和迷惘。大众普遍地感到生活的不确定性、不安全性，对现实生活感到没有把握，对未来也觉得捉摸不定。这是转型社会中一种普遍的社会心理状态。

转型社会的上述心理状态使社会不同程度呈现失衡、无序和混乱，社会学用社会失范这一概念来概括这种社会现象。一般来说，**社会失范**是指这样一种社会状态：社会既有的行为模式、制度规范与价值观念被普遍怀疑、否定或被严重破坏，逐渐失却对社会成员的引导和约束的力量，而新的行为模式、制度规范和价值观念又尚未形成或尚未被人们普遍接受，对社会成员不具有引导、调节和约束的力量，从而使社会成员的行为缺乏明确的目标、方向和社会规范约束而表现出一种相互冲突、无所适从的混乱状态。从而引起普遍性的焦虑、浮躁心态和人文价值、意义方面的困惑。①这一状况凸显了传媒疏导与引导的重要性；特别是具备个人化和贴近性特点的广播媒体，应承担更多相应职责。城市广播一方面要重视常态生活呵护性服务，另一方面，更要重视不同人群的精神呵护性服务，通过心理节目的疏导，开发新媒体互动平台的功能，放大积极、建设性的心理指导的力量。

第二节　动力与制约：市场经济与城市广播产业

传媒发展需要经济基础的支持。1978 年改革开放以来，伴随着中国经济的增长，中国传媒业也在发生巨变。特别是从上世纪 90 年代开始，邓小平发表南方谈话，接着由中共十四大明确提出"建立社会主义市场经济体制"的目标之后，中国经济进入了高速增长、良性发展的阶段。②2001 年，我国加

① 林默彪. 社会转型与转型社会的基本特征［J］. 社会主义研究，2004（6）.
② 张国良. 社会转型与媒介生态实证研究［M］. 上海：上海交通大学出版社，2007：3.

入世贸组织（WTO），中国开始以更开放的姿态迎接全球化的大趋势，加快融入国际经济社会，与国际市场的资源实现对接。2010 年，中国 GDP 超过日本，成为世界第二大经济体。在经济发展向好的背景下，中国传媒业也获得巨大的机遇。广播业也紧随 30 年改革开放的大局，获得长足发展。

一、市场经济为传媒业注入活力

1978 年，有关部门就批准了《人民日报》等少数几家报纸开始施行**"企业化管理"**，即探索大众传媒作为国家事业机构如何改变在财政上完全由国家资助的状况①。而此时经济领域的改革也正如火如荼，各领域获得新的动力快速发展。传媒的改革虽然滞后于其他领域，但获得思想解放、逐渐消除体制障碍后，传媒业迅速从宣传机构转变为兼顾社会效益和经济效益的新兴产业。

随即广告开始出现。1979 年，改革开放后第一条广告在上海电视台播放。三个月后，广东电视台播出了它的第一条广告。整整一年之后，广告在中央电视台亮相。②北京电台广告从 1979 年 11 月恢复，全天共播出 30 分钟。但一直到上世纪 80 年代中期，全台广告额也只有 20 万。

1992 年 6 月，中共中央和国务院发布了《关于加快发展第三产业的决定》，从中央层面把广播电视归属为第三产业，这是我国媒介产业化的重要政策依据。当年处在专业化改革前夜的北京电台经营总收入为 933 万。随着该台 1993 年专业化布局的开始，新闻台、音乐台、交通台等专业广播相继成立，当年广告收入为 1 528 万，到 1994 年达到 2 894 万，1995 年为 4 541 万。

从全国范围来看，1981 年，全国媒体广告收入突破 1 亿元大关，为 1.18 亿元；1990 年，增长到 25 亿元，其中报纸为 6.8 亿元，但当年报社多达 1 600 家，每家分摊平均只有 42 万元。在这种情况下，政府拨款仍是媒体的主要生存来源。在"走向市场、自负盈亏"的政策导向下，除了少数党报党刊党台，其他媒体在上世纪 90 年代初相继被取消了政府财政拨款，媒体广告开始进入跨越式发展阶段。1992 年广告收益超 50 亿元，达到 67.87 亿元，相比 1990 年的 25 亿，

① 1978 年，《人民日报》等首都 8 家新闻单位联合给财政部打报告，要求试行"事业单位、企业管理"的经营方针，财政部批准了这一报告，由此开始了中国传媒管理的变革之路。
② 叶匡政 . 1979，第一条电视广告如何出笼的？［EB/OL］.（2008-11-20）［2016-3-8］. http://newsxinhuanet.com/newmedia/2008-11/20/content_1038624.htm.

两年翻了一倍多；1993 又跨越 100 亿元大关，为 134.09 亿元；1998 年超过 500 亿元，为 537.81 亿元；2003 年突破 1 000 亿元大关，达到 1 078.68 亿元；2006 年，跨越 1 500 亿元关口，达到 1 573 亿元。[①] 中央电视台的广告业绩也见证了我国广告业的突飞猛进：1992 年，其广告收入突破 1 亿元人民币，1995 年迈过 10 亿元门槛，2007 年破 100 亿元大关。[②] 由于传媒广告收入与经济运行状况息息相关，央视每年的广告招标甚至被业界视为"中国经济的晴雨表"。

表 1-2 "十一五"期间广播电视广告收入

年度	全国广播电视广告收入（亿元）	增量（亿元）	增幅（%）
2005 年	468.79	—	—
2006 年	527.35	58.56	12.49
2007 年	599.93	72.58	13.76
2008 年	701.69	101.77	16.96
2009 年	781.78	80.08	11.41
2010 年	939.97	158.20	20.24

数据来源：国家广电总局，2011 年

经济发展带来城市广播改革的动力。上世纪 80 年代中期广播业开始实施变革；随着上世纪 90 年代初小汽车进入寻常百姓家，广播业开始进入新一轮高速发展期，本世纪初十余年广告增长率都在 20% 以上。北京电台广告收入连年增长，1996 年为 8 132 万元，2002 年达到 2.1 亿元，2003 年为 2.86 亿元，2004 年为 3.8 亿元，2005 年 4.6 亿元，2006 年 5.1 亿元，2007 年 5.6 亿元，2008 年 6.2 亿元，到 2014 年实现总收入 15 亿元，其中广告收入 8.5 亿元。这一阶段城市广播内部机制变革与节目创新、广告经营形成了良性循环。北京电台内部采取了多项改革：1993 年 8 月在全台范围实行干部聘任制、职工聘用制，同时试点将新招聘人员的档案关系存在北京市人才交流中心，该台首次出现事业体制外的聘用人员；1994 年 1 月经营创收实行集中管理、分散经营、分别核算的新办法，创收完成及上缴情况与创收单位工资总额挂钩，大大调动了各专业台的创收积极性；1994 年 7 月规范专业台，统一起草各专业台办台方针，并要求各专业台严格按办台方针设置节目，严格按节目方针播出节目，此后，每年召开一次专业化办台研讨会，专业化办台逐步调整到位。

---

① 郭全中.而立看百年——传媒经营管理 30 年 [J].传媒，2007（2）.
② 根据中央电视台公开资料整理。

从全国范围来看，广告的介入在许多方面推进了广播改革的进程，广播新闻节目更加注重收听效果和有效传播，广播发展除了走向窄播外，本土化、服务化和娱乐化也将成为广播界进一步努力的方向。上世纪 90 年代开始，中央和地方广播全面推进频率专业化改革。不但使老的名牌节目常办常新，还涌现出一大批贴身服务、个性化服务的新节目、新栏目。广东电台开办了经济台、新闻频道、音乐之声、城市之声、交通之声、健康之声、教育之声、股市广播八个频率；上海甚至形成了一城双台的竞争格局：上海电台和东方广播电台，竞争激烈了，但总体市场也做大了。

1996 年 1 月 15 日，广州日报报业集团成立，这是全国首家报业集团。中国传媒业自此走上了集团化发展的道路。特别是湖南广电传媒于 1999 年 3 月 25 日在深交所挂牌上市，使湖南广电产业在全国率先进入资本市场，被誉为"中国传媒第一股"，在全国树立了广电事业产业化运作的典范。

从广播电视覆盖来看，1983 年，第十一次全国广播电视工作会议明确指出：在全国实行中央、省、有条件的地市和县"四级办广播、四级办电视、四级混合覆盖"的建设方针。1998 年启动广播电视村村通工程。2000 年 9 月，西藏、新疆等边疆少数民族地区广播电视覆盖工程（简称"西新工程"）正式启动。经过这几轮的覆盖工程，全国广播电视覆盖率大幅度提高。来自国家广电总局的数据显示，截至 2010 年，全国共有广播电台 267 座、开办广播节目 2 442 套，电视台 277 座、教育电视台 45 座，电视机、收音机的社会拥有量分别达到 4 亿台和 5 亿台，广播电视综合人口覆盖率分别达到 95.96% 和 96.95%，接近世界发达国家水平。

二、传媒产业发展仍面临瓶颈性问题

1. 体制政策对传媒市场环境的制约

在我国，传媒产业长期被赋予喉舌功能，被认为是传播意识形态的工具，行业的政策性壁垒严密，准入限制异常严格。改革开放以来，传媒业发生了从行业到产业性质定位的转变，但我国传媒产业运作的政策法制却多年未变。

上世纪 80 年代，**"四级办广播电视"**的方针使广播电视规模得以空前的发展，但客观上也促成全国广电媒体各自为政，互不相关，从而形成了长期封锁分割的广电市场格局，也造成了各地发展的不均衡，进而影响了广电行业整体的发展。而随着媒体竞争的日趋激烈，广电媒体之间竞争也日趋白热化，区域保护现象严重，恶性竞争越来越突出，大量的资源在地域割据和层级矛盾中被消耗掉。当前，国内文化体制改革进一步推进，作为文化产业重要组成部分的广电产业如何发展，成为各家广电媒体尤其是相对较弱势的广播媒体急需解决的难题。

虽然有关管理部门也试图推动广电产业做大做强，但在体制政策障碍未破除的情况下，收效甚微。特别是在 2000 年中国加入世贸组织前后，面对虎视眈眈欲进入中国市场的传媒大鳄，主管部门迫切希望国内媒体能迅速"做强做大"。同时，当时中国经济实力已经排名世界第 9 位，迫切需要提升国际话语权，"发出自己的声音"。

在这一背景下，2001 年 8 月 24 日，中共中央办公厅、国务院办公厅转发了《中央宣传部、国家广电总局、新闻出版总署关于深化新闻出版广播影视业改革若干意见》，提出要从组织结构调整入手，推进文化行业**集团化建设**，提高文化企事业单位的竞争力。同年 4 月上海文化广播影视集团、5 月北京市广电集团、12 月中国广播影视集团相继挂牌成立。到 2002 年年初，全国共组建了包括中国广电集团和中国出版集团在内的文化集团 72 家，其中报业集团 38 家、出版集团 10 家、发行集团 5 家、广电集团 12 家、电影集团 5 家。但"如果传媒的重组靠政治权威主导，媒介的竞争不可能公平地、市场化进行，集团化也只能是以政治目标为主、兼顾经济利益的联合"①。有些集团成立后，广告收入和节目质量还有所下降。原因是有的广电集团表面上规模庞大，但增加了财务负担和人员冗余的弊病，"出现'劣势互补'，原来的竞争变为内耗，最终造成整体经济效益下降"②；集团化更多地体现为官方意志，以一纸公文合并几家媒体，这也就难免造成貌合神离的现象。一些地方电台和电视台合并之后，取消电台和电视台建制，直接导致广播被弱化，由一派繁荣到难以为继，人才纷纷流失。在广电业体制没有获得根本突破的情况下，在违反产业发展规律的长官意志指挥下，出现这一结局不难预料。

2002 年，南京广播电视集团（南京广播电视台）成立，成为广电总局批准的第一个副省级城市广电集团。集团内部实行宣传经营分开，南京电台进入集团后发展缓慢，广告收入两年才长了 5%。2005 年 3 月，根据市委要求，南京

---

① 戴元光.社会转型与传播理论创新［M］.上海：上海三联书店，2008：179.

② 同上。

广电集团成立了广播传媒中心，广播传媒中心在集团内部享受二级法人地位，独立运行、单独核算、自我积累、自我发展，使广播可以按照自身业态运作，很快恢复了活力，广播传媒中心成立当年，广告收入就从上年的 4 300 万涨到了 7 000 万。2006 年做到了 1.1 亿，2007 年是 1.3 亿，成为省会城市中年广告收入最多的电台。[①]

2001 年 5 月，北京广播影视集团在广电集团化热潮中成立，该集团包括北京电台、北京电视台等 10 家事业单位，以及歌华文化发展集团等 5 家企业单位。有关部门希望，通过集团化运作，做到优势互补，资源共享，使广播影视行业成为首都经济新的增长点。但成立集团之后，业务没有整合，产业链也没有形成，反而管理层级增加了，人员冗余了。2005 年 3 月 29 日，北京市对北京市广播电视管理体制进行了调整，将原北京广播影视集团所属的北京电视台、北京电台等事业单位划出。这一调整，宣告了集团的解体。2010 年 5 月 31 日，北京电台和北京电视台再次走到一起，"北京广播电视台"成立。但成立 6 年后，电台员工的反应却是："还是各干各的，和电视台没什么关系。"实际上，总台成立后，广播和电视从日常业务到产业经营并没有实质性的合作，甚至两台各自搞品牌活动需要媒体宣传支持时，还是从市委宣传部下通知派记者。在体制障碍未除、宣传事业与传媒产业难以剥离的背景下，总台与集团并无本质区别，未来走向并不乐观。

在经济全球化、市场主体地位越来越被尊重的今天，国内传媒业（特别是广电业）改革出现迟滞，产业发展受阻。但是随着传媒运作向着产业化发展，随着经济全球化进一步深入，中国传媒业的改革与开放必然会被提上议事日程。

2. 行政化管理制约，凸显传媒业二元性矛盾

随着市场化进程的逐步推进，传媒的改革力度也在不断加大，这就促使媒体单位作为独立的经济核算主体走上市场化的轨道，自负盈亏。而媒体出于经济因素的考虑，在传媒形式和内容方面有所突破。在这样的情况下，我国传媒企业基于事业单位性质，以"社会效益第一"为目标，与追求利润最大化的企业化管理终极目标之间的矛盾就不可避免。这种二元性矛盾的具体表现为："基于政治属性，媒体对公共利益与新闻价值的肯定与认同，表现的是媒体的价值

---

① 吕晓红.遵循广播业态规律 谋划广播健康发展——访南京广播电视台副台长、南京人民广播电台台长陈小平 [J].中国广播，2008（5）.

理性；基于经济属性，媒体在市场中追求经济利益，表现的是工具理性；实际运作中的媒体不可避免地出现了价值理性与工具理性的断层现象，在生存与发展的压力下，大众媒体为了广告利益放弃价值理性而转向工具理性，导致了媒体自我的人格分裂。政府在对传播内容实行严格控制的同时却又将媒体的生存完全推向市场，加速了这一分裂的进程。"① 社会效益和经济效益的平衡在于每个媒体管理者的把握和拿捏；由于难有成文的规定，面对经济利益的诱惑，往往考验着不同媒体的底线。比如乱象丛生的购物频率、广播电台的"卖药节目"等，底线放低了，天平失衡了。而这也正是国内媒体管理机制的软肋：以弹性的行政命令、长官意志控制，而较少以刚性的法规规范管理，致使媒体难以成为真正意义上的独立的市场经济主体，缺乏主体意识。

基于以上分析，从长远来看，要对商业传媒和公共传媒进行分流管理，把宣传与经营分开。在此基础上，应"针对不同性质的传媒机构实施传媒多样性的政策原则"②。打破条块分割，打破地域壁垒，消除传媒地方市场保护，以资本为纽带联结市场。如此，既能保证传媒内容的多样性，又能推进市场化传媒的产业发展。此外，还可以考虑完善市场进入和退出机制，放宽市场壁垒，放低资本进入的门槛，"必须走向尊重市场、依靠资本为纽带的产权整合，这就首先要让部分媒体成为企业。只有市场上存在真正的企业，才谈得上真正的产业重组。只有让媒体成为真正自负盈亏、自主经营的市场主体，才能有其后的按照产业规律的整合。"③

第三节　开放与管束：体改与城市广播话语尺度

一、媒介功能从单一到多元

当代中国社会转型与大众传媒之间的作用是双向的。社会变革丰富了大众

---

① 廖金英，谢太平.优势与困境：广播与危机传播——从"5•12"汶川地震报道起 [J].新闻世界，2009（4）.

② 戴元光.社会转型与传播理论创新 [M].上海：上海三联书店，2008：103.

③ 林晖."双重转型"态势下中国传媒业发展战略 [J].新闻记者，2009（9）.

传媒的传播内容，影响了传媒形态的演进；大众传媒为社会发展和国家进步提供助力。从传媒角度看，当今国内传媒的作用，已经从单一的为党政服务，转向为多元主体服务。

1. 舆论引导功能

舆论引导是新闻传媒的主功能，对改变人们的思想观念、价值取向和行为方式发挥着重要的作用。由于新旧两种体制的交替，体制、政策、法律都有很多不健全之处，传播媒介的监督报道，可以促进政策落实，缓解社会矛盾，促进社会健康发展。在这一背景之下，时任国务院总理朱镕基于 1998 年 10 月 7 日视察中央电视台时，向编辑记者们赠送了四句话："舆论监督，群众喉舌，政府镜鉴，改革先锋"。

2. 社会服务功能

对于城市广播来说，立足本地、深入社区的信息服务更容易贴近受众需求。城市广播作为城市大社区的传媒，服务范围相对较小，受众群体比较明确，受众需求也相对集中，可以充分发挥贴近性优势，深入研究城市社区百姓的收听特点，深入社区肌理，拓展广播服务空间，有的放矢、有问必答，使服务更贴近、更及时、更实用，成为听众日常生活不可缺少的伴侣和助手。

城市广播的社区服务功能还包括在重大事件发生时进行社会救援和社会动员。因为广播媒体传播的速度快，播报的语音语调具有震撼力，这使得广播在危急关头具有应急指挥的能力和凝聚民心的感召力，使广大听众在危急关头获得转危为安的宝贵资讯，同时汲取在困难中前行的力量；同时让一线人员得到莫大的安慰和鼓励。

另外，广播媒体有传播娱乐内容的优势，还可以为受众提供高雅的、健康的、代表社会主流文化的娱乐服务节目；同时，引导社会文化健康发展，传承发扬传统文化，开拓新的文化品类。在广播发展史上，音乐一度成为广播救世主，以窄播化的"类型电台"吸引特定的听众和广告客户。城市广播在传播音乐等娱乐节目时，日益走向专业化、细分化，出现了多种音乐类型台、评书台、故事台、戏曲台等，听众只要打开相应频率，就可以"各取所需"收听各种娱乐节目。技术的发展，也使广播传播音乐的效果越来越好，调频立体声吸引了大量听众；随着数字广播技术的出现，更高品质的音响效果将推动广播娱乐功能进一步发展。

3.沟通功能

媒体是联系执政党、政府和群众的桥梁、纽带。在这方面最有成效的是广播。广播的热线节目在沟通民意方面的作用不可小觑。上海电台的《市民与社会》1992 年 10 月开播，节目围绕上海市民关注的热点进行，例如房屋拆迁、就业问题、城市环境、外来民工、交通、医疗、教育等等，邀请以市长为首的各级政府干部或专家学者到电台直播室与听众交流，架起了一座双向沟通的"桥梁"，不仅及时化解了各种矛盾，有力地促进了各项实际工作，而且培育了市民的民主意识。

"广播是将心灵与社会变成合二为一的共鸣箱"[①]，具有极强的社会影响和社会动员力量。广播从以往点对面的传播发展到点对点的传播，热线电话给听众倾吐心声的机会，微信、微博等多种参与节目的形式则给传受双方带来快捷、直接的沟通渠道。

二、传媒话语，从宏大叙事到百姓视角

作为党和政府的喉舌，在很长一段时间，我国媒体在传播党政信息时，叙事方式是宏大而呆板的。但随着市场经济的改革，当时具有合理性的传播理念与方式面临着新的变革。在事业单位向企业化经营的转变过程中，大众传媒必须贴合受众需求，转变传播方式。于是，"从内容到形式发生了一次由代表主流意识形态的媒介本位向受众本位方向的转移，即：把关注的目光由上层精英投向了下层民众，传媒语态也由精英语态变为平民语态，从'真诚面对观众'到'为老百姓说话'、从'讲述老百姓自己的故事'到'老百姓自己讲故事'，传媒开始了一场'新闻平民化'的革命"[②]。一些开放的富有建构与探究意义的新闻报道越来越多，不仅是传媒转变自身传播理念和方式的探索，更是对受众的尊重，也是一种与受众平等沟通的姿态。

传媒人本意识与人本关怀不仅体现在日常报道中，更体现在一些重大灾难

---

① 马歇尔·麦克卢汉.理解媒介——论人的延伸［M］.何道宽，译.北京：商务印书馆，2000：269.

② 索燕华.从新闻标题看转型期新闻传播语态变迁［J］.华侨大学学报（哲学社会科学报），2010（4）.

事件报道中。时政新闻报道也改变了传统的公文模式，开始寻找与百姓相关的契合点，增强了时政新闻的贴近性。

此外，政治传播的形态也在深刻变革。2010 年 3 月中旬，全国两会开幕前，时任中共中央总书记胡锦涛要求尽量压缩领导同志报道篇幅，更多地反映代表委员的意见和建议。2012 年 12 月 4 日，新任中共中央总书记习近平主持召开中共中央政治局会议，出台八项规定改进工作作风，要求改进文风，改进新闻报道，进一步压缩对领导同志出席会议和活动报道的数量、字数和时长。"政治传播视角越来越扁平化、传播议题越来越贴近现实，传播态度越来越理性多元。"[1]

对广播来说，在计划经济体制下，广播电台的管理高度集中，电台的运作只管"做党和政府的喉舌"，而较少考虑普通受众真正的需求，也不必对经营状况完全负责，更多依赖于国家行政性拨款。市场经济体制的初步建立，使广播电台的办台理念也逐渐以市场为导向，把满足市民对新闻信息、文化生活的需求作为工作的出发点和归宿，并用之于办台实践当中。

20 世纪 80 年代末，"珠江台模式"被主管部门认可，在全国广播界推广，成为广播改革的推动性力量。该台改变传统，以新闻信息为主线，半点播新闻，整点播经济信息，其余时间安排大版块节目，通过主持人将信息、服务、娱乐、听众热线交流等内容融于直播节目中。但比节目形态和内容改变更重要的是贯穿其中的服务理念。珠江经济台是城市广播传播理念与实践根本转变的体现，是"由生产导向向市场导向转变""由全国媒介向地方媒介转变""由'广'播向'窄'播转变"[2]。这一改革顺应了历史和媒介管理的改革潮流。新闻台、音乐台、经济台等专业化电台仍然是今天广播媒介运行的主流模式。这足以说明珠江经济台改革的深远意义。

1992 年 10 月上海东方广播电台创立，在全国率先打破了传统的"一地一台"的垄断布局，与原先独占天下的"上海电台"展开激烈竞争。东方广播电台提出以"服务为本"，树立了"有困难，找东广"的社会形象。当今受众主体意识逐渐增强，特别是社交媒体的发展，他们已经不是被动等待接收新闻的

---

① 马昌豹，项开来.政治传播进入"10"年代——2010 年两会报道观察［J］.新闻与写作，2010（1）.

② 何镇飚.改革开放三十年媒介经营管理十大事件回顾与评述［J］.中国传媒报告.2008（3）.

"受众"，已经转型为新型的"用户"，媒体必须发挥自身特色服务好"用户"。广播具有贴近性与服务性的优势。同时，广播节目沟通交流方式的多样化，增强了听众的参与感。上述优势是其他媒体难以望其项背的。

三、信息渐趋透明，新闻立法有待推进

媒体公布的信息已成为满足公众实现知情权的主要途径。但由于体制和观念的限制，传统媒体在发布信息时往往受到诸多限制，政府在通过媒体发布信息时也常常显得滞后，而网络时代媒体环境发生了根本性的变化，社交媒体的发展使舆情瞬息万变，公众对知情权的吁求越来越强烈。

2002 年发布的《国家信息化领导小组关于我国电子政务建设指导意见》指出："把电子政务建设作为今后一个时期我国信息化工作的重点，政府先行，带动国民经济和社会发展信息化。"在其后制定的《国家电子政务总体框架》进一步明确提出，2010 年初步实现系统互联互通、政务信息资源公开和信息共享机制，确立了"以公开为原则，不公开为例外"的总体原则。不过，2003 年"非典"事件中政府信息发布的滞后，使事件的处置一波三折，中国政府的信息不透明甚至成为国际事件，也使"喉舌"媒体备受公众质疑。这一事件成为中国政府信息公开史上的黑色一页。

在这一背景下，《政府信息公开条例》在 2007 年 1 月 17 日通过，2008 年 5 月 1 日起施行。《条例》从立法上推动了我国建立开放政府的步伐。2008 年发生的一系列灾难事件成为检验政府信息公开程度的试金石：年初南方发生的冰冻灾害使数十万人被困在机场、火车站、高速公路上，面对这一重大灾难，中央人民广播电台（以下简称为"中央电台"）中国之声等媒体启动应急机制，与政府部门及时沟通信息，救援被困人员，提供出行信息。政府权威信息从滞后到及时，它通过媒体传播后，成为民众的定心丸。在随后的汶川地震中，政府信息公开更为彻底。地震发生之后的第一时间，中央电台和中央电视台先后发布信息，并第一时间派出记者奔赴灾区。派出记者的还有一些国外媒体，这在过去的灾难事件中是非常少见的。这次汶川地震，政府的信息开放和对所有媒体平等采访权的落实令人印象深刻。政府的公开透明、媒体的快速反应，使信

息准确传递、灾情全面真实呈现，凝聚了全社会的力量。"此次救灾报道的开放，实质上也是一种社会开放。除了救灾行动的社会开放以外，信息开放与媒体开放还为中国媒体定下了'调子'，并沉淀为中国媒体的'规则'。"①

但是，纵观我国政府信息公开的历史进程，虽然取得了一定的成绩，但还存在诸多问题。基层对信息的渴求与上层的信息公开之间，还存在不小的"信息沟"。

有观点认为，信息公开以及媒体的报道权有必要以新闻立法予以确认。早在1979年，中国新闻界提出"新闻改革"，"新闻法"也开始酝酿。1984年，全国人大常委决定制定《新闻法》。两个月后，中国社会科学院新闻研究所成立，并着手起草《新闻法》。然而，将近三十年过去了，虽然有三个《新闻法》文稿起草成文，但目前仍没有一部《新闻法》提交全国人大审议。

当然，也有观点认为，广义的新闻法不仅仅是以《新闻法》为名称的法律文件，而是调整新闻传播活动中的各种法律关系、保障新闻传播活动中的社会公共利益的法律规范之总称。在专门的新闻法律文件缺失的情况下，可以依靠行政法规和行政规章来规范新闻传播活动中涉及的法律关系。目前相关法规包括：《报纸管理暂行规定》（1990）、《著作权法》（1991）、《有线电视管理规定》（1994）、《广告法》（1995）。不过上述局限于部门规章或者某一领域的法规，难以对新闻传媒的全局性问题进行规范与统领。由于部门规章和行政通知的弹性，使中国新闻媒体缺乏刚性的保护。各级政府对媒体的控制正在由"有形"转向"隐形"。

有关新闻的法规出台的意义并不只在于保护媒体的权益，而在于规范多方的行为，既包括政府，也包括公众；既包括被采访者，也包括媒体自身，督促新闻工作者坚持职业操守，从根本上杜绝虚假和失实新闻，引导新闻工作者找准角色，切实担当社会责任；限制新闻报道淫秽、歧视性、低级趣味的语汇和内容，实现正面价值观的引导；并在报道中平衡公众知情权、公民话语权和民众隐私权。应逐步建立一个积极向上、健康平衡的媒体环境和社会舆论环境。

---

① 陈绚.论信息公开政策与政府公信力的提升——兼议2008中国新闻政策的变化［J］.国际新闻界，2009（2）.

本章小结

本章通过对城市广播所处的媒介环境的分析，探讨转型期大背景对于广播媒介可能带来的影响。本章用媒介生态来概括城市广播转型期大背景，这里的"媒介生态"指的是城市广播的外生态。城市社会的变迁是城市广播所处的最大生态变化，足以决定城市广播的发展走向。而经济环境、法规环境和媒体竞争环境（主要是新媒体竞争）是影响城市广播发展的主要变量。本书第二章要探讨的城市广播受众环境是本章媒介生态问题的延伸。需要特别说明的是，新媒体技术对城市广播的传媒生态也有很大的影响，出于篇章布局的考量，这部分内容将在第五章论述。

第二章　社会转型与城市广播听众转型

城市化增量城市广播中产听众
城市广播其他主要听众群体

　　传者与受众之间既矛盾又统一的过程，代表着传播过程的本质。围绕两者之间的关系，传播学者提出过诸多理论，这些理论可以分为两个流派：传者中心论和受众中心论。传者中心论的代表理论是"枪弹论"和"强效果论"，这些理论认为受众在传播过程中是被动的；相对应的，受众中心论认为受众具有很强的主动性，积极地寻求自己需要的信息，从而在传受关系中居于主导地位。施拉姆曾这样解释："受众参与传播就好像在自助餐厅就餐，媒介在这种传播环境中的作用只是为受众服务，提供尽可能让受众满意的饭菜（信息）。至于受众吃什么，吃多少，吃还是不吃，全在于受众自身的意愿和喜好，媒介是无能为力的。"[①] 受众中心论也被称为受众本位意识论，但这一理论并不意味着传者对受众的一味迎合、迁就，乃至忽视、放弃正确的舆论引导的责任。

　　随着对传受关系认识的深化，业界对受众的重视程度也在提升。受众是大众媒体存在的前提，受众是媒体发展的动力；受众的变化也预示着媒体的变化。媒体只有紧跟受众的脚步才能赢得受众。因此，受众是传受关系变革的主导者。城市听众的变化与转型将推动城市广播的转型，推动城市广播的发展。

第一节　城市化增量城市广播中产听众

　　转型期经济社会飞速发展，城市化逐渐推进，城市居民的工作状态、收入

---

① 施拉姆，波特.传播学概论［M］.北京：新华出版社，1984：67.

结构、生活方式发生了很大变化。社会中间阶层增多是城市社会发展的标志之一。社会学以"中产阶级"描述社会中间阶层，虽然严格的界定标准仍存争议，但中产阶级的基本描述却日渐清晰："他们大多从事脑力劳动，主要靠工资及薪金谋生，一般受过良好教育，具有专业知识和较强的职业能力及相应的家庭消费能力；有一定的闲暇，追求生活质量，对其劳动、工作对象一般也拥有一定的管理权和支配权。同时，他们大多具有良好的公民、公德意识及相应修养。换言之，从经济地位、政治地位和社会文化地位上看，他们均居于现阶段社会的中间水平。"[1]

　　根据中国社科院 2015 年 CSS 调查（中国社会状况综合调查）的数据，作为职业分类的农民比重为 28.32%，比 2001 年的 51.61% 比重下降接近一半。工人比重则在 2015 年达到 32.79%，比 2001 年的 28.21% 比例有所上升。而中产阶层的比重在 2015 年达到 33.83%，比 2001 年的 17.4% 约高一倍。[2] 而中国社会科学院此前发布的《城市蓝皮书：中国城市发展报告 No.7》认为，中国的中产阶层主要分布在城市，尤其是特大城市。数据显示，北京市符合中产阶层特质的人群约占总人口的 15.9%，就业人口的 30%；上海市中等收入阶层约占总人口的 13.2%，就业人口的 25%。根据上海市第六次人口普查资料，若以机关企事业单位负责人、各类专业技术人员等职业群体作为城市中产阶层，那么其在城区、镇区和农村的分布比例为 39.8%、21.2% 和 12.0%，中产阶层在市区的分布比例远高于镇区和农村。而该机构曾预测中国城市中等收入阶层每年增长 3.8%。

　　中间阶层人口的增多，成为维系社会稳定的重要因素；也成为支撑城市传媒发展的主要力量。城市广播在城市中产的增量中获得了稳定的听众群，并以这部分听众群的较高辨识度、较好消费能力获得广告商的青睐，从而获得长足发展。城市听众呈现如下特征。

一、移动收听快速增长

　　截至 2016 年 6 月底，全国机动车保有量达 2.85 亿辆，其中汽车 1.84 亿辆；

① 张颐武 ."中等收入者"与文学想象［J］.文学自由谈，2003（1）.
② 社科院报告：中产阶层比例升至 33%，40% 经常发网络评论［EB/OL］.（2016-12-16）
　［2017-05-29］. http://money.163.com/16/1216/16/C8E022ID002580S6.html from=keyscan.

机动车驾驶人达 3.42 亿人，其中汽车驾驶人 2.96 亿人。从分布情况看，全国有 46 个城市的汽车保有量超过百万辆，其中北京、成都、深圳、重庆、上海、苏州、天津、郑州、西安、杭州、广州、武汉、石家庄、南京、青岛、东莞 16 个城市的汽车保有量超过 200 万辆。而 2012 年年底，全国仅有 17 个城市的汽车保有量超过 100 万辆，超过 200 万辆的仅有 5 个城市。截至 2016 年上半年，北京汽车保有量最多，达到 544 万辆。[①]中国社科院《中国汽车社会蓝皮书（2012—2013）》提出，中国汽车市场保有量不断攀升，2012 年中国进入汽车社会。按照国际标准，一个国家或者地区每千户汽车保有量达到 200 辆以上时，就认为进入了汽车社会。目前全国平均每千户家庭拥有 310 辆私家车。北京、成都、深圳等大城市每千户家庭拥有私家车超过 600 辆。[②]虽然我国已经进入汽车社会，但和国际水平相比，中国人均汽车拥有量仍然较少，还有很大增长空间。

在汽车保有量快速增长的情况下，广播移动听众占比也呈现快速增长的趋势。因此，中国城市广播听众的收听过程也呈现出越来越鲜明的移动化特色。

赛立信媒介研究数据显示，2015 年全国听众收听广播依然以居家为主，但较 2014 年的听众比例有所下降，呈现出居家收听特点弱化的趋势。车上收听广播的听众比例为 42.6%，较 2014 年的比例有所增长，与居家听众比例差距明显缩小。此外，在公交车等交通工具上收听广播的听众比例为 28.6%，也呈现上升趋势。可见，随着汽车和互联网时代的快速发展，选择在车里、在移动状态收听广播的听众越来越多，听众的居家特点逐渐弱化，移动特性越发凸显。

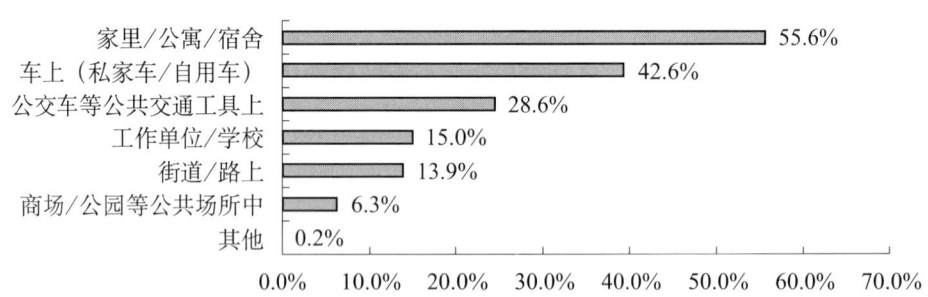

图 2-1　2015 年全国广播听众收听地点的选择比例[③]

---

① 2012 年和 2016 年数据均来源于公安部交管局当年发布的数据。

② 车载收听——广播市场的兵家必争之地［EB/OL］.（2016-06-06）［2017-05-18］. http://www.bpes.com.cn/zh-CN/display-news.php?id=3992.

③ 蔡奕璇.全国广播听众收听行为与需求分析［EB/OL］.（2016-7-29）［2017-06-29］. http://www.bpes.com.cn/zh-CN/displaynews.php?id=4108.

据统计，广播在司机中的接触率超过 98% 以上，几乎所有的驾车人群都是广播听众。他们每天收听广播的时间超过 190 分钟，是普通听众的 2.5 倍。在所有广播听众中，60% 以上的听众每周有 4 天以上的时间收听广播。其中，"74.68%的移动听众每周有 4 天以上的时间收听广播，而居家听众中每周收听 4 天以上的人群约占 65.87%。移动听众每周收听广播的次数更多。"[①]这组数据虽然统计于 2011 年，但在近年移动收听持续增长的背景下，仍具有一定的参考价值。

调查显示，私家车受众中，男性大约占四分之三，且以中青年为主，主要集中在 20—49 岁。[②]他们具有较高的经济能力，因此也具有更高的消费能力，是商家广告的主要诉求对象，因此也成为商业媒体所力争的受众群。广播的移动性、伴随性，使其成为移动人群接触的首选媒介。车载广播为广播发展提供了良好的机遇。

具体来说，车载收听市场的受众以上世纪七八十年代出生的人群为主，加上上世纪 90 年代初和 60 年代末出生的受众，占比达到 83%；从职业上看，以国家公职人员、不同层级的管理者、公司职员、私营业主、个体工商户及自由职业者和城市普通职工为主，占比达 79.0%；人均月收入 5 636 元，个人月均收入在 5 000 元以上的占比近 50%；个人消费每月平均支出为 2 879 元，占个人月收入的 50% 左右；超过 60% 的受众接受过高等教育。[③]良好的教育背景和职业背景、较高的收入和消费意愿，使车上收听人群成为"含金量"较高的受众群，受到电台和广告商关注。

调查显示，新闻、资讯和音乐娱乐是移动听众收听广播的主要目的。首先，由于城市交通拥堵加剧，司机对路况信息的需求是最为迫切的，特别是早晚高峰，不少电台以路况信息为主打的节目赢得了大量听众。除交通信息之外，驾车人群对新闻信息和音乐娱乐的需求紧随其后。

近年来，不少城市电台开办的交通频率，以交通信息、新闻资讯、音乐娱乐为主要节目架构，以互动交流为特色，以打造明星主持人为方式，再辅以大量的户外活动，充分满足了移动人群的需求，因此取得了市场的认可。

下图显示的是 2013—2015 年各类广播频率的市场份额，从中可以看到，交通频率的市场份额处于领先位置。

---

① 朱鲁丽.居家收听新趋势［J］.视听界，2011（6）.
② 本章第二节将在"移动收听快速增长"部分对私家车听众的特征进行详细分析。
③ 梁毓琳.车载收听是广播电台的主战场.［EB/OL］.（2016-9-22）［2017-05-29］.http://www.bpes.com.cn/zh-CN/displaynews.php?id=4200.

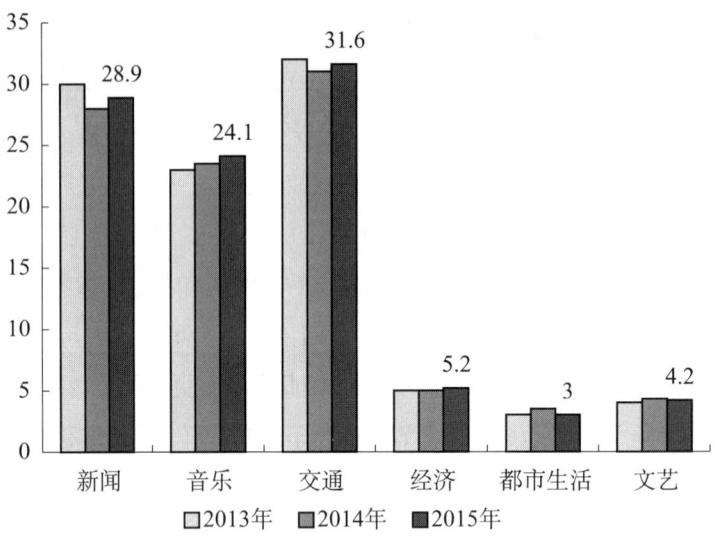

图 2-2　2013—2015 年各类广播频率的市场份额

数据来源：赛立信媒介研究 2016 年

中国社会科学院 6 月 21 日发布的《新媒体蓝皮书：中国新媒体发展报告 No.7（2016）》显示，2015 年中国传媒业市场发生了革命性变化，互联网媒体广告收入首次超过电视、报纸、电台和杂志四家传统媒体广告收入之和，从市场规模上看，互联网媒体成为真正的主导，而传统媒体则更加式微。其中，2015 年电视广告收入为 1 219.69 亿元，同比下跌 4.6%；报纸为 324.08 亿元，同比下跌 35.4%；杂志为 65.46 亿元，同比下跌 19.8%，广播为 134.30 亿元，同比上涨 1.1%，四大传统媒体广告收入中，只有广播逆势上扬。这得益于移动收听市场的稳定增长。

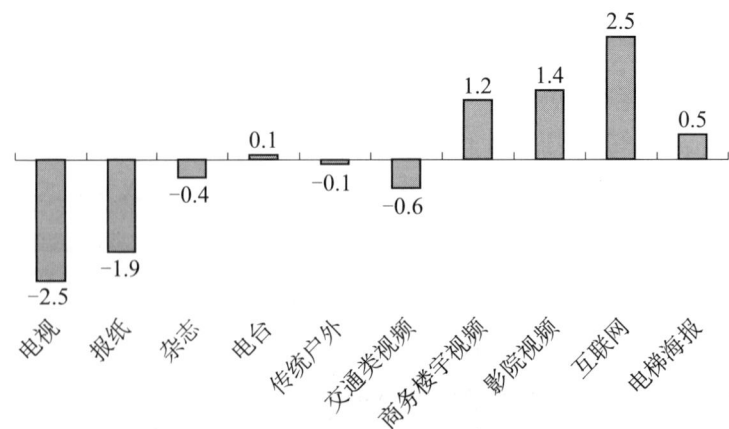

图 2-3　2016 年上半年各媒介广告增长贡献量，单位：%

来源：央视市场研究 CTR 2016 年

而根据央视市场研究（CTR）的最新监测数据显示，2016 年上半年中国整体广告花费增长几乎消失，仅增长 0.1%。按刊例价计算，电视广告花费同比下降 3.8%，对整体广告增长的贡献量为 -2.5%，拖了最大的后腿，但广播对整体广告增长的贡献量仍为正值，为 0.1%。

二、收听方式伴随化

由于移动收听群体的大量增加，以及城市生活节奏的快捷化，城市听众伴随化收听的特点愈发显现。美国 Jacobs Media（雅各布斯媒体）组织的一项有 5 万多人参加的调查发现：人们听广播主要有四种情境：第一，在工作时让收音机开着；第二，帮助他们有一个更好的情绪；第三，提供一种陪伴的感觉；第四，提供一个逃离每日生活压力的机会。因此，对听众来说，"陪伴"是广播媒介的一项重要功能。

伴随化收听的表现是人们在收听节目的同时在进行其他事务，开车、锻炼、看书写字或做家务。随着广播收听工具的便捷化，以及城市生活的丰富化和快捷化，广播伴随化收听的特点将会越来越明显。

伴随化收听的专注度较弱，参与节目的可能性较低，换台的可能性却更高。赛立信媒介研究数据显示，近 50% 的驾车人士表示平时听广播经常换台，而且更换电台较为随意；近 30% 的驾车人士则是在 2—3 个频率中轮着听；锁定固定频率或节目收听的听众只占约 20% 的比例。

伴随化收听带来的另一个影响是：听众对广播的依赖性有所减弱，收听广播的随意性更强，收听的时间变得更为随意，更加不固定。

从 2015 年全国听众的收听时段分布曲线来看，听众的收听高峰主要集中在早上 7：00—9：00 和傍晚 17：00—19：00，这些时段听众收听广播的欲望最强烈。此外，午间 12：00—13：00 也是听众收听广播的小高峰时段。晚间 22：00 后时段收听广播的听众呈下滑趋势并达到全天最低点。

但从下图来看，除了上述几个收听高峰，其余时段并没有出现明显的波谷，比如上午 9 点之后，以及下午 1 点之后，收听曲线都相对平稳。之所以出现这样的变化，是因为听众的生活方式和工作状态发生了改变。非高峰时段，更多的人驾车行驶在路上；政府对于错峰上下班的引导也在一定程度上改变了人们的作息；而经济社会发展所释放出来的人们工作生活的自由度，也在改变他们接触媒体的习惯，比如更多自由职业者的出现，或者人们拥有更多闲暇的时间，都会影响他们接触广播媒体的时间。

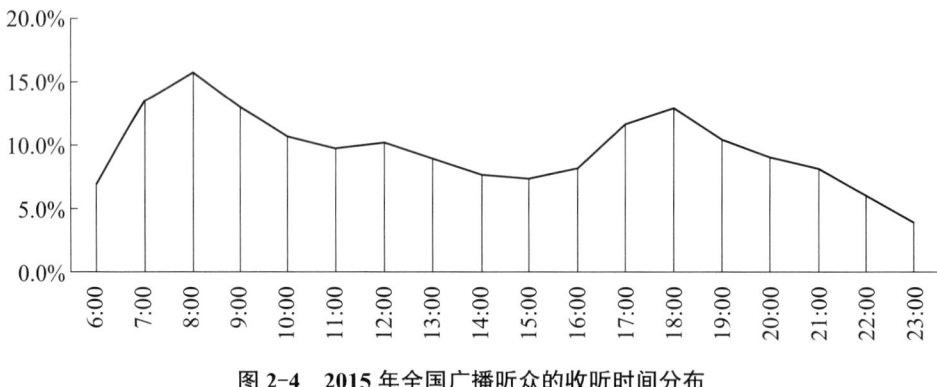

图 2-4　2015 年全国广播听众的收听时间分布

数据来源：赛立信媒介研究 2015 年

伴随化收听的增加，对广播媒介的节目形态和办台模式提出了新的挑战。节目的编排流程、主持人的话语状态、信息量的把握、话题的选择、音乐风格的定位，都将因为"伴随化收听"发生调整。

三、收听电台本地化

虽然随着电台发射功率的增加，电台的覆盖面越来越广，但本地化趋势仍然相当明显。广播作为贴近性较强的媒体，听众选择的频率也偏向贴近性较强的本地电台。本地电台提供的本地新闻、生活服务资讯，以及由共同生活环境、社会关系引发的共同情感诉求，都容易在电台中获得共鸣。调查显示，除了听音乐之外，了解本地新闻和生活资讯是听众收听广播的主要目的（见图 2-5）。

随着以交通广播为代表的都市服务类广播频率的兴起，地方广播的本地新闻报道、本地资讯服务也得以深度挖掘，吸引更多听众锁定本地电台；而本地电台音乐节目中的情感元素，也为本地听众提供倾诉平台，所以虽然音乐本身并无太多"地方"特色，但从收听排名来看，本地音乐电台的收听率却大多比全国性音乐电台［比如中央电台音乐之声、中国国际广播电台（以下简称为"国际电台"）劲曲调频和轻松调频等］要高。表 2-1 是全国部分城市广播频率收听率和市场份额排名，除了在北京地区有一个全国性广播频率（中央电台中国之声）进入前五名之外，在其余地区排名前五位的均为地方电台。

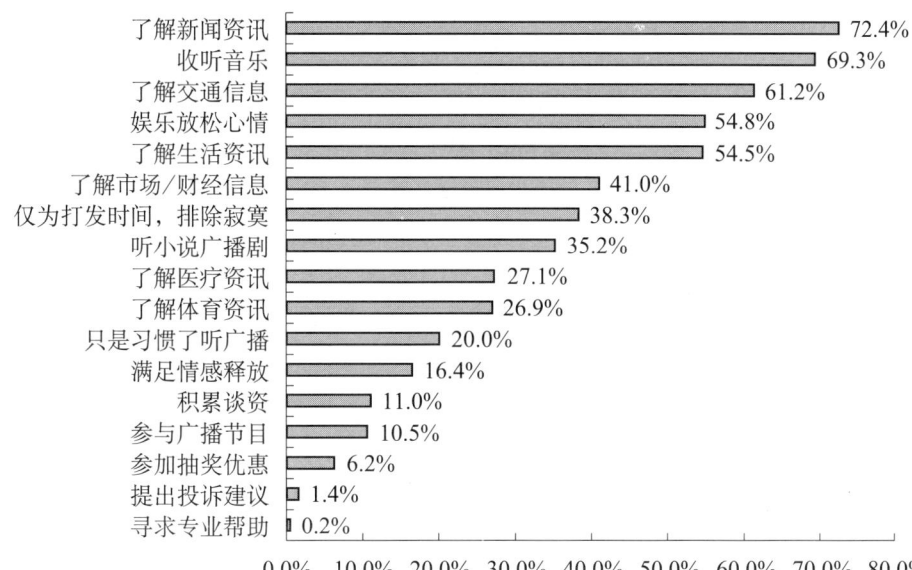

图 2-5　全国广播听众收听广播的目的

数据来源：赛立信媒介研究 2015 年

表 2-1　2016 年 7 月全国东西南北中部分城市收听排行前五位

城市	排名	频率名称	收听率	市场份额
北京	1	北京交通广播	1.62%	19.5%
	2	北京音乐广播	0.94%	11.4%
	3	北京文艺广播	0.76%	9.1%
	4	北京新闻广播	0.74%	8.9%
	5	中央电台中国之声	0.73%	8.8%
城市	排名	频率名称	收听率	市场份额
西安	1	西安交通旅游广播	0.84%	13.5%
	2	西安新闻广播	0.67%	10.9%
	3	陕西交通广播	0.64%	10.4%
	4	西安音乐广播	0.61%	9.8%
	5	西安私家车 1061	0.59%	9.6%
城市	排名	频率名称	收听率	市场份额
长沙	1	湖南交通频道	1.86%	32.0%
	2	湖南 893 汽车音乐电台	0.72%	12.3%
	3	金鹰 955	0.63%	10.9%
	4	长沙交通广播	0.43%	7.4%
	5	湖南 NEWS 938 潇湘之声	0.40%	6.9%

续表

城市	排名	频率名称	收听率	市场份额
沈阳	1	沈阳音乐广播	1.25%	17.7%
	2	沈阳都市广播	1.20%	16.9%
	3	辽宁广播电视台交通广播	0.95%	13.4%
	4	辽宁广播电视台综合广播	0.61%	8.6%
	5	沈阳新闻广播	0.54%	7.6%
城市	排名	频率名称	收听率	市场份额
上海	1	上海流行音乐广播动感 101	0.86%	15.4%
	2	上海人民广播电台上海新闻广播	0.60%	10.8%
	3	上海人民广播电台经典金曲广播 LoveRadio 最爱调频	0.57%	10.1%
	4	上海交通广播	0.54%	9.7%
	5	上海东方都市广播 899 驾车调频	0.53%	9.5%
城市	排名	频率名称	收听率	市场份额
广州	1	广东珠江经济台	0.83%	12.9%
	2	广东羊城交通台	0.82%	12.8%
	3	广东音乐之声	0.82%	12.8%
	4	广州金曲音乐广播	0.68%	10.5%
	5	广州交通广播	0.65%	10.1%

数据来源：赛立信媒介研究 2016 年

另据 2015 年 CSM（央视索福瑞）31 城市组（非直辖市）数据，国家级电台收听市场份额为 7.91%，在 31 个（非直辖市）收听市场中，有 32% 的城市同比提升；省级电台的收听市场份额为 46.98%，有 55% 的城市同比提升；市级电台收听市场份额为 42.59%，在 65% 的城市市场中同比提升。广播媒体中，占较大市场份额的还是以区域性电台为主，省台和市台的市场份额合计将近 90%。分市场来看，省级电台在省会城市中更具竞争优势，而在发达城市群市场，诸如珠三角、长三角城市，本地市级电台的竞争优势更为明显。①

以北京为例，北京是全国竞争最激烈的广播市场，主要的竞争者是北京电台、中央电台和国际电台。国际电台 2005 年创办的环球资讯广播，以及中央电台中国之声 2009 年改版为全新闻频率，都对同为新闻类电台的北京新闻广播形成了巨大压力。北京电台提出了十二字方针，即"快在当地，汇在全球，深在背景"，首先强调广播的本土化服务和本土新闻的快发快报，加大整点新闻的

---

① 曹毅．2015 年广播收听市场概况［J］．中国广播，2016（2）．

播出量，加大记者现场连线的频率，加强对北京市政策、法规的解读，以及对突发事件的快速反应；与此同时，作为国际化城市的新闻电台，对于全国和全球的新闻事件也应适当报道，但不流于一般化的有闻必录，而是挖掘"北京落点"，根据本地听众关心的角度进行再采访与再加工，从而实现非本地新闻的本土化。对本地化服务的强调，对本地特色的挖掘，使北京新闻广播实现了对本地听众服务的升级，在竞争中逐渐站稳脚跟。

四、收听渠道多元化

目前广播传播渠道已经从单一电波传播发展到网络传播、DAB 数字传播、手机传播等；相对应的，听众的收听渠道也逐渐多元化。

收听的场景方面，除了传统的家庭收听，车载收听和其他移动收听呈增长趋势。特别是随着收听工具的便利化，音频接触的场景逐渐增多，比如跑步、购物等场合，均是便于收听音频节目的。

使用的收听工具方面，除了传统的收音机、音响，越来越多听众通过车载广播、手机、数字收音机、电脑等方式收听广播。这些新兴的方式正在引领广播收听的潮流。特别是随着移动互联网和智能手机的普及，手机移动端收听和车载智能终端收听呈不断增长之势。本书将对手机和车载端接触移动网络电台的情况，以及由此给传统广播电台的影响进行分析，请参照第五章第三节相关内容。

第二节　城市广播其他主要听众群体

一、大学生、老年人、流动人口和城市弱势人群

CMMS（中国市场与媒体研究）2008 年调查显示，城市广播收听人群的年龄结构为青年群体和老年群体。学历背景中，低学历者和大学本科及以上的高学历者两个群体都对广播有较高的忠诚度。

青年群体主要集中于大学生群体和前述的城市中产听众群。对于大学生群体来说，城市广播娱乐、音乐节目较活跃、颇为可听，是他们掌握最新音乐信

息的第一渠道，还有不少娱乐节目参与性较强，符合青年听众的心理需求。同时，高校接触电视的条件有限，广播接收工具便宜，接收方式简单，可以单独收听；而且，对于远离家乡求学的大学生来说，广播音乐节目、情感节目、心理谈话节目正好满足他们寻求陪伴、寻求抚慰的媒介接触心理动机。这些特点，都是广播所独有的，是其他媒介所不能比拟的，所以青年群体也是广播的稳定收听群体。

不过，随着新媒体样态的花样翻新、层出不穷，青年群体对于广播的稳定性也在动摇。不少年轻受众已转移到网络、博客、播客、网络电台等，特别是他们花在网络上的时间越来越长，正在越来越多地挤占接触其他媒介的时间。传媒大亨梅铎提出，"新一代的受众正在崛起，他们提出的要求不止是媒体种类，更包括了符合他们口味的内容、适合他们接触时间的节目、符合他们喜好的呈现形式等等。"①

对于老年听众来说，55 岁以上的老年人经历了我国信息匮乏的年代，形成了收听广播的习惯，同时"他们也有大量的闲暇时间，加上'视觉退化'等生理原因，使他们更愿意收听广播"②。随着国内老龄化进程的加快，城市广播要积极面对老龄听众增多的趋势，把握老年人的需求，研究老年人的心理，开发适合他们的节目，从而在老龄化进程中发挥广播媒体的作用。

低学历者对广播的偏好，原因在于随着城市化进程的推进，众多流动人口涌入城市，由于收音机价格便宜、收听方便，使流动人群也成为城市广播的收听人群，这部分人群的教育水平相对较低。还有一类是城市中原有的盲人等残障弱势群体。对于这两类群体来说，声音传播所具有的贴近性、可听性，使广播成为他们生活的慰藉，成为他们接触外界信息的主要平台。

与之相反的是稳定听众中的大学本科以上的高学历听众、党政机关干部和企事业单位高级技术人员与管理人员，他们的收入在 5 001 元以上，在我国属于高收入人群。这类人群工作繁忙，很少有时间坐下来看电视，甚至看报纸、看杂志的时间也很少；但他们拥有私家车或者公务用车的比例较高，这为接触广播提供了有利条件。广播高信息量的新闻节目、轻松的音乐娱乐节目，正好满足了这类人群的需求。

---

① 石惠敏.广播受众与节目形态的转型［J］.中国广播电视学刊，2006（8）.
② 王炯.交通广播盈利模式探讨［J］.视听界，2005（12）.

综上，目前城市广播的主要听众群体为：大学生群体、驾车群体、退休老年群体、流动人口群体和部分城市弱势群体。

二、城市广播与农民工城市化、城市人口老龄化

（一）城市广播对农民工服务滞后

根据国家统计局 2016 年 4 月发布的《2015 年我国农民工调查监测报告》，2015 年全国农民工总量为 27 747 万人，比上年增加 352 万人，增长 1.3%。增量在增长，但增速在回落。

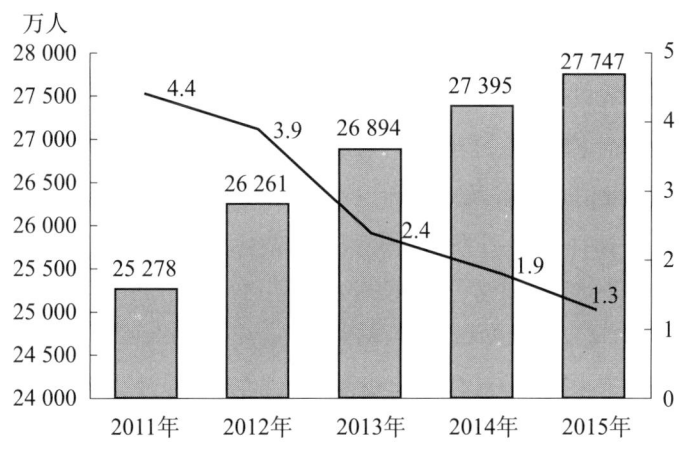

图 2-6　中国农民工总量及增速

数据来源：国家统计局 2016 年 4 月

目前，北京市大约有 400 万进城务工的人员，主要来自于河北、河南、安徽、山东、四川等农业大省。数量庞大的农民工群体给北京带来了充足的劳动力，他们约占北京就业总人口的 40%。他们大多从事建筑、制造及服务、批发与零售、住宿与餐饮行业。但和庞大的农民工数量相比，媒体的关注显得少之又少。

1.城市广播对农民工关注较少

农民工人数众多，但"他们在城市却像幽灵一般既无处不在，又无所显现。他们亲身参与了城市的建设，却一直被视为城市的局外人。媒体对农民工的局外化传播，使农民工一直得不到城市社会的认同和尊重"[1]。原因首先在于农民工群体的话语权缺失。城市媒体的商业化特征，决定了它们从受众的经济地位

---

① 谭诚训.农民工社会形象错位与媒介的城市视角问题［J］.新闻爱好者，2007（3）.

定位出发刊播报道。当精英、白领掌握了更多话语权，农民工这样的被媒体忽略的群体就成为"失语者"，他们很难获得媒体的关注，很难通过媒体发言，更难以让媒体为他们代言。

由此造成的后果包括，农民工权益容易受到侵害，比如工资被拖欠、劳动保护缺失、子女无处上学等等。这些问题的根源在于政府部门的监管不到位，媒体的关注对于推动问题解决有着重要的意义。另外，当大量农民工涌向城市，信息服务对他们意义重大，这些信息包括就业信息、法律服务信息、公共服务信息等，但目前能为农民工提供信息服务的媒体少之又少。农民工主要集中于东部的发达地区，比如上海、北京、广东、福建等省市，但这些省市广播电台的广播节目定位于农民工群体的凤毛麟角。

2. 城市广播如何化解"城市边缘人"的尴尬？

如何在广播节目中反映农民工受众的需要，让这几十万甚至几百万人获得相应的关注，从而化解农民工"城市边缘人"的尴尬？

（1）提供服务信息，普及现代知识

国家统计局 2016 年 4 月发布的调查报告显示，在农民工中，未上过学的占1.1%，小学文化程度占 14%，初中文化程度占 59.7%，高中文化程度占 16.9%，大专及以上占 8.3%。高中及以上文化程度的农民工所占比重比上年提高 1.4%。其中，外出农民工中高中及以上文化程度的占 27.9%，比上年提高 1.9%；本地农民工中高中及以上文化程度的占 22.6%，提高 1.2%。农民工整体文化素养在提高，因此可以利用广播在知识普及方面的优势，给农民工传递信息、传播知识。实际上，传播具体的知识固然重要，但通过知识传播培养农民工群体的现代意识，鼓励他们通过自我学习达成自我完善，追寻更好的生活，形成底层社会向上的晋升渠道，从而形成社会良性积极的运转机制，这是更为重要的。

表 2-2　农民工受教育情况　　　　　单位：%

	农民工合计		外出农民工		本地农民工	
	2014 年	2015 年	2014 年	2015 年	2014 年	2015 年
未上过学	1.1	1.1	0.9	0.8	1.6	1.4
小学	14.8	14.0	11.5	10.9	18.1	17.1
初中	60.3	59.7	61.6	60.5	58.9	58.9
高中	16.5	16.9	16.7	17.2	16.2	16.6
大专及以上	7.3	8.3	9.3	10.7	5.2	6.0

数据来源：国家统计局 2016 年 4 月

2.提供情感交流和表达诉求的平台

农民工远离家乡和亲人，情感的困惑和业余时间的寂寞比城市人群更为突出。根据国家统计局 2012 年发布的调查数据[①]显示，23.9% 的农民工没有任何城里人朋友；20%—30% 的人感到极为寂寞，打牌、喝酒、赌钱成为他们排遣寂寞寻找刺激的方式。

广播的传播优势之一就是容易引起情感共鸣，通过真诚沟通达成情感和价值的认同，营造积极的社会心理。广播可以通过谈话节目帮助农民工排解思乡的苦闷，陪他们度过寂寞难熬的打工时光。调查显示，农民工收听广播节目的喜好程度排序是：新闻（44.6%）、谈话（35.3%）、文艺（31.8%）、体育（19.6%）、社教（7.3%）、财经（5.0%）、广告（4.3%）、其他（3.6%）。广播早上时段的接触比例为 17%，晚上达到 21.3%，原因是情感方面的谈话节目具有互动优势。访谈节目受到青睐，农民工的解释是：他们在城市中会遇到各种各样的问题和困惑，而谈话节目可以帮助他们缓解情绪。[②] 表 2-3 是不同教育程度听众收听广播的目的。

但广播谈话节目的功能不仅仅局限于感情沟通，还在于提供一个表达诉求的平台，关注农民工的生存现状，给包括农民工在内的各方探讨这个公共话题的空间，培养农民工表达自己的意识和能力，让他们实现对社会公共事务的参与。"公众在媒体面前不仅仅是'消费者'，亦是现代社会需要表达自身的'公民'"[③]，只有这样，农民工才能从突发新闻事件的当事人（比如讨薪、社会治安事件等）和新闻故事的悲情主角这样的社会定位中跳脱出来，通过媒体和社会的共同培育，成长为城市化背景下的新市民，最终目标将是具有现代性的国家公民。

表 2-3　不同教育程度听众收听广播的目的　　　　　单位：%

听众群	初中及以下	高中及同等学力	大专及以上
了解新闻资讯	69.1	74.5	70.9
收听音乐	72.7	69.8	66.0
了解交通信息	59.8	62.7	59.5
娱乐放松心情	52.7	54.7	56.3

[①] 国家统计局关于农民工业余时间安排的调查 2012 年之后未见公开数据发布，所以 2012 年的数据是本书截稿前可掌握的最新数据。

[②] 陶建杰.民工的媒介接触状况及评价——以上海市徐汇区为例 [J].新闻大学，2003（冬季刊）.

[③] 李红涛.势与弱势分割——传播资源分配结构的动态观察 [C].中国传播论坛论文，2006.

听众群	初中及以下	高中及同等学力	大专及以上
了解生活资讯	50.4	53.8	58.7
了解市场/财经信息	38.7	40.1	44.0
仅为打发时间，排除寂寞	39.8	35.8	41.6
听小说广播剧	38.7	30.5	32.6
了解医疗资讯	29.3	28.8	19.9
了解体育资讯	28.1	30.7	19.6
只是习惯了听广播	18.8	20.4	20.3
满足情感释放	16.4	14.6	19.6
积累谈资	10.5	10.8	11.4
参与广播节目	11.7	7.5	14.7
参加抽奖优惠	3.5	9.4	2.4
提出投诉建议	1.2	0.5	3.3
寻求专业帮助	—	0.5	—

数据来源：赛立信媒介研究 2015 年

3.关注农民工关切，重塑群体形象

城乡二元结构使农民工被屏蔽于城市社会之外，有时甚至被屏蔽于公平法治之外。调查表明，不少农民工面临无劳动合同、无社会保障、工资被拖欠的境遇。同时，还面临子女上学难，老家父母无人照顾等等难题。

广播媒体可以发挥互动优势，建立市民与农民工对话的平台，引导双方的交流与沟通，建立双方互信互爱的基础。同时，避免报道中的定型与刻板化，以全面的角度反映这个群体，给农民工以全新的观察角度，给市民以重新认识他们的机会。"经常向农民工及社会大众普及理性意识、平等意识、多元意识、诚信意识及法律意识，在情感上要适当维护农民工群体的形象，不刻意诋毁，不应有意识地传播偏见与歧视，将农民工群体从'城市边缘人'的状态融入城市主流社会之中。"①

在权益保障方面，广播媒体也有广阔的用武之地。调查显示，农民工群体

---

① 马意翀.农民工舆情表达渠道分析——以北京地区农民工为例［J］.东南传播，2009
（4）.

对法律援助类节目有兴趣、有需求。"30.9% 的农民工认为广播媒体很有必要开办一些帮助农民工解决困难的节目。民工之所以喜爱广播媒体中的法律援助节目，主要是因为此类节目的互动性极大地提高了他们的参与兴趣。"[1] 广播的互动性使节目更具针对性，更能给予农民工具体而细微的帮助。

2005 年 5 月 31 日，北京新闻广播（AM828/FM100.6）《焦点透视》节目播出报道《打工妹杜瑞霞的维权之路》，报道以典型案例切入，反映了打工人群的权益保护现状；此类节目也是对打工群体的普法过程。[2]

广播专题：打工妹
杜瑞霞的维权之路

另外，由于这个群体与城市社会隔绝已久，很多问题的产生非一日之寒，并且还在累积之中。比如新生代农民工问题，强烈的剥夺感、被歧视感容易催生出他们心里的愤怒和仇恨，容易为社会动荡埋下隐患。广播通过多种信息渠道拓展百姓话语权，打造社会公共话语平台，成为利益表达的有效渠道，从而实现弱势群体话语与精英话语的整合，促进矛盾的转化和解决。城市广播打造社会公平的心灵沟通平台，将为实现积极的、建设性的社会氛围创造条件，也为问题的解决带来更大可能。

2009 年 2 月 1 日，北京新闻广播（AM828/FM100.6）《记者视线》节目播出报道《走近打工妹》，关注打工妹群体的权益现状。[3]

广播专题：走近
打工妹

（二）城市广播与人口老龄化

1. 老年人是广播的忠实听众

根据第六次全国人口普查数据（2010 年）[4]，我国 60 岁及以上老年人口达 1.85 亿，占总人口的 13%，较 10 年前上升 2.93%。其中 65 岁及以上人口占 8.87%，比 2000 年人口普查上升 1.91%。我国已经步入老龄化社会，而且老龄化进程逐步加快。到"十二五"末期，全国老年人口增加 4 300 多万，达到 2.21

---

① 张雅利．农民工媒介接触状况及评议——以兰州地区为调查分析单位［J］．东南传播，2008（4）．

② 该报道由记者连新元采制，获 2006 年全国法制好新闻一等奖。

③ 该报道由记者连新元采制。

④ 截至 2016 年年底，全国共进行六次人口普查。因此，2010 年全国第六次人口普查数据是本书截稿前的最新数据。

亿，80 岁及以上的高龄老人达到 2 400 万，65 岁以上空巢老人超过 5 100 万。在全国范围老龄化的背景下，城市老龄化问题尤为突出。以北京为例，根据市统计局、国家统计局北京调查总队 2016 年 1 月发布的数据显示，2015 年年末，全市常住人口为 2 170.5 万人，其中 65 岁及以上人口为 222.8 万人，比重为 10.3%。与 2011 年相比，老龄人口比重上升了 1.3%。

其他城市也有相似的情况。上海是中国最早"变老"的城市，早在 1979 年就已进入老龄化社会，比全国要早 20 年左右。目前三个在职人员要养两个老人，但按照老龄化速度，未来将发展为一个劳动力赡养一个老人。

众多的老年人口需要相应的媒体信息服务。一方面，老年人具有比年轻人更多的闲暇时间，接触媒体的可能性也更大；另一方面，老年人的生活状态比较特殊，有不同于其他人群的特殊信息需求。

报纸作为传统获取信息的媒体，可以随手拈来，非常方便，不过，由于老年人往往视力不济，不少老年人因此不得不放弃阅读，这对于报纸的接触影响不小。

电视作为人们最常接触的媒介，也是老年人接触最多的媒介之一。但电视是以视觉接触为主的媒介，电视频繁的画面切换，以及屏幕高亮度的刺激，使老年人很难长时间看电视。

网络虽然作为媒介的集大成者，但对于老年人来说，技术门槛过高，造成网络接触率较低。

广播是老年人最常接触的媒介之一。根据赛立信媒介研究的调查显示，在北京、上海和广州三地，50 岁以上的老人[①] 占所有收听广播人群的比例分别为 11.6%、7.5% 和 15%。约有 75% 左右的城市老年人有经常收听广播的习惯，其广播接触率仅低于驾车人士（99.4%），居各类听众群体的第二位，高于全国城市平均值（63.5%）11.5%。在受访的老年听众中，有 92.86% 表示喜欢收听广播，回答"一般"的仅占 7.14%。表 2-4 显示的是各年龄层听众收听广播的目的，其中 55 岁以上年龄群体"打发时间，排除寂寞"的选择比例高于其他群体，达到 45%。

---

① 联合国以 60 岁作为老年群体的年龄界线。

表 2-4　不同年龄听众收听广播的目的　　　　　　单位：%

目标听众	25 岁以下	25—34 岁	35—44 岁	45—54 岁	55 岁以上
了解新闻资讯	71.0	72.8	72.4	73.3	72.4
收听音乐	72.3	72.6	68.8	68.2	67.4
了解交通信息	60.0	66.1	64.3	52.8	54.3
娱乐放松心情	53.6	59.4	51.2	56.3	49.1
了解生活资讯	48.2	54.2	58.2	61.4	46.6
了解市场/财经信息	36.2	43.8	44.1	44.3	25.9
仅为打发时间，排除寂寞	33.5	37.9	33.6	35.8	45.0
听小说广播剧	28.1	40.8	36.2	34.1	28.4
了解医疗资讯	20.5	21.4	23.3	29.0	33.5
了解体育资讯	30.8	30.4	28.4	22.9	20.5
只是习惯了听广播	14.7	20.0	21.2	29.0	12.9
满足情感释放	21.4	13.4	17.6	17.0	12.9
积累谈资	13.4	11.1	6.2	17.0	10.3
参与广播节目	10.7	11.1	11.5	6.8	10.3
参加抽奖优惠	8.0	5.9	7.9	5.1	——
提出投诉建议	……	0.7	3.5	1.7	……
寻求专业帮助	——	——	——	1.7	——

数据来源：赛立信媒介研究 2015 年

老年人行动不便，生活方式简单，比较依赖各类媒介获取信息。广播媒介虽然有"只闻其声，不见其人"的相对弱点，但老年受众了解信息、寻求娱乐、学习知识、交流思想的愿望和需求通过广播同样能够得到一定程度的满足。由于视力下降和体力减退等生理方面的原因，小巧灵便的收音机也深得他们的喜爱，所以收听广播成了老年人摆脱孤独、寻求心灵慰藉较为理想的选择。而广播中老人们最关心的健康医药类节目具有相当大的比重，这类的节目很大程度满足了老年人对于健康的关注。

2.城市广播应适当增加老年节目

相对老年人对于广播的热衷，广播界对于老年听众群的态度却不太积极。以上海为例，作为国内老龄化率最高的城市之一，老年广播的发展就经历过一波三折，由原本的专业老年频率，缩减为只有一档老年节目。早在 1984 年 4 月，上海就出现过第一个老年广播节目——《老年天地》，每周四播出，还开辟了空中"老人征婚启事"，通过广播为丧偶或离异的老人寻找伴侣。1987 年 5 月，《老年天地》改为每周一至周六、每天播出两次，每次 15 分钟。节目设有《生活和

保健》《老年茶座》《老年大学》《寿乐星》等专栏。1988 年 1 月，《老年天地》
节目并入《科学与生活》节目，改为一个小栏目。1992 年 10 月，上海电台再
次开办以老年人为对象的综合性专题节目——《九曲桥》。创办初期，每周二至
周六，播出 5 次，每次 50 分钟，一年以后，改成每次 25 分钟。节目先后设置
《银发世界》《夕阳情深》《长寿秘诀》《老年保健》《老年信箱》等栏目。2001
年 3 月，上海东方电台将少儿频率改造为老年、少儿频率，根据不同时段为老
人和儿童服务。老少频率的节目内容共分为三大版块，第一版块是少儿节目，
主要有《特级教师到你家》《快乐无极限》等；第二版块是老年节目，主要有
《常青树》《正午茶座》《养生宝典》等；第三版块是老少共听节目，让爷爷奶奶
陪同孙子孙女一起听广播，主要有《成长心情》《鲜草莓书屋》等。2002 年下
半年这个老少频率被命名为"金色频率"，每天播出 18 小时，双休日节目更加
丰富多彩，还开展了一系列的活动，如在公园举行的 350 对老人与孩子对弈中
国象棋活动；还有"听爷爷奶奶讲党史"等活动都开展得有声有色，社会反响
也很好。然而，金色频率开办一年多以后，2003 年下半年，上海文广新闻传媒
集团将内部创收效益不好的内容大量裁减，金色频率被撤销，改为东广都市生
活频率，保留《常青树》节目。老年节目从全天播出 18 小时，减少到每天只有
1 小时。2007 年 1 月，《常青树》从 1 个小时扩版到 3 个小时，每个小时一个
版块。[①] 但 2013 年 1 月搜索该节目后发现，《常青树》已经被一个名为《情义东
方》的新节目取代，这个节目以讲述感人故事为主。虽然上海电台新闻广播也
开办了一个老年节目——每天 15∶00—16∶00 播出的《活到 100 岁》，但相对于
上海多达 435.95 万的老年人口（截至 2015 年 12 月 31 日，上海全市户籍人口 1
442.97 万人，其中 60 岁及以上老年人口 435.95 万人，占总人口的30.2%）[②]，广
播服务还是显得薄弱。当然，2002 年 7 月开播的上海电台戏剧曲艺广播，以上
海方言播音，也赢得了不少中老年人的喜爱，虽然并未冠以"老年广播"名义，

---

① 李小翠. 论老龄化社会中的广播——上海老年广播节目现状及未来发展对策研究 [D].
上海：复旦大学新闻学院 2007.

② 2016 年 3 月 30 日，上海市民政局、市老龄办、市统计局联合召开信息发布会，发布了
最新统计的本市老年人口和老龄事业发展信息。上海老年人口占总人口比例首次突破30%
的关口，上海人口老龄化程度已进一步加深。

但在满足老年人休闲娱乐需求方面作用不小。

目前全国范围开办的老年频率有：长春电台少儿与老年频率、宁波电台老少广播、黑龙江电台97频道、中央电台老年之声、昆明电台幸福频道老年广播、太原电台老年之声、河北电台金色年华之声等。不过，此前开播（2005年）的国内首家专门针对老年人的广播频率——江西电台健康老年频率，以及2006年开播的杭州电台金秋频率都在2008年分别更名，改为江西电台民生广播和杭州电台新闻谈话台。①国内老年广播节目之所以容易出现反复，广播电台态度略显消极，究其原因，主要是出于广告收益的考虑。由于老年人经济条件有限，自然难以获得广告商的青睐，这使得第一批老年广播探索者采取了"去老年化"的方式。

但老年听众是广播主要的收听群体之一，"去老年化"这种消极的应对措施并不利于广播自身的发展，因此一些城市电台采取了将老年人需求纳入整体节目编排的方式。以北京电台10个广播频率为例，针对老年人收听比较集中的早间时段（5:00—8:00），各台根据各自特色安排了不少适合老年听众收听的节目。因为多数老年人起床较早，很多老年人有边健身边收听广播的习惯。该台这一时段安排的节目包括健康类节目、生活类节目、知识类节目、怀旧音乐节目等；特别是健康类节目，8个频率中，有5个在这个时段开辟了健康类节目，而且集中于7点之前，目标听众主要是老年群体；另外，早间密集的新闻播报是广播特色，也会吸引包括老年人在内的各个群体收听。详见下表。

表 2-5　北京电台 8 个频率早间 5:00—8:00 节目安排 ②

时段	新闻广播	交通广播	音乐广播	文艺广播	体育广播	城市广播	故事广播	爱家广播
5:00—6:00	健康有约	一笑堂	美丽清晨	评书连播	百姓健康	开始曲	知识开讲	开始语
		激情岁月	音乐叫你醒	养生之道1	大讲堂	节目预告		节目预告
		新闻早报	记忆的唱片			社区大舞台		爱家超链接

---

① 魏胜利.广播老年频率发展路径初探［J］.中国广播电视学刊，2010（5）.

② 外语广播和播放欧美音乐的动听调频较为特殊，未纳入统计。资料获取时间为2016年6月。

时段	新闻广播	交通广播	音乐广播	文艺广播	体育广播	城市广播	故事广播	爱家广播
6:00—7:00	新闻晨报 新闻热线 节目预告 气象服务 转播中央电台《新闻和报纸摘要》	交通新闻 出行提示 今日交通 一路畅通1	歌飞扬	养生之道2 转播中央电台《新闻和报纸摘要》	健康绿洲	家家会生活 慧眼识真相 转播中央电台《新闻和报纸摘要》	健康晨曲	我和健康有个约会 成长家训
7:00—8:00	北京新闻 新闻热线 新闻大视野	一路畅通2	音乐道来	空中笑林	雄鸡唱晓（体育新闻+话题）	七点早新闻 市民热线	纪实传奇 人物空间	健康喜来乐

不过，由于这些频率并非专业老年广播，节目编排不能完全根据老年听众的收听习惯进行。老年听众收听广播的高峰时间除了 6:00—8:00，还包括 12:00—13:00 和 20:00—22:00，但北京电台 8 个频率均没有在节目编排方面照顾老年听众在中午和晚上的收听需求。

3. 城市广播如何对接"老龄化"

老年节目和老年广播频率边缘化的主要原因是广告收益较低，但据"中国老龄科学研究中心的一项调查显示，城市老人中有 42.8% 的人拥有储蓄存款。另外，老年人的退休金到 2020 年将达 28 145 亿元，2030 年为 73 219 亿元，显示出老年人群潜藏着巨大的消费能力。"[①] 因此，随着"银发经济"的兴起，老年广播或许将迎来新的发展机遇；同时，据预测，2050 年中国老年人口将达到 4 亿。随着老年人口的不断增加，老年听众规模也日益壮大，老年听众对广播节目的需求也将日益旺盛。城市广播应未雨绸缪，提前谋划"老龄化"策略。

（1）打造老年人参与社会、关注社会发展的平台。老年人虽大多已经退休，但由于工作生活的经历，他们可能比中青年更为关注国家发展、关心国际形势；特别是城市中老年群体的受教育水平普遍较高，老专家、老干部众多，他们对国家和社会发展有诸多思考和建议，可以为他们打造专门的时事节目、谈话节

目，让老年人积极关注和参与社会，为国家和社会发展建言献策、贡献余热。

（2）为老年人开办终身学习的空中课堂。城市中老年人受教育程度高，不少人有终身学习的理念。一些老年大学开办的绘画、书法、音乐、园艺、烹饪等课程供不应求，以至于北京市海淀区老年大学出现"7点钟报名，4点半就有人排队；原定开设两个书法班，报名半个小时就已满额"的情况；该老年大学2012年"增开了12个班级，预计招生500余人，谁知报名第一天12个班级就全部招满"①。城市广播不妨开办相应节目，让更多老年人走进不设门槛、没有名额限制的"空中课堂"。

（3）提供科学的保健知识。老年人难免出现身体健康方面的问题，养生保健是他们最关心的。广播媒体应树立科学的、具有责任感的形象，提供真实的、负责任的医疗保健信息。不过，一些城市电台恰恰利用老年人病急乱投医的心理，办起了"卖药节目"，这种杀鸡取卵、涸泽而渔的做法，不但在伤害着老年人的身心，也在严重损害广播电台自身的声誉。

（4）提供老年人关心的民生信息。随着政府对老年问题的关注，越来越多涉及老年人的政策措施出台，需要媒体进行详细解读，让老年人了解相关规定，并获得相应保障。此外，不少老年人还会遇到子女赡养、财产分割等问题，也迫切需要媒体提供相关解疑释惑的信息。社会转型期，刑事诈骗案多发，其中有不少是针对老年人的，广播节目应不厌其烦提醒相关骗局，并敏感觉察新出现的诈骗手段，第一时间告诉老年听众，避免损失。

（5）为老年人生活提供服务。老年人生活节约，广播节目不妨提供旧物交换的平台；老年人集中的老小区物业管理相对落后，但家里修修补补的活计免不了，节目中也可以向他们提供可靠的服务信息；而生活照顾、护理服务是老年人最为渴求的，电台节目也可以与相关部门、机构合作，推介优质服务，实现电台效益与老年人生活品质的双赢。此外，广播还可以充当空中"红娘"，为老年人寻找伴侣牵线搭桥。

（6）为老年人提供心理疏导平台。转型期社会，社会问题频发，食品安全问题、就业问题、官员腐败问题、自身的赡养问题、子女的婚姻问题、工作压力问题等等，有些看似与老年人并不相关，但通过社会成员之间的情绪传导，

---

① 丁静，孙卓.北京：老年大学一位难求［EB/OL］.（2012-12-20）［2013-03-05］. http://news.xinhuanet. com/ local/2012-12/20/c_114090015.htm.

很容易引起老年人的心理问题；原本闲适的老年生活因此蒙上阴影。调查显示，老年人群日渐成抑郁重灾区。北京市 65 岁及以上人群抑郁症患病率为 4.4%，且每年发病率随年龄递增。[①] 广播的声音传播具有直达心灵的优势，可在谈话节目中引导老年人排解苦闷、压力、焦虑和抑郁，让他们获得快乐健康的心情。

（7）引导老年人实现积极老龄化。早在 1999 年，世界卫生组织就提出了"积极老龄化"的口号。世界卫生组织指出："积极"不仅仅指身体的活动能力或参加体力劳动的能力，更多的是指不断参与社会、经济、文化、精神和公民事务的能力。"积极老龄化"则是指人到老年时，为了提高生活质量，老年人群使自身的健康、参与和保障的机会尽可能获得最佳机会的过程。其目的在于使老年人能够保持身体健康，提高预期寿命；积极参与社会活动，继续为社会做贡献；保障生活质量，提高生活水平。引导老年人走积极老龄化之路，不论对老年人自身，还是对社会整体，都具有重要意义。

本章小结

本章探讨的城市广播受众转型是第一章媒介生态问题的延伸，包含两个主要内容：一是分析城市中产阶级的增长对于城市广播的促进与支撑，这部分人群有诸多广播接触的特点，比如移动性强、收听方式渐趋伴随性、收听渠道更加多元、媒体接触复合型等；二是对城市其他主要收听群体进行分析，主要包括大学生、老年人和流动人口群体，并就提升对老年人和流动人口的服务提出建议。上述对听众结构的分析、对听众收听行为的研究，将为后文城市广播主体形态转型的探析提供依据。

---

① 杜燕. 调查显示：北京每百名老人中至少 4 人抑郁［EB/OL］.（2012-10-10）［2013-03-07］. http://www.chinanews.com/jk/2012/10-10/4238073.shtml.

第三章 城市广播的主体形态变迁

城市广播传媒结构变迁

城市广播节目形态革新

城市广播主体形态包括：宏观意义上的城市广播传媒结构，以及中观和微观意义上的节目形态。从听众的角度来看，城市广播主体形态是隐性的，是隐含在城市广播多套节目、一套节目或者部分节目中的，需要宏观、中观和微观的多重视角进行综合分析与探讨才能形成认识与判断。

第一节　城市广播传媒结构变迁

从上世纪 40 年代到 80 年代，广播独领风骚；但随后电视开始走进寻常百姓家，电视媒体开始崭露头角，并迅速占据优势地位，广播一度呈现市场萎缩、人气走低的迹象。60 年代的美国也曾经出现过类似情况。电视占据中心位置后，许多功成名就的广播明星转移到电视荧屏，广播不得不调整战略，探索了"音乐、新闻加谈话"的模式。这一模式被广泛采用并被证明是成功的，大批特色化、专业化音乐电台和谈话电台兴起，给低谷中徘徊的广播带来了"第二春"。广播逐渐走上"窄播"道路，受众群和广告主逐渐稳定。

国内广播也在经历了短暂低谷后，找到了专业化的发展路径，并逐渐朝窄播化开拓，城市广播引领风气之先，使广播媒介重拾繁荣局面。

一、专业台引领广播走向"窄播"

1986 年 12 月 15 日，珠江经济台正式开播，我国广播改革由此开启。随后北京、上海等地广播电台纷纷加入改革阵营，新闻台、经济台、音乐台等系列台纷纷成立，并在此后十多年间成为大多数省市电台的主流办台模式。

（一）珠江经济台引领广播回归声音传播

改革开放之后，随着经济的发展、社会的变革，人们的文化需求多元化，听众的需求也在发生改变。然而，在上世纪 80 年代初期，我国的大众传媒领域尚未开始改革，文化大一统，全国广播一个腔调。但面对改革开放的新格局，"大而全的'泛广播'传统模式显然不能适应人民群众多元化的文化需求"[①]。

因此，在电视等媒介竞争的压力下，在受众多元化、个性化需求的倒逼下，广播媒体开始了改革创新之路。

在这一背景下，广东珠江经济台 1986 年成立。该台的改革措施包括：主持人大版块直播，加强新闻播报和信息服务，开通热线吸引听众参与互动等。当然，珠江经济台的模式并不完全是我们现在专业台的概念，而是具本土化意识的综合台。珠江广播模式贴近听众、贴近生活、服务意识强，改变了广播传统模式封闭型运作的弊端，尊重广播听觉传播规律，回归到了广播解放声音的传播状态，取得了良好的社会效益和经济效益，广东广播的地位开始发生转变。改革之前大部分听众收听香港广播的情况发生了扭转，调查数据显示："广东电台与香港各台的收听率比从原来 3:7 扭转为 8:2。"[②]

珠江经济台的改革后来被称为"珠江模式"，对国内广播界影响深远，国内广播从此开始走上改革创新发展之路。

（二）城市台兴起，"广播热"初现

在珠江经济台的带领下，各地纷纷学习其办台经验，办起了新型的城市台。这些城市台虽然许多都以"经济台"命名，但走的却是综合台的路子。它们的特色就是大版块直播节目、热线参与，以及大量的广播户外活动，"办看得见的广播"成为当时广播的亮点。

所谓**"办看得见的广播"**，就是跳出传统广播的办台模式，通过组织各种户外活动拓展广播的空间，将直播间搬进商场等公众场所，使广播节目向听众全

---

① 何志平. 对广播"窄播化"的观察与思考 [J]. 新闻前哨，1999（10）.

② 白玲. 广东广播在创新中发展 [J]. 中国记者，2003（2）.

方位开放，实现"广播节目视觉化"。户外直播室以其传播方式的直达性、真切性给予了现场观众强烈的现场感、互动感和交流感，使广播不仅留住了收音机前的听众，同时还争取到了活动现场的观众，在取得听觉效果的同时实现视觉效果的双重感受和参与互动，从而拓展了广播传播渠道，改善了广播的传播效果。这种在公共场所举办的多数人参与的社会活动既有娱乐性又有服务性，不但可以为广播争取现场群众，取得视觉效果，还可以塑造亲切平易的广播形象。另一方面，广播的户外直播将传统的广场文化与现代广播相结合，拓展了广播的外延。

户外广播、"办看得见的电台"成为当时乃至今日拓展广播发展空间的有效手段之一。以广东电台"城市之声"为例，该台仅在1998年就举办了超过80场户外活动，平均每周1.5场。1999年，其户外活动也在40场以上。时至今日，北京音乐广播几乎每周都有户外的听友会，还有歌迷俱乐部的活动；而北京交通广播每逢重大的活动也不惜重金进行户外直播。

上世纪90年代初，为满足听众生活水平提高之后的娱乐需求，参与式的娱乐节目开始出现。当时，"北京音乐广播创办了一档名为'幸运之声'的节目，每天中午播出。这个热线电话参与节目甚至造成北京电话局512局和515局每天中午时段的瘫痪。"[①]

（三）广播"窄播化"，专业台规模化

城市台的诞生奏响了深化广播电台改革的乐章，开启了国内电台改革的新篇章。十几年来，通过对广播功能、广播属性、运作机制、内在规律的深入探索和大胆实践，各地广播电台纷纷成立专业化的系列台，努力探索广播媒介专业化发展的成功经验。

系列台模式在以下方面有所突破：

系列台实现了广播功能的多元发展。物质生活满足之后，民众的精神生活必然产生新的需求。而随着经济社会稳步发展，民众精神文化生活也会逐渐多元，如果仅仅以过去"人民台"的设置服务多元化听众，广播将落后于时代的发展。系列专业台应运而生，因时而动，符合社会发展规律和传播规律。系列专业台在办台过程中，以贴近传播的理念，切分专业的平等服务，实现了彼时

---

① 吴长伟，陈国权."弱势"广播在北京如何崛起[J].中国记者，2005（12）.

的"适位传播"。

此外，系列台改革过程中，不仅仅是传播架构和节目内容的革新，各台还对管理机制进行再造，创造了市场化的运作机制、竞争上岗能上能下的管理制度。这些改革措施有力地支撑了系列台的发展与繁荣。

以广东电台为例，继开办了珠江经济台后，广东电台先后成立了新闻、音乐、交通、教育、股市等八个系列台，使广播的主功能和多功能得到更加充分的发挥，更好地满足了各个不同层次听众的不同需要，取得了社会效益和经济效益的双丰收。

北京电台则在 1992 年年底开始创办专业台，到 1994 年年底，先后成立了新闻、音乐、儿童、交通、文艺、教育和生活七个专业台。1998 年儿童广播并入教育广播。2002 年又创办了体育广播。目前，北京电台播出的专业广播频率共有十个，包括：新闻、城市、交通、音乐、文艺、爱家、故事、体育、外语和欧美音乐[1]。

但经过一段时间的发展，系列台逐渐暴露出一些问题，包括频率定位模糊、节目设置雷同等。其原因是："面对共同熟悉的节目内容、节目形态、广告客户和经营市场，每个系列台都希望能赋予自己'综合台'的政策，担心走频率专业化的路子会造成受众市场和经营市场的萎缩。"[2]到上世纪 90 年代中后期，不少专业台的播出内容重返综合台模式，直接导致各台之间从内容到广告经营上的不良竞争。

针对这一问题，北京电台制定了"红绿灯原则"：各专业台绝对不许开办的内容为"红灯"，即与本台宗旨，与本台的主力听众、办台方向、市场定位不符，并且对其他台有干扰的内容；或是对其他台虽然没有干扰，但在专业上与自己形象严重不符的内容；虽有经济效益，但因小利干扰了大利，也属于"红灯"之列。各专业台应尽全力办好的内容是"绿灯"，也就是与本台专业面貌相符，本台特有的、主力听众必听的、市场销售占位独到的，都属于"绿灯"。为娱乐和调节而不是以竞争为目的内容，以专业为本的阐发性的内容，以及自己得利与人无害、周末填充性的节目属于"黄灯"。[3]

---

① 2015 年 5 月开播的欧美音乐频率对外呼号为"动听调频"。此外，预计 2017 年爱家广播将调整为针对大学生等青年群体的广播频率。

② 白玲. 广东：广播在创新中发展 [J]. 中国记者，2003（2）.

③ 汪良. 北京电台专业化办台的思考 [J]. 新闻与写作，2002（7）.

此原则界定了各系列台之间的界限，各台在自己的专业领域精耕细作，北京电台由此取得了辉煌的发展业绩。特别是北京交通广播，从 2000 年起，就创造并保持了全国广播单频率广告创收第一的纪录，2002 年一举突破亿元大关，10 年之后的 2012 年，已经实现广告收入 6 亿元。

北京电台的专业化改革后，虽然系列台是有针对性的"窄播"，但从北京电台总体来看，则实现了"广播"，社会效益和经济效益也随之显现。"1992 年全台经营收入总额仅 933 万元，1997 年广告收入达到 1 亿 1 千万元，2000 年广告收入 1 亿 7 千 9 百万元。2001 年在大环境艰难的条件下，仍然达到 1 亿 8 千 5 百万元。"①2012 年全台创收达到 8 亿多元。②

（四）专业台改革成果的标识：交通广播崛起

专业台建设中最为瞩目的是交通广播的崛起。随着经济的发展，居民生活水平的提高，汽车走进千家万户，交通拥堵也随之出现。交通广播的受众群体日益庞大，并受到广告商的青睐，由此进入发展的快车道。

从各地电台的收听情况来看，北京、长沙、沈阳、成都等地的交通频率都是当地收听率最高的电台；从全国总体来看，交通广播的市场份额优势明显（如下图）。

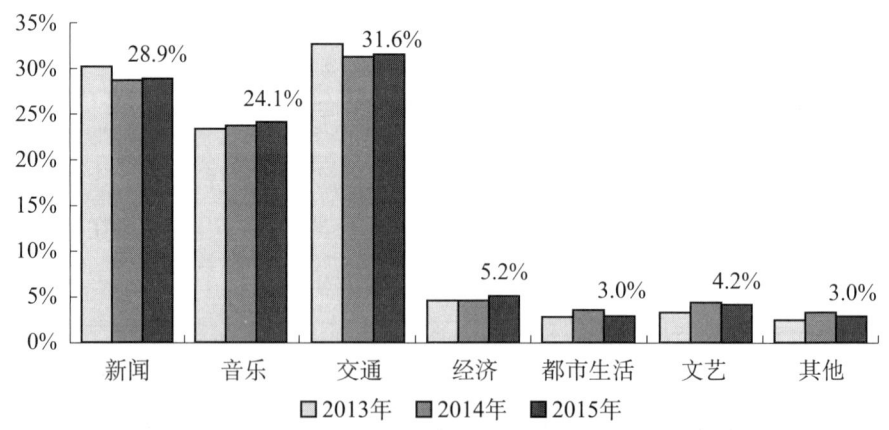

图 3-1　2013—2015 年全国各类专业广播频率的市场份额

数据来源：赛立信媒介研究 2013—2015 年

---

① 汪良. 北京电台专业化办台的思考 [J]. 新闻与写作，2002（7）.

② 2012 年数据源于北京电台内部资料。

以北京为例，北京交通广播的市场占有率一度达到 30% 以上，两倍于排名第二位的北京文艺广播，三倍于排名第三位的北京新闻广播。从 2000 年至 2015 年①，北京交通广播的广告收入连年上涨，成为北京电台乃至全国广播业的排头兵。

基于广播地域性的考虑，2003 年 6 月中央电台都市之声开播，这是面向北京市场的广播频率，竞争对象直指北京交通广播。2004 年，都市之声也在北京交管局指挥中心设立了直播间，与北京交通广播一起向北京市民播报路况信息②。

创建之初，各地交通广播目标听众主要是出租车司机；随着私家车的普及，交通广播的目标听众定位逐渐调整，向以私家车为主的"交通参与者"转型。通过与当地交通管理部门合作，培养信息员队伍等方式，获取权威路况信息、交通服务资讯，以必听内容牢牢吸引目标听众群。在此基础上，辅以娱乐、文艺、脱口秀等内容，增加整体频率的可听性。《南方周末》曾经在一篇报道中，以"下雨天别忘了带伞"为题③，生动形象地概括了广播媒体的服务性特征。广播是四大媒体中最个人化的传播媒介，广播的未来走向应是听众个人的"娱乐中心"和"资讯中心"，归根到底，就是要充分发挥广播的服务性。交通广播正是以交通资讯、城市生活信息的必听性赢得了众多听众。

不过，随着新媒体特别是社交型媒体的发展，广播媒体也受到冲击，包括交通广播在内的广告创收增速下降，甚至出现下跌。实际上，新媒体之所以能攻城略地，关键是以新技术突破了信息传播的"适位化"，以大数据跟踪用户信息接收偏好、媒体使用习惯，实现了点对点、一对一传播。广播媒体下一步的突破之路，也在于研究听众的需求，实现精准传播，特别是对交通广播这种以信息服务取胜的广播频率来说，更是如此。

（五）专业化仍存问题④

1. 功能专业台和受众专业台应采用不同的办台理念

就目前来说，广播的专业化主要有基于两种不同划分标准的专业化方式，

---

① 受经济环境及新媒体的影响，2016 年北京交通广播广告有所下滑。
② 吴长伟，陈国权.*"弱势"广播在北京如何崛起* [J].中国记者，2005（12）.
③ 南香红.*打开收音机*（N）.南方周末，2003-4-10（文化版）.
④ 连新元.*广播专业化的两重误区——再论广播专业化* [J].南方广播研究，2004（2）.

即基于广播内容标准的功能专业化，以及基于广播受众标准的受众专业化。以北京电台为例，该台的专业化进程近年来走在全国的前列，我们可以将其下属的 8 个系列专业台按功能专业化和受众专业化进行分类。（参见下表）

表 3-1　北京电台 9 个专业频率专业化分类表

基于内容标准的功能专业台
音乐广播
文艺广播
新闻广播
城市服务管理广播
体育广播
外语广播
故事广播
基于受众标准的受众专业台
交通广播
爱家广播

广播功能专业化是指广播媒体基于内容的专业化形式，由此产生的专业化广播电台能提供专门的广播节目内容。这种专业电台听众的共同特点是，喜爱某种内容的媒介消费产品。除此之外，我们并不能对目标听众进行明确的"素描"。比如音乐，每种音乐形式都能吸引各种人群，只是某一群体的听众相对较多而已。

相对应的，**广播受众专业化**是指广播媒体基于听众的专业化形式，由此产生的专业化广播电台能为专门的听众提供适合的内容。这种专业电台内容的共同特点是，为明确的目标听众提供他们感兴趣的内容。比如，交通广播，因为"交通参与者"有各种各样的收听需求，所以交通广播的节目内容除了提供交通信息，还有娱乐节目和其他新闻信息节目。我们并不能因为它叫"交通广播"，而从内容上严格限制非交通内容的播出。也就是说，这里的"交通"是对受众群体的限定，而非对节目内容的限制。事实上，除了要为听众提供路况信息和交通新闻，交通广播还应提供其他新闻信息，努力成为听众的"资讯中心"；同时，一定的娱乐节目也是必不可少的，交通广播的听众群体也需要"娱乐中心"带来的轻松与愉悦。因此，基于受众标准的专业化广播频率，应该以打造"小综合"电台为方向，而不是盲目的追求"专业化"；否则，只能导致听众的流失。

而对于基于内容标准的功能专业化广播频率，则通过内容细分化赢得竞争优势。比如北京音乐广播，除了基于流行音乐的综合音乐频率，还陆续开办了古典音乐频率和欧美音乐频率，给听众以更多的选择。因此，基于内容标准的功能专业化广播频率，应该以打造"细分化"电台为方向，以特色和专业吸引核心听众。

2. 专业化进程要与受众市场对接

专业化是受众为主体的专业化，其动力是受众市场的明确定位，专业化办台的基础应该是量化的受众调查和市场分析。目前的一些专业化频率对目标受众的收听需求和收听方式其实并不十分明确，传者的主观因素依然占据着主导地位，个人的创作理念和创作灵感构成了节目的主要创作点，采、编、播人员的个人情趣决定着节目的基调和风格，目标受众的关注点和实际需要则放在了次要位置。

而一些专业广播电台由于盲目追求"专业化"，取消了一些原本颇受欢迎的非"专业"节目，表面上好像是向专业化又靠近了一步，但忠诚听众却流失了。从目前我国广播所处的媒介环境来看，对于广播来说，媒介环境中的决定性因素就是听众资源。随着社会的发展，虽然国内听众的需求日益多元化，但接受能力和水平却是有限的，也就是说，目前专业台不同程度存在粗放化倾向，离真正的"细分化"需求还有相当的距离。

3. 专业化办台应有长远规划

目前媒介存在的倾向性问题是"嫌贫爱富"。许多节目设置都是围绕着主流人群、白领一族、有车一族，而对于占人口绝大多数的农民和中下阶层给予的关注度则相对较少。例如农业节目、针对老年人的节目就偏少。

另外，真正专业化的节目还应该有专业化的市场运作，而国内还缺少可供广播节目交流和交易的市场平台，造成节目资源开发的浪费现象。虽然专业化与市场化的力量在运行中会存在一定的矛盾，但我们的解决方法不是刻意回避或者是厚此薄彼，而应在整个的频道资源整合中将二者有机结合，使其保持相对的力量平衡，以专业化的追求建构市场平台，进而使广播在竞争中能够保持相对的优势。

国外成熟广播专业电台的经验告诉我们：真正的专业化不仅仅局限在我们现在所说的内容及形式上的专业化，以及受众群体的细分，亦包括从节目生产制作、节目运营、内部管理乃至节目主持人专业化等一系列问题。广播电台的专业化进程是一个综合工程，应全面推进。

二、类型化推动广播细分传播

（一）社会变迁、听众转型助推广播类型化

随着听众需求的多元化，近年广播市场开始细分，类型化电台开始出现。**"类型化电台**（format radio），也被称为格式化、风格化电台，是以电台的单个频率为基本单位载体，采用格式化播出手段，同一频率提供同质性内容，不同频率对受众交叉覆盖的广播媒介表现形式。"[①] 从经济学角度看，"类型化"是一种市场定位，是生产商在对产品的特征和市场需求等多方面综合考虑后而制定的系统生产方式。因此，"类型化电台"又被认为是"为了追求频率整体风格的统一性，经过明确目标受众和市场定位而标准化生产、流程化运作、循环式播放、同质化传播的一种商业广播运营模式"[②]。因为类型化以听众人群为出发点对市场进行细分，按照目标听众群的需求进行节目内容定位和节目时间安排，所以可以做到"随到随听"。

类型化电台最早出现在美国，美国广播业至今已摸索出几十条类型化途径，称之为广播专业化节目类型（program format）。如本地电台的音乐类型就可分为老式摇滚音乐台、途中音乐台、专辑摇滚台、流行金曲台、美国黑人音乐台、爵士音乐台、西班牙音乐台、古典音乐台、乡村音乐台等。除此之外，还有谈话节目台、全天候新闻台、宗教台等等，总共可以划分为 23 个基本类型。在美国 11 000 多家电台中，三分之一的电台是音乐类型台，几乎所有电台都是专业化的类型电台，而几乎每一种收听需求都有相应的电台或者节目在提供服务。而"比类型化更进一步的'微类型化电台（micro format）'概念在美国产生。原有的内容分类被进一步细化。仅乡村音乐就被分为了三种类型：传统乡村音乐、乡村金曲和热门乡村音乐。"[③] 正因为广播业及时调整自己的经营战略，不以节目的综合性与电视抗衡，而以节目的类型化、电台的专业化突出自己的特

---

① 黄学平，刘晓晖.媒介形态变迁视角下的类型化广播 [J].中国广播电视学刊，2009（11）.
② 许玲，韩晶晶，李晓蓉.类型化电台与专业化电台的区别 [J].新闻大学，2010（3月下半月）.
③ 同上。

色，几十年来，广播业才保持了稳步的发展。

表 3-2　美国 Infinity 纽约六家电台的类型定位 [①]

序号	名称	内容及对象
1	1010WINS	纯新闻电台。 主要收听对象是开车族、公务繁忙人士、流动人口等所有需要即时信息的人。
2	K-ROCK	24 小时摇滚音乐频率。
3	WCBS880	CBS2 的广播版。 综合新闻和新闻主持人的评述，其中有 CBS 著名的新闻杂志类节目《60 分钟》。主要收听对象是 18—50 岁的社会人士。
4	WCBSFM	24 小时老年音乐频率。
5	WFAN	24 小时体育频率，体育赛事和体育谈话。主要收听人群是体育爱好者。
6	WNEW	当代热门音乐频率。流行音乐加谈话节目。

如果说美国类型化电台的出现主要是媒介竞争的结果；国内类型电台则主要是适应社会变迁的产物。经济基础决定上层建筑，经济发展必然引发社会变革，政治制度也将随之改革。媒介文化作为上层建筑的一部分，唯有不断更新自身传播方式、传媒形态和传播内容，才能适应经济社会的发展需要。

在计划经济向市场经济转轨的过程中，市场主体的自由度、能动性被充分释放，社会结构分化整合，社会阶层调整重塑，产生不同的信息需求，利益诉求和价值观也在多元化。对个体来说，"生活节奏加快，经济实力加强，人们的品位和喜好有加剧分化的趋势，要求媒介专业化、对象化、阶层化的趋向更为明显。" [②] 由此产生了传媒革新的动力，"从单一走向多元的社会变迁推动媒介结构从单一走向多样，而多样性与受众分化正是类型化发展的基础" [③]。

（二）中央电台开创类型化全新格局

我国第一个类型化电台是 2002 年 12 月推出的中央电台音乐之声，节目以两小时为一个段落编排；其后是中央电台经济之声，提出了天下财经"任意时间收听，二十分钟搞定"的节目思路，推出了"轮盘式节目结构"。2003 年 4 月 16 日国际电台开播了欧美流行音乐频率 hit FM（FM88.7）；2004 年 1 月，

---

① 　路军. 从东广新闻台看类型化电台在我国的探索与实践 [J]. 中国广播，2005（3）.

② 　区念中. 营销学角度的广播"精细销售"——中美电台营运比较研究 [J]. 现代传播，
　　2000（10）.

③ 　林晖. 类型化——中国广播电视发展的必由之路 [J]. 新闻记者，2001（9）.

纯新闻类型化电台——东广新闻台开播；2004 年 6 月，湖北电台类型化频率"Fun Music Radio"开播；2005 年 3 月 27 日，合肥人民广播电台故事广播开播，随后故事类广播风靡各地电台；2005 年 9 月 28 日，国际电台环球资讯广播开播；2005 年 10 月 30 日，东北第一家类型化音乐广播大连音乐台开播；2006 年 3 月 28 日，兼容新闻资讯的类型化流行音乐频率——南京音乐台开播，作为江苏省内第一家类型化电台，频率定位于当代成人流行音乐电台。

在这一轮广播变革浪潮中，中央电台成为引领者。从音乐之声开始，该台已经基本完成类型化电台的整体布局。

"音乐之声（Music Radio）"是一套面对年轻听众的流行音乐频率，"音乐之声"全天以 2—3 小时为单位，将全天节目划分为 8 个时段，设置 8 个栏目，从早 6 点至 0 点"给你停不了的音乐"（音乐之声广告语）。从专业化的角度来说，"音乐之声"只播放流行音乐的做法和面对年轻听众的定位有别于国内一些音乐广播，是国内第一个专业流行音乐频率。因此，"音乐之声"的出现，为中国广播界带来广播媒介的细分化浪潮。

同时，新闻频率的类型化亦在同步推进，2009 年中国之声改版为全新闻频率。该频率新闻直播节目大大增加，其中《央广新闻》贯穿全天。这是以轮盘结构播出的新闻节目，每天播出时长达 10 个小时。每半小时的轮盘包括综合新闻、财经新闻、文体新闻、天气路况、重点关注、连线报道等栏目，以及随时插播突发新闻的"Breaking News"，时时刷新，快速灵活。其结构模式如下图。

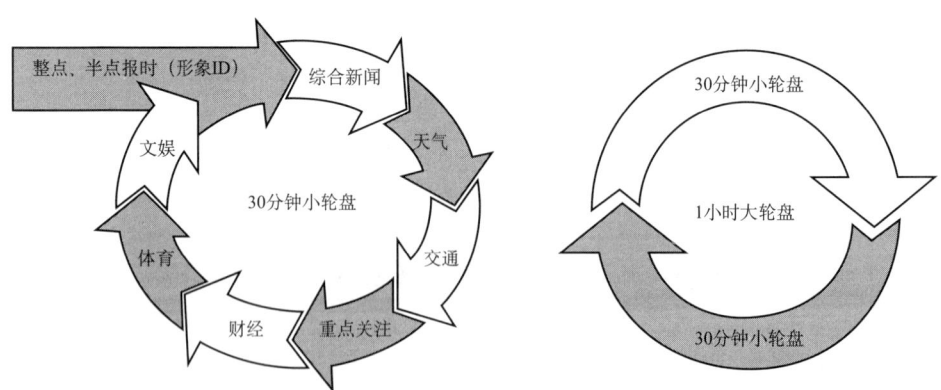

图 3-2　图左：中国之声《央广新闻》三十分钟小循环结构图，

图右：一小时大循环结构图[①]

———————————
① 图片来源于中国之声网站。

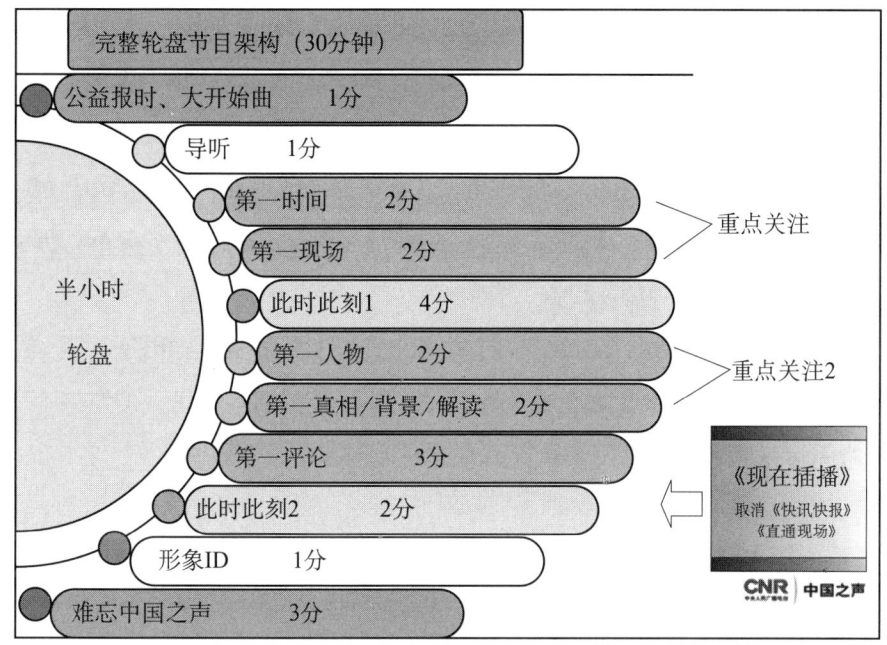

图 3-3　中国之声轮盘播出架构图 [①]

《央广新闻》之外，早中晚以三大版块加强新闻深度和广度，这三大版块分别是早上的《新闻和报纸摘要》和《新闻纵横》，中午的《全球华语广播网》，以及下班时间的《央广新闻晚高峰》和《全国新闻联播》。"我们希望能最大限度地满足听众对国内外重大新闻资讯的收听需求，让他们听中国之声就能听到即时新闻与权威解读。" [②]

中国之声改版的参照对象是美国纽约的全新闻电台 1010WINS。1010WINS 是美国家喻户晓的新闻电台。这家电台有一个著名的口号：You give us twenty minutes，we will give you the world（给我二十分钟，我给你全世界）。该台提出这个口号的依据是：现代社会的人们很忙碌，所以电台并不奢望听众都会长时间守候收听，因此，最理想的就是随时选择切入无时不有的 ALL NEWS（全新闻）电台获得新闻。因此，该台的新闻是二十分钟一节，再加上两分钟的新闻提要。他们的目标是：不求听众久听，但求他们不时回来。

1010WINS 电台在新闻轮盘的编辑运作上，会设定出当天最重要的焦点新

[①]　图片来源于中国之声内部资料。

[②]　2008 年 12 月 23 日上午，中央电台中国之声召开 2009 年中国之声全新改版新闻发布会，这句话源于王求台长在发布会上的讲话。

闻（TOP NEWS），原则上焦点新闻会做较密集的播出，但因为重复率较高，编辑特别注重焦点新闻的循序转移、内容的改写处理与新闻资料的更新。

另外，1010WINS 之所以吸引听众，还主要靠交通、天气和每个单元里的头条新闻。这个全新闻台的节目构成以 20 分钟为一个单元，每个单元都包括头条新闻、交通路况播报、天气预报等；此外每小时还有天气趋势分析、体育点评、每次不超过 1 分钟的 17 次广告播放。

中国之声与 1010WINS 的不同之处在于中国之声是 30 分钟一轮盘，1010WINS 是 20 分钟一轮盘。这是中国之声本土化"新闻轮盘"的结果，因为轮盘时间短意味着节奏更快，轮盘节奏应因地制宜来设定。

（三）国内类型电台发展前景

国内类型电台发展将是一个渐进的过程。

首先，类型化电台发展是资讯充斥下的结果。在一个资讯不足的环境下，综合性电台的规划是满足普遍受众的一种可行方式，但是当获取资讯的渠道越丰富，受众对资讯选择的机会越多时，则越需要通过"分众化"的规划，来接近听众以及让听众接近。眼下，网络媒体、DAB 数字广播、移动电视，一连串新名词的背后，是媒介生态的变化。各种传播媒介的受众定位越来越细化，针对特定人群的媒体逐渐出现，特定的受众群体也逐渐被开发。传统媒体所面对的，已经是有个性需求的特定受众群体，必须变革自身传播理念和传播方式，才可能赢得受众，继续生存。以广播来说，从综合台到**"专业化综合台"**[①]，从"专业化综合台"逐渐走向专业和细分是发展的路径之一。

其次，"生活节奏加快，经济实力加强，人们的品位和喜好呈加剧分化的趋势，与此相适应，节目专业化、对象化、阶层化的趋向更为明显。"[②] 这一点在音乐类电台的发展中体现得更为明显。中央电台音乐之声、国际电台劲曲调频的开播，直接导致综合性音乐电台——北京音乐广播收听率下降。因为原来收

---

① "专业化综合台"是作者根据目前国内广播专业化发展情况提出的概念，指广播频率在保持一定专业特色的基础上，综合了多种节目类型和内容形成的频率形态。比如各地的交通台实际上是目标听众为交通参与者的专业综合台。

② 区念中.营销学角度的广播"精细销售"——中美电台营运比较研究[J].现代传播，2000（10）.

听北京音乐广播的喜欢听华语流行音乐的听众已经被音乐之声瓜分了一些，喜欢听欧美流行音乐的听众，又被劲曲调频吸引。过去，作为综合性音乐台的北京音乐广播几乎吸引了所有喜欢音乐的听众，但现在这种"包打天下"的综合台正在走向衰弱。

由此可见，电台类型化发展是听众资源重新分配的开始。当电台开始向类型化方向发展的时候，就表示听众接收行为在随之改变，也代表听众资源开始重新分配。

在综合电台的时代，每家电台都在不同时段提供不同类型的节目，所以听众可能会对某些电台某些时段的某些节目忠诚，却不太容易对个别单一的电台情有独钟，难以对一个电台中所有节目保持兴趣与忠诚。所以，听众经常性的做法是：时间到了，赶紧转到某一电台。这其实是听众在组建一个符合自己需求的广播频率，只不过这个广播频率不是真实存在的，而是存储在听众自己的脑子里而已。从这个意义上说，每个人都有自己的电台。但"组建"这个电台的前提，是听众必须对不同电台的节目非常熟悉。

而类型化电台会逐渐把具有相同收听偏好的人，从不同频率集中到特定的频率上，这时听众资源的分配，显然是打破了现有的格局再重新组合的过程。也就是由过去有不同收听兴趣的听众共同收听一个综合性电台的情况，分化成有同样收听兴趣的听众集中收听同一类型电台的情况。

在这种情况下，听众是否忠诚于某一电台，要看这个电台与听众脑海中的"电台"的相似程度有多高。在这个过程中，由于听众不断被自己所忠诚的细分电台所吸引，对原来的综合电台必然会有冲击。

今天，"美国各大城市广播电台几乎已找不到所谓的综合性电台，而全部都是属于各种不同的类型电台，究竟那些综合性电台哪儿去了，的确是值得我们深思的问题。他们认为，想把全部听众据为己有，根本是不可能的，与其眼高手低，还不如以清楚的属性定位，明确掌握住那些对特定属性节目忠诚的收听者。"①

从现在北京广播市场的发育情况来看，主流将是从"专业化综合台"转变为专业台；从专业台到类型化电台的变革尚处于初始阶段。北京广播市场频率属性界定情况见下表。

---

① 冯小龙.广播新闻原理与制作[M].新北：台湾正中书局，2000.

表 3-3　北京广播市场频率属性界定表

	频率	类型
1	北京交通广播 FM103.9	交通综合台
2	北京文艺广播 FM87.6	娱乐综合台
3	北京新闻广播 FM100.6/AM828	新闻综合台
4	北京音乐广播 FM97.4	音乐综合台
5	北京外语广播 AM774	综合台
6	北京城市管理广播 FM107.3/AM1026	综合台
7	北京爱家广播 AM927	综合台
8	北京体育广播 FM102.5/AM927	综合台
9	北京故事广播 AM603	文艺综合台
10	北京电台动听调频 FM94.5	类型台
11	中央电台中国之声 FM106.1	准类型台
12	中央电台经济之声 FM96.6	准类型台
13	中央电台音乐之声 FM90.0	类型台
14	中央电台都市之声 FM101.8	综合台
15	中央电台文艺之声 FM106.6/AM747	文艺综合台
16	中央电台老年之声 AM1053	综合台
17	国际电台轻松调频 FM91.5	综合台
18	国际电台金曲调频 FM88.7	类型台
19	国际电台环球资讯广播 FM90.5	新闻综合台

在北京这个广播市场上，可以收听到 40 多个广播频率，大部分属于北京电台、中央电台和国际电台这三个实力最强的竞争主体。但值得注意的是，在这三家电台切分主要蛋糕的背后，周边市县电台也在激烈竞争中分得一杯羹，其策略正是细分市场。2002 年，河北廊坊电台开播"长书频道"，到 2005 年广告额达到 1 900 万元。① 虽然和北京广播市场上的三大电台相比，这个广告额并不高，但和全国其他地市级电台相比，已经是佼佼者。廊坊长书频道的细分战略获得成功的背后，可能预示着下一步更为激烈的市场竞争。

不过，和美国广播市场相比，国内的广播频率资源仍然偏少，因此频率细分也受到限制。根据美国联邦通讯委员会（FCC）发布的数据显示，美国只有 3 亿多人口，但它的电台已经发展到 15 000 余家，2004 年美国广播广告收入为

---

① 王丽娟. 北京地区广播媒体复兴的媒介经济学研究 [D]. 保定：河北大学新闻传播学院，2008.

214 亿美元。同年中国拥有 306 家广播电台共 1 883 套广播节目，全国广播广告收入近 32.9 亿元，约 5 亿美元（注：2004 年美国电视广告收入约为 540 亿美元，同年中国电视的广告收入为 309 亿元人民币，约 38 亿美元）。我国台湾地区只有 2 400 多万人口，电台已达 270 多家，还不含 300 余家地下电台。美国和我国台湾地区一个城市最多可以收听到 40—50 家电台，至少也可以达到 20—30 余家。这其中以调频居多。[①] 而在国内，数据显示，2009 年省台频率平均达到 7 个，省会城市频率平均为 4 个。[②] 按照这个数字计算，一个省会城市或直辖市，加上中央电台、国际电台能覆盖的频率，普通听众能收听到的落地频率一般不会超过 20 个（北京情况复杂一些，存在周围省市区县电台交叉覆盖的情况）；其他城市的电台数量只会比这个数字要小。

以上海市为例，总共有调频和中波电台 23 家；而美国同量级的城市纽约仅中波电台就有 28 家，另有 43 家调频电台，总数达 71 家。[③] 见下图。

表 3-4　纽约市和上海市中波电台设置比较

	纽约市中波电台		上海市中波电台	
大功率电台 50 千瓦以上	9 个	32%	2 个	25%
中功率电台 10—50 千瓦	6 个	22%	6 个	75%
小功率电台 10 千瓦以下	13 个	46%	0 个	
中波电台总数	28 个		8 个	

注：上海的中波广播电台包括在上海地区转播的中央电台第一、二套节目和上海人民广播电台、东方广播电台的 6 套节目。[④]

表 3-5　纽约市和上海市调频电台设置比较

	纽约市调频电台		上海市调频电台	
大功率电台 10 千瓦以上	3 个	7%	6 个	40%
中功率电台 1—10 千瓦	26 个	60%	4 个	27%
小功率电台 1 千瓦以下	14 个	33%	5 个	33%
调频电台总数	43 个		15 个	

注：上海的调频广播电台包括在上海地区转播的中央电台第一、二、三套节目、国际电台的音乐节目和上海人民广播电台、东方广播电台的 11 套节目。[⑤]

---

① 覃信刚. 类型化电台产生的媒介背景 [J]. 中国广播电视学刊，2008（2）.

② 邓炘炘. 类型化新闻广播模式与传播策略 [J]. 中国广播，2009（3）.

③ 虽然为 2006 年数据，但由于国内广播频率资源的管制严格，增加频率的难度极大，所以频率数量是相对稳定的。

④ 方颂先. 纽约市广播电台的类型化和节目构成——兼议上海广播业的发展空间 [J]. 新闻记者，2006（1）.

⑤ 同上。

表 3-6　纽约市电台的定位、类型 ^①

纽约市中波电台 28 个			纽约市调频电台 43 个		
新闻 / 谈话台	11	39%	新闻 / 谈话台	2	4.5%
音乐台	4	14%	音乐台	28	65%
民族（外语）台	8	29%	大学（音乐）台	11	26%
宗教台	5	18%	宗教台	2	4.5%

在一个竞争激烈的广播市场中，频率的定位至关重要，这决定美国电台的定位必须走细分化道路。国内各大城市广播市场竞争并不激烈，这决定我们的广播细分化过程要缓慢得多。不过，借助数字技术带来的频率大规模扩充，广播的"窄播化""分众化"还将继续，将带来广播服务方式和节目类型的改变，将为类型化电台带来新一轮的发展契机。

三、广播联盟的战略突围

（一）广播市场的瓶颈效应

改革开放以来，特别是中国加入世贸组织之后，国内经济发展迅猛，产业结构逐渐调整，产业分工细分化，区域合作越来越重要，国内多个"经济圈"形成规模。"人们将那些在地理上连续、经济联系密切、生产要素集聚并趋于一体化的空间，泛称为'经济圈'。" ^②围绕珠三角、长三角、环渤海、长株潭等城市群形成了一定规模的经济圈。比如长三角经济圈，包括江浙沪两省一市。"它以 1% 的土地面积，6% 的人口，创造了中国 GDP 总量的 23%。经济基础的改变，必然要求上层建筑的变革，也为当地的传媒布局和产业的发展提供了动力。相关研究显示：截至 2005 年，在已成立的媒介集团中，长三角城市带集聚的报业集团有 10 家，占全国（45 家）的 22%；广播影视集团有 7 家，占全国（21家）的 33%。" ^③长三角区域交通、物流、人才、信息、旅游的互融互通为传媒业的合作提供了契机，而这种城市间的交流与互通主要以"移动"为前提，对广播媒介来说，可以构筑广播网，为城市间的移动人群提供服务。各地电台可

---

① 方颂先．纽约市广播电台的类型化和节目构成——兼议上海广播业的发展空间 [J]．新闻记者，2006（1）．
② 陈乾年．广播深层改革路径探微 [J]．新闻记者，2009（10）．
③ 同上。

建构发展联盟共同开发区域市场，提供更优质的服务。

这就要求媒体突破现有的广电市场格局和现有体制圈定的范围。不过由于广电管理体制的条块分割，要实现这一突破障碍重重，"多年来中国以行政体制为依托的管理方式使媒体往往占有一方独大的某些垄断优势"①；而且区域间的发展格局并不平衡。市场机制在广电领域难以真正起到配置资源的作用，开放、有序的公平竞争环境并未建立。

我国的广播媒体主要为区域传播，尚未形成全国大市场。"2009 年全国广播综合人口覆盖率为 96.31%，中央广播节目覆盖率 94.42%，无线广播综合覆盖率 92.99%。"② 从中可知，中国只有少量的非无线覆盖区域。由于广播的无线发射覆盖范围较小，一般半径仅 100 多公里，这也就是说，中国广播是真正的区域媒体，除去中央电台和国际电台之外，别的电台都没有外地落地方式。

另外，从全国收听份额来看，地方台的市场份额持续上升，地方电台占有绝对优势。这也从更深层次反映出我国广播市场的条块分隔状况，地方台只能局限于当地，满足于省、地、县域化生存，不可能做大、做强，从而缺乏全国性、多样化的品牌电台及节目。"绝大多数电台缺乏多样的经济支撑点，除了广告收入和财政拨款之外，没有其他收入。其实，广播节目自身本应该成为广播收入的来源之一，但是由于全国市场尚未形成，各台之间的节目售卖不成气候。另外，还有一些其他的横向经营活动由于体制的束缚而搞不活。这种单一的经营模式无疑会加大广播经营的风险。"③ 总体来看，除了中央电台和国际电台之外，中国的绝大多数电台都各自为政，呈现出地方性、本土化的特点，各台之间业务联系很少，一定程度上限制了广播业的发展。

（二）国内广播联盟的探索之路

为打破这种僵局，广播业界近年来已组织了多个联盟。比如全国奥运广播联盟、全国经济广播联盟、全国交通广播协会、全国城市广播联盟、全国卫星音乐广播协作网、全国高校广播联盟等联盟组织或协作网，还有区域性的珠三角、长三角、中部六省等广播联盟。这些联盟，或松散，或紧密，或限定本地

---

① 曹璐，温秋阳. 开放的媒介理念铸就广播发展全新空间——全国奥运广播联盟的启示 [J]. 中国广播. 2008（10）.

② 周小普，吴盼盼. 中国广播：现状与前瞻 [J]. 传媒，2011（6）.

③ 周小普. 广播类型化发展的历史及前瞻思考 [J]. 中国广播，2012（2）.

域、本行业，主要有以下类型：

1. 战略联盟

中国广播联盟成立于 2009 年 1 月 1 日。联盟在中央电台设立秘书处，分设 5 个工作平台，分别为：节目交流平台、《中国广播》杂志、《中国广播报》、中国广播网"中国广播联盟官方网站"、中国之声《直播中国》栏目。联盟的工作内容主要包括中央台与地方台优势的技术、创意、资源的互补，开展联盟成员台之间的节目交流与合作，建立联盟应急报道机制，应对各类突发事件策划，组织联盟重大年度活动，组织联盟成员台业务交流和培训，提供节目版权方面的服务，维护联盟成员台的版权利益等。①

中国城市广播联盟成立于 2005 年 5 月 18 日，成员包括全国 29 个省市自治区的 85 家城市台。成立联盟"目的在于突破行政级别限制，实现各城市台在节目、广告等方面的资源共享，整合处于分散状态下的城市广播资源，形成合力，提高城市广播的品牌影响力和知名度。通过市场的方式，在节目制作、全国性的主题活动、营销及招商等方面实现新的合作，谋求城市广播的共同发展。"② 目前该联盟已经策划了一些活动，比如纪念抗战胜利 60 周年大型直播——《城市的战争记忆》、春节特别节目《城市大拜年》、315 特别节目等，有 20 个以上的城市台参与。2007 年，该联盟启动了"直播大都市"活动，策划了《魅力城市——重庆的十年裂变》《城市让生活更美好》等。同时，各地电台通过合作可共同开发潜在的广告市场，以市场运作的方式，在节目制作、区域性和全国性主题活动营销及招商等方面谋求城市广播共同发展的新路。加强城市台之间的业务合作，建立长期的互访机制，还可提升电台采、编、播人员的业务水平。

2. 临时性联盟

某类重大事件发生时，各电台为做好报道，节约人力成本，充分利用节目资源，从而成立临时性合作联盟。比如，2008 年奥运会期间，中央电台发起成立了**全国奥运广播联盟**。

全国奥运广播联盟由中央电台牵头，全国 140 家电台加入，于 2008 年 1 月成立，这是中国新闻史上规模最大的广播联合行动。中央电台以北京奥运音频

---

① 覃继红. 中国广播联盟：广播事业发展的大势所趋 [J]. 视听界，2009（2）.

② 吴朝晖. 整体大于部分之和——关于中国城市广播联盟寻求资源整合的思考 [J]. 中国广播，2007（11）.

持权转播商所拥有的独特资源入主联盟，打造了奥运广播联盟报道中心；为联盟成员提供 8 个转播席位和全部 40 路音频国际信号等转播条件；在名额有限的情况下，为联盟成员提供了 12 个持权采访证和 3 个非注册记者证；专门开发了"奥运信息资源共享平台"，所有联盟成员无偿使用共享平台上的新闻信息资源。联盟成员台亦将各自采集的信息上传于新闻平台供所有成员台共享，并参与赛事直播等工作。

奥运会期间，有 16 家联盟成员台直播了 1 000 多场比赛，32 家电台从报道中心发回大量报道，100 多家电台在第一时间上传、下载、共享奥运报道资源。以福建为例，福建省广播影视集团运用联盟拥有的报道版权，组织由省台牵头、地市电台参与的 5 人前方小组到中央电台参与联盟报道工作，省台搭建起每天 10 小时以上的奥运广播平台，大量节目信息来自联盟，一些地市台调整节目设置，转播或录播省台的奥运节目。

联盟突破了传统行政的"硬整合"思路，选择了内容资源为核心，带动技术、人力等多方资源共享的"软链接"方式，从更为务实、灵活、可操作层面，体现平等互利、双赢多赢的前瞻性战略内涵。"内容资源共享实现了信息资源开发、优化、利用、再利用的最大化……全国奥运广播联盟改变了重大事件新闻资源为一家媒体垄断，独家一次性播出的'惯例'，让垄断性内容资源为更多的电台共享，有效覆盖更多的受众，实现了内容资源价值的优化和最大化。"①

3. 节目策略联盟

中央电台所属的中国广播音像出版社联合中国唯一的评书艺术研究机构——大地评书艺术研究所，成立了覆盖全国 29 个省、自治区、直辖市共 500 余家广播电台的**"全国广播评书节目发行网"**，双方利用各自在广播业界的知名度、评书节目资源、节目发行网络等方面的优势，发展和推广评书节目。

河北人民广播电台与全省 10 多个地市级台建成了**"阳光热线"节目播出联盟**，播出机构达 139 个，做到节目资源共享。

全国卫星音乐广播协作网是北京电台发起成立的节目播出、广告经营协作网络，目前，这个平台上已经先后播出过《中国歌曲排行榜》《校园音乐先锋榜》《彩铃乐翻天》《中华民歌大赛》等优质节目。旅游广播协作网、财经广播协作

---

① 曹璐，温秋阳 . 开放的媒介理念铸就广播发展全新空间——全国奥运广播联盟的启示 [J].
　中国广播，2008（10）.

网也在近年相继出现。

2012 年 9 月，由北京、天津和河北三地交通广播联合发起的**"京津冀交通广播信息合作平台"**正式启动。此次搭建的信息合作平台，促成了京津冀三地交通广播在公路、民航、铁路等多个方面的信息实现共享，并在紧随其后的"中秋""国庆"的超长假期交通疏导中发挥了重要作用。

节目售卖协作网也陆续成立，比如：《欢乐正前方》《娱乐双响炮》《重案组出击》等节目通过协作网络进行售卖；星尚传媒制作的《智慧榜样》《四海赢家》相继通过销售实现合作。

在美国，有一种类似于国内节目策略联盟的**"广播网络集团管理"**。网络集团管理的低成本战略是世界广播业的成功经验。以美国的广播网络集团管理为例，网络集团与其下属的电台签订了"网络协议"，为其下属电台制作节目，同时向其支付"网络补偿费"。据统计，网络成员台的三分之二节目由网络集团提供，其余三分之一的节目向一些制作公司购买或自己制作。这种管理模式使网络集团获得了跨地区的广泛听众群，而对于各下属电台来说大大节省了节目制作成本，是真正的双赢局面。因此美国很多地方小电台的人数极少，一些电台的工作人员甚至只需要负责看管机器，按时播放总台传送的节目即可。另一方面，这种管理模式为广告主提供了方便。[①] 比如，清晰频道有 1 250 家成员电台，整个清晰频道的广告收入占全美广播广告市场的 20%；另外一个大的广播网 ABC 广播网有 380 多家电台，广告收入也占全美 20% 左右。

4. 区域性联盟

近年来，随着城市间经济交流的日益频繁，城市间新闻采访团的互访活动也逐年增多。广播由于自身传递方便、迅捷的特点，在这方面开展合作相较其他媒体更有优势。开展城市电台间的合作，服务于区域经济的发展，让城市电台在履行职能的同时，扩大城市电台自身的社会影响，从而间接增加其经济效益。例如，在《泛珠三角区域框架协议》等签署后不久，广东电台就与广西梧州电台合作，在注入资金的同时，派人参与广西梧州电台的具体经营，不仅电台的收听率提高了一倍，其市场份额也大大提升，成功地开创了中国跨省区地方广播合作的先河。

2007 年年中，广东南方传媒集团投资的广告公司承包经营了海南广播电视

---

① 邓炘炘，罗哲宇. 频率专业化向纵深拓展 [J]. 中国广播电视学刊，2005（1）.

台的 4 个地面频道的广告业务，开始了跨省广告业务和节目资源的整合。

2007 年 9 月 6 日，贵州电视台与甘肃广电总台共同出资成立广告传媒股份有限责任公司，加强在频道运营、节目创优、广告经营、人员培训、改革发展等方面的全面合作。

2007 年 12 月 5 日，深圳广电集团联手桂林广播电视台，合办桂林人民广播电台旅游音乐广播和桂林电视台科教旅游频道。通过单项业务或委托运营的方式，实现了广告资源、人才资源、节目资源和管理资源的横向优化配置，在一定程度上突破了区域之间的机制障碍。

新一轮的广电媒体联盟在实施战略联盟、跨媒体跨区域合作、建立制播联盟、打造全国广播电视网的尝试中不断摸索经验，形成可持续发展的运行模式。在未来发展中，它将顺应广电产业经济结构、产业布局调整的大趋势，在建构一体化的广电市场体系中发挥重要作用。

（三）台湾联播模式探析

我国台湾地区电台合作的方式主要是电台联播。广播电台通过工程技术上的盟约，在一定时段，联合播送同一个节目，借此扩大收听范围、增强影响力、降低成本、增加广告收入。各电台间共同出资或平摊节目制作费用，再由各个出资电台联合播出。联播网，则是在电台进行联播行为的前提下，通过主播台（总台）与联播台（分台）间的资源合作、分工与共享，扩展联播节目的涵盖范围，并形成一个跨越地理空间的共时传播网络，不仅可以扩大市场、提高收听率，还可以服务扩大听众的相同需求。对于全台湾的广告商而言，也能通过其涵盖全台湾范围的电台，提供一个全台湾的广告平台。[①]

联播网的形成需要几大条件：

（1）市场面：需求的不确定性形成联盟分散风险；

（2）竞争面：整合听众需求与节目制播水准和市场竞争程度呈负相关；

（3）技术面：技术创新速度越高，电台越需要以整合之方式分散风险；

（4）社会面：政府的引导与支持是策略联盟形成与成功运作的重要因素。

台湾联播网的兴起源于频率资源的放开。1992 年 3 月，台湾当局解除对申

---

① 陈清河 . 广播媒介生态与产业：台湾广播产业与政策研究1992—2005[M]. 台北：亚太图书出版社，2005：243.

请设立广播电台的限制，将空余未用的广播电视频道放开，供社会申请设立广播电台和电视台所用。自 1993 年至 2000 年，分 10 个梯次开放频率，接受新电台的设立申请，台湾民众称之为"电波开放政策"。1994 年 10 月 25 日，正声广播电台台北生活资讯调频台取得执照后，正式开播，成为电波开放后第一个合法开播的广播电台。至 2000 年，经审议批准新设立的调频小功率电台有 72 家，中功率电台 49 家，大功率电台 5 家，调幅广播电台 3 家。电波开放政策使台湾许多地下电台化暗为明。随着这些新电台的大量涌现，台湾广播事业的格局和生态发生了重大变化。① 市场开放带来的过度竞争，催生了台湾多种广播电台运营模式。激烈的受众市场和广告市场竞争让台湾广播界逐渐发现"团结就是力量"的道理，为了扩大市场规模，分享节目资源，降低营运成本，许多新设立的电台纷纷采取节目联播、策略联盟或以联播网形态进行经营。②

新兴电台的合作初期采取节目连线或联播方式，如：台北之音、全国广播、大众电台进行节目联播。随后一些电台进一步以策略联盟或联播网形态运营，最早实施的是高雄大众 KISS 电台，1997 年起，它陆续跟台南知音广播电台、南投广播电台、大苗栗广播电台进行联播，2000 年与北部的淡水河广播合作，正式从南部高屏溪进入大台北地区，台湾民众从南到北都可以听到 KISS 的声音，因而收听率和广告增长率都有大幅度增长。此外，台北飞碟电台陆续与北部地区以外的 8 家电台合作，以联播网的形式，通过卫星将讯号送到进行联网的中、小功率电台，使飞碟电台在全台湾几乎都可以收听到。快乐联播网结合全景快乐电台、望春风电台、嘉乐电台、欢乐电台、东乐电台、澎湖电台、风声电台等 8 家电台形成全省联播网络。中、小调频电台的这些合作对台湾整体广播产业已产生相当大的影响。③

发展至今的台湾广播电台联播网分为内部联播网和外部联播网。内部联播网指的是通过并购的方式，联播台成为主播台的分台，甚至成为转播站。外部联播网是指主播台与联播台采取策略联盟的方式，通过双方间各类资源的分享与合作，共同研发节目，并借由主播台集中处理电台节目的生产，以降低生产成本，扩大服务范围。由于主播台与联播台属于合作关系，因此电台间仍可以

---

① 毕福臣. 台湾广播生态的巨大变化 [J]. 中国广播，2006（4）.

② 梁继红. 当前台湾地区广播生态状况及受众需求分析 [J]. 现代传播，2003（5）.

③ 同上.

持有其自身的运营宗旨以及经营自主权，在双方获益的经营模式下，共同提升市场竞争优势。① 目前台湾联播节目比例上升迅速，节目行销受到重视。100多家新电台中，目前共有9个联播网36家电台，节目联播比例已达46%，是中小功率电台节目形态的发展主流。同时，节目从企划、制作到播出，都讲究专业分工、相互支持、形象包装，以此增加听众参与、扩大听众群。②

综观台湾广播电台联播网策略联盟的模式，因为合作关系的不同，又分为以下六种类型：

（1）部分节目策略联盟：采取部分节目与时段联播方式，这种联盟方式较能符合主播台和被联播台各自的需求。

（2）行销策略联盟：各有各的节目，初期业务分开，但以结盟象征作为行销的宣传诉求，而后视实际情况采取业务策略联盟。

（3）节目联播策略联盟：策略联盟电台节目联播，但广告独立业务由各地电台各自承揽，播出的节目需要考量各地社会文化发展相关的内容。

（4）节目与广告策略联盟：电台共同制播节目，但广告独立，由各地电台各自承揽，但亦可进行交换。

（5）共同经营策略联盟：中功率电台收购小功率电台的部分股权，如同共同经营相互持股，大多是由总台主导各分台的模式，或采取主播台与分台的合作关系结构。

（6）综合式策略联盟：行销、人事、财务、资讯，进行资源整合节省人力成本，行销活动直接由业务主导进行。③

（四）广播联盟的发展趋向

国内广电媒体和传媒企业在经历集团化、转企改制等阶段后，出于扩张优势资源、增强媒体竞争力的需要，必将谋求更深层次的行业重组，进行跨区域合作。当然，由于广电的特殊性，广电媒体联盟完全不同于一般产业的并购，它是具有运营资格的主体之间进行的跨行政区域的资源重组。随着区域经济一

---

① 陈清河.广播媒介生态与产业：台湾广播产业与政策研究1992—2005[M].台北：亚太图书出版社，2005：249.

② 翁崇闽.台湾广播生态与节目形态分析[J].国际新闻界，2006（12）.

③ 陈清河.广播媒介生态与产业：台湾广播产业与政策研究1992—2005[M].亚太图书出版社，2005：250.

体化发展格局的深化，媒体合作必将要突破区域分割、行政分割，出现区域性的传媒竞争主体，形成具有完整产业链的联盟品牌，实现广电产业的集约化、规模化发展。

目前的一些媒体联盟已经实现了跨媒体、跨区域的产业整合，完成了区域经济的辐射效应。在现有广电媒体传输格局不变的情况下，今后推进广电产业发展的重点，应是在互利的基础上实现媒体联盟的跨区域产业化经营。对广播来说，"广播机构、广播资源强强联合，打造一条完善的广播产业价值互补的产业链，既是我国广播产业参与传媒市场竞争的客观要求，也是每一个广播媒体做大做强的出路所在，是我国广播产业发展的必然选择。"[①]

第二节　城市广播节目形态革新

节目是广播播出的基本单位；节目中还可能设置若干栏目，对整体节目进行区隔与节奏优化。而节目形态与节目类型是不同的概念。节目类型有一个相对固定的分类系统，一般来说，广播电视**节目类型**包括新闻节目、专题节目、教育节目、文艺节目和服务节目。[②] 而**节目形态**包括节目的主要构成形式、播出方式和播出状态，是随着社会经济发展、科技进步不断变化的，变化是绝对的，不变是相对的。在当前社会经济日新月异的背景下，在广播传播生态与格局不断变化的情况下，一些电台的节目形态几乎每年都会发生变化，甚至几个月就会有所不同。因为"广播节目形态的演变受传播理念、传播机制、技术条件、受众需求等因素的制约和影响……在媒介融合环境下，广播生态发生了变化，受众收听收看习惯和需求也发生了相应的变化。"[③] 这将推动广播节目形态的演进与创新，唯有如此，广播才能不断适应社会变化，满足听众需求，实现广播持续发展。

---

① 覃继红. 中国广播联盟：广播事业发展的大势所趋 [J]. 视听界，2009（2）.
② 根据《中国广播电视年鉴》标准分类。转引自王振业，方毅华，张晓红等. 广播电视新闻性节目规范研究. 北京：中国广播电视出版社，2002：71.
③ 童云. 广播节目形态的衍生和创新 [J]. 中国广播，2012（3）.

一、城市广播节目形态变迁

毋庸讳言，新中国成立以来我国的发展战略是以城市为中心的，政策资源、人力资源、财政资源、文化资源在城市集中，城市引领发展，城市广播也引领风气之先，在节目形态上实现不断革新。

（一）计划经济时代"大喇叭"一统天下（新中国成立后—上世纪70年代末）

对于上世纪80年代初之前出生的人来说，这样的旋律再熟悉不过："为革命，保护视力，眼保健操开始……"这一耳熟能详的口号代表着那个年代的特色，也标记着那个年代广播节目形态的特征：广播是那个革命年代的大喇叭。那时广播所传递的主要是国家大政方针、领袖指示；广播节目主要功能是"传声筒"，代表着党和政府，是执政者的施政手段，因此节目传递着一种权威，也透露着不容置疑的威严。此时的节目是绝对的"我播你听"的样态。

新中国成立后，中央人民政府新闻总署在1950年4月10日发布《关于建立广播收音网的决定》（以下简称为"《决定》"）。《决定》指出："无线电广播事业是群众性宣传教育的最有力的工具之一，在我国目前交通不便，文盲众多、报纸不足的条件下，作用更为重大。"《决定》要求全国各县市人民政府、人民解放军各级政治机关以及其他机关、团体、工厂、学校均应设置或酌情设置专职或兼职收音员。其任务是收听或记录中央和地方人民广播电台广播的新闻、政令或其他重要内容，向群众介绍和预告广播节目，组织群众收听重要节目。所有收音员均应向地方或中央广播电台登记，并按月报告工作情况和群众意见。同年6月8日，《人民日报》发表社论，社论再次强调广播在传布新闻、下达政令、交流经验和提供正当的娱乐等方面，起到了重要的作用；建议各级政府领导机关充分地利用广播来推动和改进工作，同时要配备适当的干部，并"保证它的内容具有高度的政治水平"。第二年，中国人民革命军事委员会总政治部和中央人民政府新闻总署、中华全国总工会先后发出指示和决定，分别要求在部队和工厂、矿山、企业中建立收音网。[①]

"在大力推广之下，到1952年年底，各地共建立广播收音站23 700多个，收音小组数以万计，全国负责抄收中央和地方电台新闻、政令和其他重要节目

[①] 赵玉明，王福顺. 广播电视辞典 [M]. 北京：北京广播学院出版社，1999：7.

的专职或兼职收音员 2 万多人。抄收的广播节目内容，再通过油印小报和黑板报方式向广大群众宣传。有组织收听广播的活动也普遍开展。所有这些做法使得中央政府的政令和消息比较快地传递到全国各地……广播传播信息和进行社会政治整合的作用得到极大发挥。"①广播的重要性因为其政治功能而得以彰显，新中国的广播也逐渐发展壮大，并"在发展壮大中日益政治化、意识形态化和行政化……并成为政治权力中心的重要成分之一，因而也越来越直接受到政治行为的直接操控。在当时强化计划经济和政治权力的体制调整过程中，广播成为政治路线宣传和实施的放大器和强有力的推动者"②。

这一阶段，广播大会成为家喻户晓的广播形态。1950 年年末，在抗美援朝运动初期，全国人民第一次通过各地举行的广播大会表达了抗美援朝保家卫国的心愿；此后，广播大会的形式逐渐推广，在政治运动、推动经济建设的关键时期也经常采用广播大会的形式。截至 1958 年年初，全国有 1 700 多个县市广播站，许多省举办广播大会时，一次就可以组织二、三百万甚至四、五百万人收听。当时，辽宁台、抚顺台和阜新台联合举办了煤矿职工比先选、比干劲、比多快好省的专题广播，广播大会的形式也多样起来。③

在新中国成立初期，百废待兴，在政令传达不够通畅的情况下，广播大会发挥了重要作用。但频繁的组织收听，而且是千篇一律的腔调，也引起了听众的反感。1953 年 8 月底，《北京日报》刊登随笔，批评组织收听违反群众利益，是干部主观主义工作方法的表现。这一批评引起震动，也引起了北京电台的注意。北京电台因此对节目进行了调整，设置了首都生活节目，同时加强了本市新闻的播报。

不过，在这一时期，一些城市电台虽然意识到千篇一律的政治宣传带来了负面效应，但在社会大环境与政治大气候的左右下，城市电台发挥的空间小之又小。这一点，从北京电台新中国成立初期的办台目标中可见一斑。在其目标中，政治任务是首要的：

（1）组织和协助职工、学生及在职干部进行政治、文化的学习，这是主要的；

---

① 邓炘炘. 动力与困窘——中国广播体制改革研究 [M]. 北京：中国经济出版社，2006：21.
② 同上书，第 50 页。
③ 广播大会 [J]. 新闻战线，1958（4）.

（2）配合北京市的中心工作，进行宣传鼓动，通过《职工时间》，动员职工增加生产；

（3）报告市政，传达政令；

（4）给市民以正当的文化娱乐；总方针以社会教育为主。

此时，广播已经成为"阶级斗争工具"，政治功能已经取代了信息传播功能、服务功能和娱乐功能。"大跃进"之后、"文革"之前（1961年—1965年），广播界对于自身功能定位进行了反思，北京电台用5个月时间总结了经验教训，该台在《十二年总结》中认为："广播的性质决定了广播的作用：广播应该是'没有距离的报纸'，是'不用纸张的大课堂'，是'空中俱乐部'。它通过新闻性节目、社会教育性节目和文艺性节目，为阶级斗争服务，为社会主义建设服务，为群众生活服务。"虽然"阶级斗争"仍被列为功能之一，但已经纳入了其他功能，广播被定位为多功能媒介了。该总结还提出了有别于新中国成立初期的办台方针：

应以精办新闻节目，加强社会教育性节目，并提高文艺节目质量为方针。具体说来任务有四个：

（1）根据党的方针政策，结合北京市的中心工作，传播新闻；

（2）以总路线精神向城乡人民进行经常性的社会主义、爱国主义教育；

（3）根据群众需要，传播文化科学知识；

（4）给群众提供有益的文化娱乐。

在这样的指导思想下，北京电台的节目比较丰富了，至1963年新闻性节目增加了转播中央电台新闻和首都报纸摘要、本市新闻、转播中央电台国际新闻等内容；教育性节目除原有的对少儿广播外，增加了小常识、发扬革命传统、祖国巡礼、世界知识、听众信箱、对学龄前儿童广播、对郊区农村广播、对中学生时事广播等；文艺性节目由1958年的每天13次、不分栏目，发展到近20个栏目，有：音乐、戏曲、外国音乐、曲艺、小说连续广播、文学、评剧、地方戏曲、京剧、听众点播的文艺节目、相声和轻音乐、转播剧场演出实况、影视文学晚会、音乐晚会、京剧晚会、外国音乐晚会、每天一首外国名曲、每天一首革命歌曲等。[①]

---

① 本书涉及的北京电台资料，除特别注明外，均为该台内部史料。

表 3-7　北京电台 1965 年夏、秋季节目时间表，820 千周

时间	节目	时间	节目	时间	节目
5:50	开始曲 预告全天节目	10:00	广播体操	18:30	戏曲节目（周一至周五） 音乐节目（周六、日）
6:00	天气预报 每周一首革命歌曲	10:00	小常识	19:00	音乐节目（周一、三、五） 戏曲节目（周二、四） 文学节目（周六、日）
6:10	音乐节目	10:25	戏曲节目（周一、三、五） 文学节目（周二、日） 戏曲节目（周四、六）	19:30	对郊区农村广播（周日：农村俱乐部至20:30）
6:30	专题节目	11:00	文学节目（周一、三、五） 戏曲节目（周二、四、六、日）	20:00	天气预报 本市新闻
6:45	音乐节目	11:45	对郊区农村广播（周日：农村俱乐部）	20:15	音乐节目（周一至周六）
6:59	天气预报	12:15	新闻	20:30	转播各地电台联播节目
7:00	转播中央电台新闻和首都报摘要	12:30	天气预报	21:00	天气预报 每周一首革命歌曲
7:30	天气预报 本市新闻	12:50	预告第二次播音节目内容 休息	21:10	小常识
7:40	小常识	16:25	开始曲，预告节目	21:15	专题节目
7:45	文学节目	16:30	对中学生时事广播（周一至周五） 革命歌曲（周六、日）	21:30	听众点播的文艺节目 京剧节目（周一） 地方戏曲节目（周二） 评剧节目（周三） 文学节目（周四） 音乐节目（周五） 曲艺节目（周五） 综合文艺节目（周日）
8:00	天气预报 小说连续广播（周一至周六） 学习与讨论（周日至9:00）	16:45	音乐节目	22:15	小说连续广播（周一至周六）

续表

时间	节目	时间	节目	时间	节目
8:30	音乐节目（周一） 曲艺节目（周二、五） 戏曲节目（周四、六）	17:00	天气预报 新闻	22:45	音乐节目（周一、三、五、六） 戏曲节目（周二、四，周日自 22:15 开始）
9:00	对少年儿童广播	17:15	曲艺节目（周日：相声）	23:00	转播中央电台国际新闻
9:30	对学龄前儿童广播	17:45	天气预报	23:15	天气预报 预报明天节目内容 终止
9:50	少年儿童广播体操	18:00	文学节目		

资料来源：北京电台内部史料

但"文革"期间，这一良好状况没能延续。十年浩劫，广播被迫沦为帮凶，城市电台也完全失去了自身特色，被"党八股""样板戏""假大空"所占据。

（二）改革开放后进入"解放声音"的时代（上世纪 80 年代初—80 年代末）

1978 年，中国的改革开放从小岗村破局，但广播界的思想解放却出现了迟滞。当时，"中央人民广播电台为了在广播中恢复播出小提琴协奏曲《梁山伯与祝英台》，都要几经请示并通过文化部、中宣部上报中共中央批准之后，方才排上节目表"[1]。不过，即便是在仍然严苛的政治条件下，广播仍努力"自己走路"。1981 年中央电台开办的《空中之友》节目，在中国广播界首次尝试主持人播出方式；随后广东电台也开办主持人节目——《大众信箱》。[2] 这两个节目的主持人徐曼、李一萍以其新颖的播报风格，开创了广播节目的新形态、新语态。

1983 年 3 月，第十一次全国广播电视工作会议召开，会议提出"扬独家之优势，汇天下之精华"，这一方针是对广播"自己走路"的提升和发展。这一方针为 20 世纪 80 年代中期的广播改革奠定了理论基础。[3]

1986 年 12 月，广东珠江经济台开播，它一改传统的节目布局，改变了过去"我播你听"的单一化方式，从单向灌输变为双向传播和交流，打破了多年来广播作为报纸"有声版"的束缚。珠江经济台的运作模式可以概括为"大时段版块模式——直播为主的播出方式——主持人为代表的媒介形象——多种形式听众参与——反馈——大时段版块节目"[4]。在大版块的节目框架下，珠江经

---

① 赵玉明. 中国广播电视通史 [M]. 北京：中国传媒大学出版社，2006：341.

② 王振业，方毅华，张晓红等. 广播电视新闻性节目规范研究 [M]. 北京：中国广播电视出版社，2002：4.

③ 曹璐. 广播新闻理念与实务创新研究 [M]. 北京：中国广播电视出版社，2007：48.

④ 曹璐，吴缦. 新闻广播研究 [M]. 北京：北京广播学院出版社，1997：425.

济台节目融合了直播——它是第一个以直播版块节目为框架的广播电台；大胆采用主持人模式——该台第一个采用主持人直播形式；还在节目中首次引入听众互动——第一个把热线电话引入广播节目。每个版块都综合了新闻、文艺和天气等内容，主持人在直播状态中呈现出很强的对象感，让听众感觉非常亲切。

珠江经济台掀起了我国广播的第一次改革高潮。从本质上来说，珠江经济台的大版块模式，具有以下开创性的意义：

城市广播实现与社会发展偕同，这成为日后城市广播发展过程中的宝贵经验与优良传统。珠江经济台的创新之路，更多来自于广播人的责任意识、创新意识和媒介自觉自省的意识；而难能可贵的是，这种意识不是蛮干，不是脱离实际的空想，而是与当时的时代精神合拍的。

尊重广播传播规律办台，尊重听众的主体地位，城市广播引领中国广播界的理念革新与传播方式创新。广播是听觉传媒，音频媒介有自身的传播规律，但多年来广播始终被当作"报纸有声版"。无论是节目形态还是广播语言，都很少从听觉角度进行探索：从节目形态来看，一般是录播的小专题或对象性节目，如果听众对某一节目不感兴趣，必须等到下一个节目开始，这往往意味着十多分钟或者半小时以上的等待；从话语状态来看，大多是居高临下、铿锵有力、字正腔圆的宣教式，缺少亲切感与交流感。"版块节目的优势在于综合。它可将新闻、文艺、知识、信息熔于一炉，在较长的半收听状态中不断推出新内容、新话题，丰富多彩、生动活泼。这种综合性适应了听众听觉兴奋点的转移和听觉负荷承受能力，可以强化听众对广播节目的选择性理解和选择性注意，努力避免或减少传播梗阻，听众可以顺顺溜溜往下听。"[①]

此外，珠江经济台的节目尊重了听众的生活作息，尊重了听众的收听习惯。他们按大多数听众的生活规律安排节目：星期一至星期六，每天清晨以信息性节目为主，告诉人们当天衣食住行方面应知的事情；上午是知识性、服务性的节目，以老人、主妇、个体户为主要对象；中午是议论性的节目，主要议论经济问题和社会问题，之后是农村节目；下午是戏曲节目；中小学校放学后是少儿节目；傍晚是娱乐信息性节目；晚上是文艺性节目。星期日则是一套加强了娱乐性的节目。当时珠江经济台最著名的主持人李一萍提出这样的观点："要让听众选择你，还要注意研究听众的收听状况。比方早晨，听众较多的是即将上班的干部、工人，他们的时间是相当紧张的，不可能坐在沙发上优哉游哉地听

---

① 曹璐.深化广播改革的新视野——从珠江经济台的节目改革谈起[J].视听界，1988（6）.

广播，而往往是像走马灯似地穿梭在卧室、厨房、洗手间之间，所以，珠江经济台早上节目的节奏相对快，这包括说话的速度要稍快，环节与环节的衔接要紧凑，还要注意适当重复，如正点、半点之外反复向听众报时间及一些必要的提醒等等。"[1] 足见该台对于听众收听规律研究透彻。

珠江经济台具体节目编排见下表：

表 3-8　珠江经济台 1986 年节目时间表 [2]

主持人节目							经济科技信息	新闻
日	一	二	三	四	五	六	每天	每天
5:00—7:00 星期天早晨	5:00—7:30 珠江晨曲						11:30 市场信息 5'	9:00 简明新闻 5' 天气预报
7:00—9:00 星期俱乐部	7:30—10:30 朝朝新节拍						12:00 综合信息 5' 12:30 科技信息 5'	10:00 中央台电新闻 30' 10:30 早晨新闻专题 10'
9:00—10:30 游戏一百分							13:00 市场信息 5'	11:30 体坛快讯 5'
10:30—11:30 热线电话	10:30—13:00 午间快语						13:30 金融信息 5' 14:00 海外商情 5'	12:00 新闻与交通信息 5' 12:30 简明新闻 5'
11:30—13:00 三江水暖							14:30 综合信息 5' 15:00 科技信息 5'	13:00 新闻与交通信息 5' 14:00 中午新闻专题 10'
13:00—14:00 农村天地							15:30 供销行情 5'	天气预报
14:00—16:30 南国艺苑			休息				16:00 物价信息 5' 16:30 金融信息 5'	15:00 体坛快讯 5' 16:00 简明新闻 5'
16:30—17:30 少年乐园							17:00 今日信息总汇（广州话）10'	16:30 简明新闻 5' 17:00 新闻与交通信息 5'
17:30—18:00 话筒前后	17:30—18:00 七彩黄昏						17:30 今日信息总汇（普通话）10'	17:30 新闻与交通信息 5' 18:30 下午新闻专题、天气预报 10'
18:00—19:00 长篇小说或连续广播剧							18:00 综合信息 5' 18:30 科技信息 5'	19:00 体坛快讯 5' 19:30 简明新闻 5'
19:00—21:00 八面来风	19:00—21:00 万家灯火						19:00 今日信息总汇（广州话）10'	20:00 简明新闻 5' 20:30 晚间新闻专题 10'
21:00—22:00 农村天地（重播）							19:30 今日信息总汇（普通话）10'	22:00 简明新闻 5'
22:00—0:15 莺歌夜话								23:10 天气预报 5'

①　李一萍. 论大版块节目的设计依据 [J]. 中国广播电视学刊，1988（S1）.

②　孟伟. 声音传播——多媒介传播时代的广播听觉文本 [M]. 北京：中国传媒大学出版社 2006（104）.

在节目版块之中，主持人通过话题快节奏的变换、多样的形式，对原本"浓度"较高的信息内容进行"稀释"，比如，早间节目《朝朝新节拍》播出时间为 3 小时，其节目构造为：新闻和经济信息占 17%，知识性、服务性内容占 20%，主持人随时插播、即兴发挥的各种话题约占 10%，广告占 7%，娱乐性内容（包括《电话点歌》节目）占 45%。1987 年 11 月 20 日的《朝朝新节拍》节目 8:30 至 9:00 是这么编排的①：

8:30 体坛快讯

8:35 广告二则、放《朝朝新节拍》节目及《倾下度下》环节的宣传带

8:37 出欢快音乐，压低，主持人出现，与听众道"早晨"，即"早上好"的意思。报时间，自我介绍，然后就"今天是全运会开幕"这样一个不寻常的日子即兴发挥，中间穿插电台、电视台转播全运会开幕式的时间，然后引出第一个内容

8:39 主要内容 1：羊城鲜花迎全运（采访稿）

8:45 放歌曲《赠你花一束》

8:48 广告三则

8:50 主要内容 2：六届全运会之最（资料稿），中间插播下午转播消息

8:53 从"六届全运会之最"谈到近日来街上很多人佩戴全运会会徽和纪念物，引出主要内容 3：新颖别致的全运会纪念物系列（采访稿）

8:56 放歌曲《微笑的广州》

8:58 主持人紧接着围绕"整个广州在微笑，微笑着欢迎各地客人"这个话题来发挥

（广告三则）

报告全天天气及下午举行全会时的天气情况

从上面的节目编排中，我们可以看到，通过主持人的串场、音乐的点缀、广告的穿插，把原本"浓度"很高的主体信息稀释成了轻松可听的内容。珠江经济台的主持人、节目编辑充分认识到广播听觉的传播特性，节目信息太集中，"太浓、太稠、没有水分，即使块块都是牛肉干、巧克力也难以咽下去，就是咽下去了也消化不了……大版块节目在安排内容时，考虑到听众的听觉与心理的承受能力，适当地掺些水分（包括运用音乐、文艺手段以及穿插轻松的话题，进行巧妙的串联），那么，摆在听众面前的，就不再是'干巴巴'的巧克力、牛肉干，而

---

① 王坚. 试论珠江经济台的大版块节目 [J]. 中国广播电视学刊，1988（S1）.

是一份稀稠适中、浓淡相宜、丰富多彩的美味佳肴了"[1]。该台主持人还研究得知："日本听众最不耐烦，平均收听忍耐极限为 8 秒；美国听众为 10 秒。中国还未进行过类似调查，但总会有个限度。"因此，"要使听众较长时间留在收音机旁，就要尽可能延缓听觉疲劳的产生。这里，行之有效的办法是用兴奋点刺激大脑皮层，延缓疲劳产生的原理，经常变换声音和内容，就像学生复习功课时，各科交替进行一样，把新闻、专题、文艺有机地混编在一起，不断给听众新鲜的东西，以刺激听觉神经，使其不断产生新的兴奋点，有效地延缓听觉疲劳的产生。"[2]这些观点与认识，即便在今天看来，仍然是行之有效的，而且不失启发意义。

此外，珠江经济台还注重与听众的互动与沟通，"主持人在主持节目的过程中更多地借鉴人际传播方式，用平等的态度、商讨的口吻、柔和的语调、亲切的语气与听众谈心，为听众服务。"[3]节目大量播出听众来信和讲话录音，设置听众点歌节目，让听众参与发表时事评论，设置两部听众热线电话，由值班编辑接电话，或在固定时间里将听众和主持人的通话直播出去；还请听众进入直播间，发表评论意见；设置游戏节目，请听众参加游戏；珠江经济台还开创了"开门办广播"的做法，主持人走出直播间，在公众场合主持节目直接播出，让几万群众亲眼看到主持、播出程序。在开放的大版块节目中，听众互动变得可能可行；而节目的直播化，使听众互动更为即时和有效。

"大版块"节目在珠江经济台成功推出以后，各地电台纷纷效仿，开办了各具特色的版块节目。其中，有大版块，也有小版块；大版块中也可以套小版块。

（三）上世纪90年代"广播热"引发的节目样态变革（上世纪90年代初—90年代末）

面对"珠江模式"的创新，全国广播界也曾有过观望和犹豫。虽然 1986 年珠江经济台获得了极大的成功，但是在上世纪 80 年代"珠江模式"并没有广泛推广，"人民台"的字正腔圆、居高临下并没有发生根本变化。但"珠江模式"带来的大版块节目模式，以及专业化系列台的办台理念，却为日后大规模的广播改革埋下伏笔。

1992 年年初，邓小平同志发表了"南行讲话"，大大加快了改革开放的步

[1] 李一萍.论大版块节目的设计依据 [J].中国广播电视学刊，1988（S1）.
[2] 同上。
[3] 申启武.改革开放 30 年广播新闻节目形态的演变与发展 [J].现代传播，2008（2）.

伐，也大大推动了中国市场经济发展。随即，全国广播电台开始了大刀阔斧的改革。珠江经济台之后，广东电台先后成立新闻、音乐、城市、交通、健康、教育、股市等 7 个系列台。如果说上世纪 80 年代改革只是在部分电台频率中进行，这一轮改革已经突破了诸多掣肘，过去的"人民台"也纷纷加入这一轮改革大潮。

北京电台正是在这一年拉开了改革的大幕。该台第一个专业化频率——北京经济广播 1992 年 8 月 6 日正式开播。频率以新闻、信息为骨架，设立了《北京早晨》《午间时光》《金色夕阳》《共度今宵》4 个大版块，共有栏目 30 多个，全部由主持人直播。同时启用听众热线电话，增强与听众的沟通。信息、服务、娱乐内容成为频率节目主体。以下两个表格分别是北京经济广播改版前后的节目表：

表 3-9 北京电台第三套节目，中波 1026 千赫（北京经济广播前身）1990 年节目时间表

时间	节目	时间	节目
	第一次播音		第二次播音
7:20	乐曲《北京颂》，预告节目	17:25	乐曲《北京颂》，预告节目
7:25	广告	17:30	京剧欣赏
7:30	广播电视大学课程	18:00	小说连续广播
8:10	广播电视大学课程	18:30	广播剧欣赏
8:50	音乐	19:00	音乐（周一、三） 戏曲（周二、四） 文学（周五、日） 京剧（周六至 22:00）
9:00	广播剧欣赏	21:30	晚间音乐（周一、二、三、五） 新盒带欣赏（周四） 听众点播的音乐节目（周日）
10:00	广播电视中等专业学校课程（周一至周四） 戏曲（周五至 11:20） 文学（周六、日至 11:20）	22:00	文学（周一、六） 戏曲（周三至周五） 音乐（周二、日）
10:40	广播电视中等专业学校课程（周一至周四）	00:00	播音结束
11:20	广播电视中等专业学校课程（周一至周四） 广播电视大学课程（周五、六、日）		
12:00	小说连续广播		
12:30	企业之声		
12:40	广告		
12:45	民间故事 北京的传说		

续表

时间	节目	时间	节目
13:00	每日相声		
13:30	文学（周一、日） 戏曲（周六） 新盒带欣赏（周二至 14:00、14:00 音乐） 听众点播的音乐节目（周五至 14:00、14:00 音乐） 曲艺名段欣赏（周三）		
14:15	休息（周四，13:30 休息）		

资料来源：北京电台内部资料

表 3-10　北京经济广播 1993 年 8 月到 1994 年节目时间表，中波 1026 千赫

星期一至星期六			星期日
5:55 6:00 6:05 6:10 6:30 7:00 8:00	开始曲 国际新闻 航空信息 健身舞曲 转播中央电台新闻	1026 新 闻 一 小 时	要闻短波　经济台专访　背景新闻 经济快讯　1026 传呼　新闻综述 快讯追踪　天气与交通 今日点评　环球人物 （7:00—8:00）
8:30 9:30	百业信息 科技信息（周一、三、五） 金融信息	北 京 早 晨	星期热点　企业沙龙　早安，北京！ 金水桥　万户千家　8:00—10:00 广播商场　九州证券　朝日新语 健康乐园　漫话 119　星光絮语　市场经纬 空中商城　热线传真
10:00 11:00 11:30 12:00	重播 1026 新闻一小时 百业信息 经济新闻	经 济 大 世 界	金歌银曲　喜庆点播　10:00—11:00 热点透视　记者沙龙　（重播） 市场见闻　海外瞭望　1016 新闻一小时 企业风采　科技大观　11:00—12:00 今日菜篮子　国安综艺 保险事业在中国
12:30 13:00 13:30 14:00	百业信息 经济新闻 金融信息 休息	午 间 时 光	茶余饭后　音乐之旅　12:00—14:00 正义之路　万家同乐 给你九分钟　正午来客　健康顾问 周末午间　笑笑开心果　家庭剧院 休息
17:40 18:00 18:30	开始曲 经济新闻 航空信息	都 市 生 活	青春伴歌行　都市广角　17:30—20:00 我们的家　文化风景线　爱心 1026 生活服务窗　电话通　空中鹊桥　家事锦囊 人人健康　音波动态　蓬荜生辉 市长电话热线追踪

续表

星期一至星期六			星期日
19：00 经济新闻 19：30 金融信息 20：00 经济新闻 20：30 百业信息 21：00 经济新闻 21：30 百业信息 22：00 经济新闻 22：30 百业信息 00：00 全天休息	共 度 今 宵	宝葫芦　　热线点歌 开心夺标　都市不夜城 大明星（周五） 海东时间（周六） 伴君如意 音乐金钥匙（周一） 月光漫步（周四） 建工之声（周二） 午夜书场　温馨夜曲	20：00—22：00 星夜航班 哈哈王国神秘岛 石头城堡智慧林 天外星河回声湖 梦幻金山月亮湾 记忆海岸乡音谷 22：00—23：00 重播空中鹊桥
1. 14：00—16：00 北京市广播电视大学课程（周日）； 2. 15：40—17：40 广播电视中专课程（周一、二、三、五）； 　外语讲座、教育节目（周六）； 3. 17：00—17：40 教育节目（周四）			

资料来源：北京电台内部资料

　　开播当年，在北京电台 10 个听众最喜爱的节目评选中，经济台就有 5 个节目当选。其中，生活服务类节目广受欢迎，两年收到听众来信近 20 万封，通过节目征婚栏目结成伴侣的超过 100 对；1995 年该台开播《消费者热线》，这是一档反映听众呼声、进行舆论监督、宣传普及法律法规、维护消费者权益的节目，该节目是京城有影响力的消费维权类节目之一，深受听众欢迎；1997 年，一个纯服务性节目——《百姓物品交换站》开播，节目以热线电话帮助听众交换淘汰、闲置物品，促进家庭中闲置物品的流通和二次利用，该节目开播当月，就受到听众热烈欢迎；开播一年，就收到听众来信上万封，影响面越来越大，成为京城热门广播节目。

　　不过，北京经济广播的节目架构和形式都是以珠江经济台为模板设计的，"仅仅是对珠江经济台的简单模仿，但它为北京电台全方位的改革迈出了带有开创性的关键一步，可以说是北京电台专业化建设的开端，为北京电台进一步的改革开阔了思路"[1]。1993 年，北京新闻台、音乐台、儿童台、交通台先后开播；1994 年北京文艺台、教育台开播。[2] 其中，"北京音乐广播是北京电台最早、也是最完整实现专业化改革的频率。如果说，经济广播是北京电台最早的系列台，那么音

---

[1]　汪良．北京电台专业化办台的思考 [J]．新闻与写作，2002（7）．

[2]　1998 年儿童广播并入教育广播。2002 年 1 月 1 日，在生活广播的基础上，根据北京取得 2008 年奥运会主办权的新形势，又调整创办了体育广播。目前，北京电台已经形成了包括新闻广播、城市广播、交通广播、音乐广播、文艺广播、爱家广播、故事广播、体育广播、动听调频（欧美流行音乐广播）在内的系列台模式。

乐广播就是北京电台第一个真正意义上的专业台。从 1993 年年初成立到 2002 年年底的 10 年间，音乐广播以前瞻性、创新性思维引领广播走出'弱势'的阴霾，创造了北京广播社会效益、经济效益的第一个峰值"①。北京音乐台的创办和兴起，让北京掀起了"广播热"，这股热潮后来由交通台接棒，一直持续到今天。

北京音乐台以大众音乐为主导，综合音乐是频率的主线，流行音乐占总内容的 70%，以 40 岁以下的青年听众作为目标听众。

表 3-11　北京音乐台 2002 年节目时间表②

时间	星期一	星期二	星期三	星期四	星期五	星期六	星期日
00:00 00:30	听调频	银海乐波	人间有爱	零点乐话	校园民谣	通俗音乐会	零点乐话
01:00 01:30	网络奇缘						
02:00	每周一歌	设备 检修	相会 97.4	香港 风景线	特别创意	人间有爱	来自东京的 音乐问候
02:30	星期 音乐会		发烧 门诊部	通俗 音乐会	星期 音乐会	校园民谣	特别创意
03:00 03:30							香港风景线
04:00 04:30	爵士之旅		银海乐波	人间有爱	香港 风景线	听调频	通俗音乐会
05:00	北京晨曲——　古典也流行					七台联播	广播之友
05:30 06:00	您喜爱的歌 北京晨曲						
06:30 07:00	精品生活秀（信息＋音乐）						
07:30	好歌再现——　康辉漫游世界					拜耳 健康生活	特别创意
08:00	中青旅好歌再现						每周一歌
08:34	周一　来自东京音乐问候　周二至周日 通用时代—动听生活						
09:04 09:34 10:04	97.4 爱车音乐时间					星期音乐会	97.4 音乐沙龙
10:34 11:04	全球华语歌曲排行榜					通俗音乐会	挑战无极限 周日现场

---

① 赵多佳，许秀玲.内容、受众、传播：广播专业化概论 [M].北京：中国国际广播出版社，2008：94.

② 丁俊杰，邵军.寻找广播榜样 [M].北京：北京广播学院出版社，2003：301.

续表

时间	星期一	星期二	星期三	星期四	星期五	星期六	星期日
11:34		雪碧原创歌曲榜		雪碧原创歌曲榜		雪碧原创歌曲榜	雪碧原创歌曲榜
12:04	中国歌曲排行榜						名曲欣赏
12:34						360° 看世界	相会 97.4
13:05	中国歌曲排行榜						
13:34							
14:05	中华民歌广播大擂台					香港风景线	发烧门诊部
14:34	再流行						
15:04						银海乐波	
15:34							银海乐波
16:04	97.4 爱车音乐时间 周一 大众汽车音乐基金新歌推荐					来自东京音乐问候	
16:34							
17:04	古典也流行					爵士之旅	爵士之旅
17:34	亿城流行也精彩						
18:04	华润置地环球音乐之旅					丰联明星面对面	来自东京的音乐问候
18:34	中旅丽音点播						
19:04	在流行					星期音乐会	星期音乐会
19:34							
20:04	世界歌曲排行榜						
20:34	全球华语歌曲排行榜					名曲欣赏	BBC 流行乐坛
21:04							
21:34	音乐礼品卡					发烧门诊部	
22:04							人间有爱
22:34	统一心情世界						
23:05	校园音乐先锋					校园民谣	银海乐波
23:30	97.4 秀场						

注：1. 8:30—23:00 的整点、半点的 4 分钟为报时、台标、天气及信息网等的标版广告时间。2. 全国卫星音乐广播协作网通栏节目均为 05 分开始。

北京音乐台引领这一阶段专业化浪潮、掀起北京乃至全国范围的"广播热"的原因，主要有以下几方面：

1. 科学化的受众研究

在过去"一城一台"的市场格局下，听众的差异化需求往往会被忽略，电台看到的是听众的共性，而没有看到个性，追求的是"老少皆宜"，或者最广泛的市场覆盖。但在专业化系列台格局下，如果没有准确的市场定位、内容区隔，就会面目模糊，失去自身的个性和特色，难免被市场大潮所吞没。

北京音乐台从1993年建台开始，坚持进行听众调查，并通过各种形式的听众座谈会了解收听情况。为得到更为可靠的结果，甚至请两个调查公司进行调查。调查内容包括听众的特征、节目内容喜好、收听时间和地点、收听方式、对节目主持人的意见等等，通过调查做出更为精准的节目定位。

调查显示，听众收听广播一次在1.5小时的占71.5%，1小时以内的占49.8%。因此，音乐台将部分栏目设置为5—10分钟，上午基本上是25分钟的栏目，下午1点之后才会有50分钟的栏目，体现出快节奏的特点。同时，根据听众调查，随时调整节目内容。据统计，北京音乐台成立后的10年间，节目单最长的也只用了3个月。

2. 内容为王的竞争战略

在节目设置和内容安排上，北京音乐台提出了"四化"原则和"打好四张牌"原则。所谓"四化"原则，就是严肃音乐通俗化（古典音乐和传统民族音乐只有通俗化才能有更多听众）、通俗音乐艺术化（通俗音乐格调更高、艺术性更强，引导音乐时尚）、环球音乐旋律化（播出世界各国的音乐要符合中国人的欣赏习惯，选择适合中国人收听习惯的国外音乐）、综合节目音乐化（服务性、娱乐性节目要增强音乐性）；"打好四张牌"则包括"青年牌"（这是北京音乐台主要收听人群，是制定节目的依据）、"普及牌"（推广高雅艺术，普及民族文化）、"参与牌"（听众参与是音乐台提高收听率的重要手段，听众参与说明了对节目的关注与认同，听众不再是被动收听，而具有了主人翁意识）、"国际牌"（作为国际大都市的音乐电台，不仅仅是区域性电台，而是一个国际化电台）。[①]

这一阶段，上海"同城双台"的格局出现。1992年，上海东方广播电台成立，该台以新闻节目为龙头，全面加大节目的信息容量，采用"大新闻"架构，

---

① 北京音乐广播相关资料综合北京电台内部资料；丁俊杰，邵军. 寻找广播榜样 [M]. 北京：北京广播学院出版社，2003：301；赵多佳，许秀玲. 内容、受众、传播：广播专业化概论 [M]. 北京：中国国际广播出版社，2008：94.

"以新闻为骨架，包括整点、半点新闻、深度报道和新闻评论专栏、大版块中的新闻话题、交通信息、经济信息，以及有关新闻和社会事务的谈话节目及其他服务性新闻，互相补充，共同满足受众……根据'高起点、大容量、大释放'的思路，将高浓度、大信息量的现代新闻为主体和内核的节目体系，以信息为本的理念，融合起来。这成为现代广播电视节目的一大趋向"①。

上海电台也在加强系列台建设，特别是上海新闻广播继续加强新闻与评论，早间的《990早新闻》更是创下收听高峰，成为本地最受欢迎的广播节目。

这一阶段城市广播从节目形态到话语语态都比80年代更为平实与贴近，变革比上一阶段更为全面和彻底。过去"人民台"中居高临下的话语形态在这一轮改革中发生很大变化。上海新闻广播脱胎于过去的"人民台"，但《990早新闻》等一批节目的变革，使这个台一度成为上海收听率最高的电台，归根结底，是因为电台摆脱了"人民台"的束缚，但收获了对"人"的关注。"新闻要努力同观众达成平等对话。要使这种对话成为可能，新闻内容就应该是二者所共同关注的，新闻的叙述方式应该是彼此乐于接受的。但是，长期以来，'新闻场'和'观众场'两个场域的话语方式完全是两个系统，处于一种隔膜的状态。改变语态的基本诉求就是使两个场域的话语方式趋于同构。"②而从话语形态上来说，"媒介叙述的态度应该是真诚平和的，叙述的内容应该观众关心和真实的，叙述的技巧应该是有过程和有悬念的，叙述的效果应该是有真实感和吸引力的"③。这一轮广播改革试图达成的，正是这个目标。

（四）新世纪广播节目多样化（本世纪初至今）

经济发展带来社会、文化，以及媒介生存环境的变化，客观上为广播进一步发展准备了条件。广播移动收听的便携性、报道的快捷性、听众参与的便利性，使广播在这一时期风生水起。这一阶段，交通广播异军突起；广播经济报道得以加强；都市生活类广播兴起。

这一时期，热线电话被大量用于与听众的互动之中，北京电台的《人生热线》和《零点乐话》、广东电台的《今日热线》、上海电台的《市民与社会》、深圳电台的《夜空不寂寞》以及中央电台的《午间半小时》等节目广受欢迎。

① 李良荣. 历史的选择[M]. 武汉:武汉大学出版社,2009:131.
② 徐国源. 从语态改变开始:中国电视新闻场域的形成[J]. 中国电视，2006（11）.
③ 同上。

这一阶段广播听众需求逐渐呈现出"移动收听"与"伴音"的新趋势。收音机越来越成为移动人群的收听工具，也越来越被当作"背景""伴音"的工具。"对于广播，人们更关注的是它能否做到'移动中的清晰收听'和'三心二意状态中的轻松娱乐'"。①

1. 交通广播异军突起

从本世纪初开始，我国交通事业发展带来交通广播的勃兴。以浙江为例，2000 年前后已建和在建的高速公路就有 9 条，城市现代交通的发展，加上人民生活水平的提高，私家车已经进入寻常百姓家，汽车成为人们工作与生活必备的交通工具。而广播媒介在车上的优势地位是无可置疑的，因此，交通的发展，为广播的发展带来机遇。

国内第一家交通台是上海电台 1991 年 9 月 30 日开播的上海交通台；不过，上世纪 90 年代，经济广播的繁荣和音乐广播的兴起似乎埋没了交通广播的光芒。但本质上的原因还在于经济发展水平。

自上世纪 80 年代中国开始出现私人汽车，到 2003 年社会保有量达到 1 219 万辆，私人汽车突破千万辆用了近 20 年，而突破 2 000 万辆仅仅用了 3 年时间。2010 年，我国汽车的保有量达到了 7 000 万辆。2011 年 8 月底，全国汽车保有量首次突破 1 亿辆大关。截至 2016 年 6 月底，全国汽车保有量达 1.84 亿辆；汽车驾驶人 2.96 亿人。伴随着本世纪初国内汽车保有量开始爆发性增长，交通广播也在 2000 年前后成为国内广播业的领军者。

以北京为例，2001 年北京私人小汽车才 32.1 万辆，随着中国加入世界贸易组织，北京市的私人汽车增长速度明显加快。从 2009 年起，北京汽车消费进入了井喷状态，当年北京汽车销售量达到了 100 多万辆；到 2010 年年底，北京机动车保有量接近 500 万辆。2010 年 12 月 24 日，北京开始限制车辆牌照，受此影响，此后汽车保有量增长有所放缓，但到 2016 年 6 月底，北京汽车保有量仍达 544 万辆，全国最高。② 研究表明，汽车数量的快速增长，和北京经济近年来快速增长有关，2010 年，北京居民人均 GDP 超过 10 000 美元，家庭购买力

---

① 栾轶玫. 全球化趋势下的中国广播发展策略 [EB/OL]. （2002-01-21）[2013-02-22]. http://www.zjol.com.cn/05cjr/system/2002/01/21/000768376.shtml.

② 其次是成都、深圳、重庆、上海，均超过 300 万辆，此外苏州为 289 万辆，杭州为 229 万辆。数据来源：公安部交通管理局。

显著增强。不过，过快增长的汽车数量，也给城市交通带来了巨大的压力，交通拥挤、停车难成为困扰北京城市管理的重大问题。北京私人汽车年均行驶1.5万公里，分别是伦敦和东京的1.5倍、2倍；并且有44%的汽车每天出行不足5公里——这通常是自行车出行的范围。①北京汽车保有量的急剧增长，带火了北京交通广播。1996年，该台广告收入突破千万大关；2000年开始，该台开始进入发展快车道，当年以6 032万元成为全国广播行业单频广告收入之冠，此后广告收入连年大幅攀升，2006年广告经营额达到2.8亿元，2012年突破6亿元，连续12年蝉联全国广播广告单频最高值。

2. "经济台"的归位与都市生活类广播的兴起

珠江经济台虽以"经济"作为台名，却是以城市市民生活服务、百姓娱乐为主要传播内容的电台，是一家典型的都市生活类广播。该台创办者在回顾创办过程时说，该台初衷是希望办成"大众型、信息型、服务型、娱乐型的电台"，当时第一稿的台名不叫经济台，叫商业台。为什么会提商业台呢？因为当时香港商业电台在广州拥有最多听众，"我们为了对应它，要用我们的商业电台去打败香港商业电台。广东省委宣传部黎处长看稿的时候说，'商业台'的提法可能有点问题。国外的商业台是指私营电台，广东人民广播电台是国家的电台，不是私营电台，如果叫商业电台，容易误会成是想办私营电台。"怎么办呢？当时有人就提出来改成经济台。但"经济"在广东话里是很便宜的意思。"后来也想不出更好的名字，最后说那就叫珠江经济台吧。"②将错就错的台名并没有影响该台的风靡，此后成为国内众多电台的模仿对象，包括台名。一时间，全国出现了几十家"经济台"。但节目定位主要都是满足都市市民的生活服务和娱乐需求。

进入新世纪，经济飞速发展，广播专业化也进入了新的阶段，"经济广播"开始摆脱原有定位的束缚，向财经领域深度拓展。这一阶段的经济广播，虽然生活服务类节目仍然占有一定比例，但整体节目已经有财经广播的框架。

2003年7月6日，由上海电视台财经频道和东方广播电台财经频率联手打造的统一品牌——"第一财经"在申城上空正式亮相，这是中国首家跨媒体专业财经资讯平台，力图打造一家跨媒体、跨区域的财经传媒平台，成为一个拥

---

① 童曙泉.北京每百户有汽车超60辆，是2001年拥有量的3倍[N].北京日报，2011-07-19.
② 2012年第4期《中国广播》杂志刊载了记者对珠江经济台创办者的访谈，介绍了该台开台的始末。

有跨媒体信息传播渠道的财经资讯供应商。

2003 年 4 月，北京经济广播多媒体财经频道开始播出。北京经济广播多媒体财经频道实现了听众多媒体接收，听众通过电脑接收北京经济广播的多媒体财经节目，可以一边看数据和分析图表，一边听节目主持人和有关专家的市场分析。该频率还可以全天 24 小时不间断地提供全球外汇市场的行情、报价、市场信息以及与外汇市场相关的国内国际重要财经新闻等信息。①

"经济台"向财经广播归位的同时，都市生活类广播开始兴起。2002 年 6 月 16 日，中央电台第四套节目"都市之声"开播。作为一套瞄准北京地区的调频广播，中央电台此次的改革目标直接指向了地域化，服务于北京这个大都市的市民生活。都市是比城市更为时髦的概念，意味着时尚、现代的生活理念和生活方式。因此，"都市之声"的节目架构是"为听众送上轻松、时尚、快捷、丰富的都市新闻和专题娱乐节目"。从整体节目构成来看，有几种节目类型：都市时尚生活服务资讯、脱口秀节目、娱乐节目。

表 3-12　都市之声 2002 年 6 月开播之初节目内容分析

节目类型	节目类型说明	相应节目、时长（分钟）	总时长和占总播出时间的比率
生活服务资讯	提供新闻、生活信息等，"都市之声"采用"软化"的手法，其中包括音乐、听众短信参与和主持人即兴发挥	都市早报（42）、楼市风向标（35）、快乐购物（35）、生财有道（35）、都市晚报（42）、城市快线（35）、都市快报（全天 14 次，共 98 分钟）	总计 302 分钟，占 26.4%
脱口秀节目	内容是音乐＋主持人即兴发挥＋听众在一定主题下的短信参与	都市真情（清晨版、阳光版、星光版，共 140 分钟）、我爱我车（35）、吃在京城（35）、美丽元素（35）	总计 245 分钟，占 21.4%
娱乐节目	音乐节目（包括点歌节目）、游戏节目	好歌忘不了（清晨版、午夜版，共 180 分钟）、时尚二人转（60）、都市先锋（35）、拇指英雄（35）、都市礼品卡—JUST FOR YOU（全天 16 次，共 288 分钟）	总计 598 分钟，占 52.2%

中央电台都市之声落地北京，以北京一地为传播区域，目标受众明确，一改国家大台居高临下、严肃有余的形象，在节目设置方面做了很多有益探索，

① 根据上级部署，北京经济广播 2005 年 3 月 1 日改版为北京城市管理广播，侧重于城市运行与管理，财经内容逐渐削减。2014 年，该台再次改版，更名为北京城市广播，定位于市民的生活与服务。

为城市电台发展提供了宝贵经验。

主打服务牌。"都市之声"开播时，每个整点设置了《都市礼品卡》和一些资讯类节目，都是为了凸显整个频率的服务特色，也就是为在都市中生活的人们提供具有实用价值的信息，以提高整个频率的必听性，从而增加竞争的砝码。比如主打《都市礼品卡》，设置的初衷是"针对一个个鲜活的个体、小群体、任何一个普通人、任何一个小群体、都可以通过'都市之声'获得属于他们自己的服务。这里有婚丧嫁娶的信息发布，开业庆典的现场直播，生日、纪念日的朋友致贺，等等"。这无疑是具有独创性的，具有强烈的人文主义色彩。当然，有些信息并不一定适合在大众传媒上"广播"，比如开业庆典，作为商业广告的一种营销形式是可以理解的，但如果平衡度掌握不好，失去公共价值就会引发大多数受众的反感。实际运行中，从收听情况看，这种直播内容在该频率没有出现过，最终不了了之。

突出娱乐性。有两个表现形式：首先是纯娱乐节目多。从统计来看，娱乐性节目占据总播出时间的52%。其中包括音乐节目、点歌节目和游戏节目。其次，娱乐性体现在整体的节目风格上。比如在服务资讯节目中，即使是新闻节目，也配以音乐，主持人的播报风格也较为轻松。举例来说，《都市早报》和《都市晚报》节目，主持人的播报风格已经摆脱了传统的"高八度"的语气，节奏舒缓，很适合伴随性收听。

重视传受互动。"都市之声"的所有节目都有与听众的短信互动，有的节目甚至以短信为主体，"主持人脱口秀＋听众手机短信＋歌曲"的模式成为"都市之声"最普遍的节目形态，有近10个节目采用这种方式，占总的19个节目的52.6%；而19个节目中，除了《都市快报》没有短信互动，其他节目均有单独的短信平台，占94.7%。而且，这些节目的短信平台24小时开通。

下表为对北京经济广播、中央电台都市之声、中央电台经济之声2002年节目的对比。

表3-13　北京经济广播、中央电台都市之声、中央电台经济之声2002年节目对比

时段	中央电台经济之声	中央电台都市之声	北京经济广播
7点前	新鲜早世界（主持人＋新闻＋歌曲）（5:00—7:00）	好歌忘不了—清晨版（6:00—7:00）	5:30 清晨话养生 6:30 转新闻报摘

. 续表

时段	中央电台经济之声	中央电台都市之声	北京经济广播
7:00—8:00	转新闻报摘、天下财经（财经资讯、股市指数、财经小专题）	1018第一时空早间播报，播出国内外重大新闻，尤其是北京本地新闻、农副产品价格以及天气等生活资讯	7:00 消费者热线 7:15 天气节目预告 7:20 人才信息早报 7:30 金融导航、汇市报道
8:00—9:00		中青旅风情世界，主要介绍中青旅推出的各项旅游服务，中间穿插一些旅游知识、歌曲与听众短信	健康生活
9:00—10:00		服务资讯（节日、食品与健康资讯）	财经早九点
10:00—11:00	财富广场（轻轻松松聊理财、七嘴八舌话财富）		时尚消费广场
11:00—12:00		餐馆就餐信息、1018第一时空午间新闻播报	非常约会 大智慧实战
12:00—13:00	天下财经（经济电台联播、交通电台连线、科技瞭望/商海风云）	时尚二人转，主持人+嘉宾访谈+歌曲	畅游天下
13:00—14:00		购物信息	快乐大转盘
14:00—15:00	财富健康（寿险投资、健康宝典）	培训信息	健康与生活
15:00—16:00		彩票节目（主持人+嘉宾主持+彩票开奖+听众短信）	理财万事通 股市收盘点评、国际汇市报道
16:00—17:00	缤纷生活（体验新时尚/品位新生活）	美丽元素（时尚话题节目）	股市大家谈
17:00—18:00	天下财经（旅游与消费、"315"服务台、经济与法）	都市六人老友记（每日新闻播报、晚餐指南、天气预报、旅游信息、笑谈娱乐风月、我为运动狂、国际娱乐信息）	我爱我家
18:00—19:00			中国财经报道（京、沪直播）
19:00—20:00	天天理财（理财宝典、证券广播网）	都市生活资讯：包括航空资讯、购物打折资讯、北京周边旅游资讯	生活帮助热线 消费者热线（重播）
20:00—21:00	财富人生（经典案例/任务专访）		幸福家园 流动风景线
21:00—22:00	英语之夜（财经双行线/双语国际财经、商务英语）		投资万事通 21:30—23:00 国际汇市报道

续表

时段	中央电台经济之声	中央电台都市之声	北京经济广播
22:00—23:00	转各地新闻联播	拇指英雄（短信互动游戏类节目）	
23:00—24:00	财富风云（商海风云、温馨夜话）	北京不眠夜（主持人＋手机短信＋网上短信＋歌曲＋情感话题）	健康夜话
24:00—1:00	00:00—5:00 停止播音		中国财经六十分（重播）
1:00—6:00		停止播音	

中国传媒大学教授曹璐认为，以都市生活类广播为代表的城市广播探索优化了口语为主体的听觉话语文本，进入解放表达、明白表达、升华表达、个性表达层面。

解放表达，指摒弃官话、套话、废话，提倡讲短话、明白话、管用的话。广播人培养良好的话语风格，更重要的是有内涵、有见地。解放表达意味着更强调专业性、普世理念和创新思维。

明白表达，指良好的口述能力和沟通能力，表达简洁、清楚、明白、从容和有序。把听觉梗阻降到最低，实现听觉有效传播。同时，明白表达要求善于倾听。倾听是一种艺术，善意地接纳，无条件地关注，真诚的鼓励，在不利的情况下也要把沟通进行到底。

升华表达，语言是思维的外壳，人类积累的财富从物质到精神都是外在的，只有经过内心感悟，内华为价值感悟，才能实现升华表达。我们要防止铺张表达和宣泄性表达，要强调人本理念，强调对生命的尊重和对生命价值的思考。在全民表达、全民参与的时代，广播人的话语既要生动形象，也要传真传情，同时富于理性。通过积累内在的感悟，不断拓展与攀升。

从交流到表达的状态变化，意味着要以平等交流展现互动与包容，通过这些改变，广播也在改变人与人的关系。

二、城市广播时间"版面"优化

从珠江经济台的改革到专业系列台的建立，本质上都是广播时间资源的重新分配；无论是大时段版块节目、综合性节目还是专题性节目，都是广播"时间版面"编排方式的探索；而节目形态的创新，使广播节目更加丰富多彩，时间利用更加充分、合理。广播诞生以来，广播人就从未停止过对合理利用广播时间资源的探索。

由于时间是广播节目的唯一存在形式，节目系统的不同层次就必然存在着纵向或横向的时间布局，形成纵向或横向时态关系，主要有以下三种时态关系：

顺时链。它是指广播节目以日或周为单位，经过适当的编排组合，构成日常播出的纵向的顺时系统；这表现为一个广播频率每天播出的全部节目形成的纵向时间链。广播是声音的线性传播，随着时间的流逝，广播的传播活动也要告一段落。因此，要注意节目前后的衔接和整体时间的布局。

历时链。一类或一个定期播出的节目，以其在内容和形式方面的特定取向，构成了前后相承的历时系统。这既要求广播节目常办常新，又要求广播节目保持一致的风格，使听众形成收听习惯。

共时链。如果一个台每天播出一套以上的节目，或者同一覆盖区域还有其他电台，则同一时间播出的节目构成横向的共时系统（链）。听众在同一时间内只能选择收听某一电台的节目，意味着受众的分流。所以，广播应充分考虑同一覆盖区域其他电台的竞争因素，巧妙安排节目；同时，还应找准自己的定位，在媒介传播格局中找到自己的位置。

"频率是广播的时间版面，亦是广播的时间资源，广播人经营的对象是分分秒秒组成的频率时间……"[①]"时间版面"优化主要取决于节目设置的合理与否、节目之间衔接是否顺畅和节目时间布局是否合理。而从时间配置的角度看，则体现为顺时链结构的顺畅与否、顺时链对于共时链和历时链的照应是否到位，归根到底是对听众需求和收听习惯的把握。目前国内普遍采用的时间配置模式主要有以下四种。

（一）节目分割时段的"拼版"式

这种节目播出格式以节目时长为时段单元，有几个节目，整个频率的"时间版面"就分为几个时段，类似于报纸的版面拼接。节目之间有着天然的界限，时段之间也没有直接联系，有各自独立的节目方针、内容和播出形式。中央电

---

① 曹璐.前景传播与"交通广播现象"[J].中国广播电视学刊，2003（10）.

台第一套节目 2003 年改版之前就是这种节目编排方式。

表 3-14 **2003 年 12 月 28 日改版前中央电台第一套节目（中国之声前身）**
9：00-12：00 的节目安排

时段	节目
9：00	利德健康之声
9：30	一程山水一程歌（周一至周六）锦绣中华（周日）
10：00	新闻
10：10	小喇叭
10：25	自强之声（周一）/ 桑榆情（周二至周日）
10：45	经济辞典（周一至周六）/ 音乐（周日）
11：00	新闻
11：10	民族大家庭（周一至周五）/ 广播星空（周六、日至 11：30）
11：25	收听指南与天气预报（周一至周五）
11：30	世界报道
11：45	体育节目

　　这种时间配置模式的优点在于节目相对固定，有利于单个节目形成播出的历时链，节目方针也相对稳定，风格比较统一。这样便于听众选择收听，容易形成稳定的收听群体，是综合型电台的主要播出方式。综合电台在不同时段设置对象性节目，能够吸引相应的听众群。比如改版前的中央电台第一套节目，因为要照顾全国各种类型听众的收听需求，所以采取了节目分割时段的播出格式，由对象性节目和专题节目自然分割时段。

　　但这种节目播出格式的弊病也非常突出。首先，时段之间也壁垒森严，既不能延长，也不能缩短，不利于灵活安排节目。对于注重时效的新闻类广播来说，这种节目播出格式尤其不适合。一旦发生重大事件需要制作播出特别节目，很难协调节目之间的关系，容易扰乱整体节目的顺时链，也会导致单个节目的历时链的中断。其次，虽然节目有固定的播出时间，听众易于养成"约会意识"，在一定程度上便于听众收听，但由于节目与节目之间的天然隔断，排他性强，容易诱发听众的"拒绝心理"，节目的结束往往意味着听众的流失，收听率必然出现大起大落，不利于频率整体时间版面的开发。最后，这种播出模式忽视了广播的传播规律。广播是时间的线性传播，听众容易产生听觉疲劳，听众是否选择继续收听取决于节目是否有持续不断的"兴奋点"。但这种播出模式切断了这条"线"，即使之后的节目更为精彩，也听不到了。

（二）"大版块"模式

"大版块"节目编排模式是上世纪 80 年代中后期在我国广播界出现的，它借用地质学关于"地壳是由几个大板块构成的"这一说法，来比喻广播的节目构成。这种大段时间、内容综合、编排灵活并由主持人主持的节目，也可以称为大时段综合式节目，简称"大时段"节目。

1986 年开播的珠江经济台，把全天的播出时间（共 19 小时零 15 分钟）分成八大时段，每一时段为一个版块，全天节目就由这八个版块拼成。每个版块节目根据自身的对象、方针、任务来设置若干个"环节"（或栏目），在这大段的节目中有新闻、信息和知识、娱乐等方面的内容。

"大版块"节目克服了传统"拼版"模式的断裂感，而且由于时段中栏目风格的连贯性、内容的自然转换，利于听众的持续收听；内容安排也有了更灵活的可能，遇到紧急情况，可以随时变更播出内容，随时插播最新消息；同时，在"大版块"的框架下，节目主持人有了更大的施展空间，节目有了个性化色彩，更加吸引听众。

国内采用"大版块"模式的电台主要是综合性电台（如珠江经济台）和娱乐性的专业电台（如中央电台音乐之声）。

苏联的全新闻电台"灯塔"采用的是"大版块"的模式，其做法值得我们借鉴。"灯塔"电台开办于上世纪 60 年代，开办伊始就是 24 小时播出的新闻频率。1987 年 2 月开办了晨间新闻加音乐的大时段节目，每次长达 4 小时，后又在每天下午和每逢星期六的夜间各增加一次，每次 2 小时 30 分。晨间的节目叫《从 6：00 到 10：00》，包括《今天》《一小时前》《本台记者刚刚报道》等几个栏目，基本的新闻材料都是当天的最新消息，大部分报道都是当时发生的事件的现场报道。这一主持人直播节目具有很大的灵活性，在形式上吸收了所有新闻广播的节目形式、体裁和报道方法。而为了适应大时段直播的需要，录音报道、现场采访、实况转播、简讯等符合广播传播特性的体裁大量增加，文字新闻稿的播出量不断减少；在内容上，这种大时段节目已经不同于传统的新闻节目，使新闻广播的发展趋势——尽可能多地报道有现实性、时间性、紧迫性的新闻——得以实现。这样，新闻广播就加强了对社会舆论的影响力，吸引了听众对社会生活中重要问题的注意力。

（三）"'拼版'＋'大版块'"模式

这是中央电台 2003 年 12 月 28 日改版的新闻频率——"中国之声"采用的广播时间配置模式，是一种过渡型的节目编排方式。

当年改版的"中国之声"全天播音 21 小时 32 分钟，共分为八个版块，每个版块从一个半小时到三个半小时不等，每个版块中包括多个节目。这些播出时间、节目风格、方针定位和播出内容都相对固定的节目不同于大版块模式中的灵活机动的栏目，具有相对的稳定性。因此，它具有"拼版"式的特点。

但与"拼版"式的节目分割时段不同的是，"中国之声"把一个大时间段内的几档节目联合在一起，整合推出"清晨报道""早间报道"等八大版块，每个版块设立一名时段总主持，与传统节目主持人只负责单个节目的主持不同，时段总主持人负责节目与节目之间的串联，利用节目之间的点滴时间插播最新的信息，并与节目主持人一起主持节目。实际上，时段总主持起着穿针引线的作用，把原本松散的节目统一于相应的版块中。这样，可以更好地适应突发新闻事件的报道要求，可以根据情况协调本时段内节目的播出，能更有效地配置时间资源。

这一节目编排方式，具有传统的节目分割时段的"拼版"式特点，也有"大版块"的特征，我们姑且称之为"'拼版'＋'大版块'"模式。"中国之声"采用这样的模式，有其内在原因：由于原来的中央电台第一套节目中一些有特定听众群体的对象性节目和一些已经具有很高收听率的名牌节目不便调整，但如果仍采用节目分割时段的"拼版"模式，将不利于新闻频率的运作，所以采取设立大版块容纳节目，并辅以时段总主持的办法，加强节目之间的衔接，增加整体运作的灵活性。

时段	版块
3:58—6:00	清晨报道
6:00—9:00	早间报道
9:00—11:00	午前报道
11:00—12:00	午间报道
14:00—17:00	午后报道
17:00—21:00	晚间报道
21:00—23:00	夜间报道
23:00—1:30	午夜报道

	时段	节目
早间报道节目安排	6:00	整点新闻
	6:10	国防时空
	6:30	新闻和报纸摘要
	7:00	新闻纵横
	7:20	世界报道（早间版）
	7:40	今日论坛（早间版）
	8:00	体育直播间
	8:15	财经在线
	8:30	新闻和报纸摘要

图 3-4　中央电台"中国之声"的总体版块安排和"早间报道"版块节目安排

资料来源：中国广播网（http://www.cnradio.com）

这种模式能否发挥预定功能的关键在于时段总主持，对他们的应变能力、协调能力等素质提出了更高的要求。实际运行过程中，由于总主持人的素质问题，节目衔接并不顺畅，有时甚至扰乱了正常节目的风格。作为过渡型的节目结构方式，这一模式在中国之声改版为全新闻频率之后，被替换为"版块 + 轮盘"的播出模式。

（四）格式化轮盘播出模式

格式化轮盘播出模式，也被称为"循环播出模式"，一般在类型化电台中采用，是指将全天播出时间划分为等量的时段（一般以半小时或一小时为时间段），每个时段都在固定的时间播出相同的节目，循环播出，周而复始。因为一些电台常常将基于这种播出模式的时间表用圆形的轮盘来表示，所以又被称为"轮盘式"。

台湾地区的全新闻台（All News）——中广新闻网的编排和播出采用的即"循环播出模式"，提出了"听新闻不用等，随时进、随时听"的新闻播报理念。以半小时为周期，定时定点播出财经、路况以及体育赛况，所谓"逢 8 分播报财经指数（逢 8 必发）、逢 6/36 分播报交通路况（行车顺溜溜）、逢 15/45 分一定有国内外运动比赛最新赛况"[①]。

表 3-15　中广新闻网以半小时为周期的"时钟滚轮架构"节目播出模式

时段	节目	时段	节目
××:00	整点新闻	××:30	半点新闻
××:06	路况气象	××:36	路况气象
××:08	财经简讯	××:38	财经简讯
××:15	体育讯息	××:45	体育讯息
××:16	路况气象	××:46	路况气象
××:18	财经解析	××:48	财经解析
××:20	专题	××:50	财经连线
××:28	财经简讯	××:58	财经简讯

资料来源"中广新闻网"网站 http://www.bcc.com.tw

这种节目播出模式能使广播频率的办台理念得到充分贯彻，"中广新闻网"作为专业新闻频率，这种节目播出模式使其能在新闻的"快"上增加竞争优势。

新闻广播贵在"快"。在国内广为采用的整点滚动播出新闻的模式，虽然新

---

① 路军.类型化电台在我国的探索实践 [J].新闻记者，2005（4）.

闻在时效上比以前有了很大进步，但仍与新闻报道的时效要求有较大差距。上海电台曾经采用的就是这种滚动模式，上午发生的新闻事件，一般要在午间新闻播出；下午发生的重要新闻事件，则在晚间新闻报道。新闻的时效性在这一播出方式中被损耗。

2003 年年底改版的中央电台第二套节目由经济生活服务频率改版成为"经济之声"，为了建立对瞬息万变的全球经济信息的快速反应机制，"经济之声"也采用了"轮盘式"节目架构。它的口号是"您给我 20 分钟，我给您整个世界"。

"轮盘式"的出现，也与听众的收听状态的变化有很大关系。随着生活节奏的加快，移动状态下收听广播的听众越来越多。与"留守"人群的"约会"收听不同，移动人群由于收听时间难以保证，收听广播大多带有选择性及某种程度的随意性，且一个人出行用在路上的时间，大多在 20 分钟到 1 个小时之间。

正是基于这样的认识，"经济之声"提出"不求长相'厮守'，但求天天'握手'。任意时间收听，二十分钟搞定"；并且在此基础上推出了滚动式节目结构，即在一天人们收听广播的主要时段，将一天里的经济财经信息、相关财经背景和各种动态指数每 20 分钟播出一次；通过节目直播，实现最新最重要内容的前置播出，每天滚动播出 40 次。

周一至周五主要时区节目滚动示意图

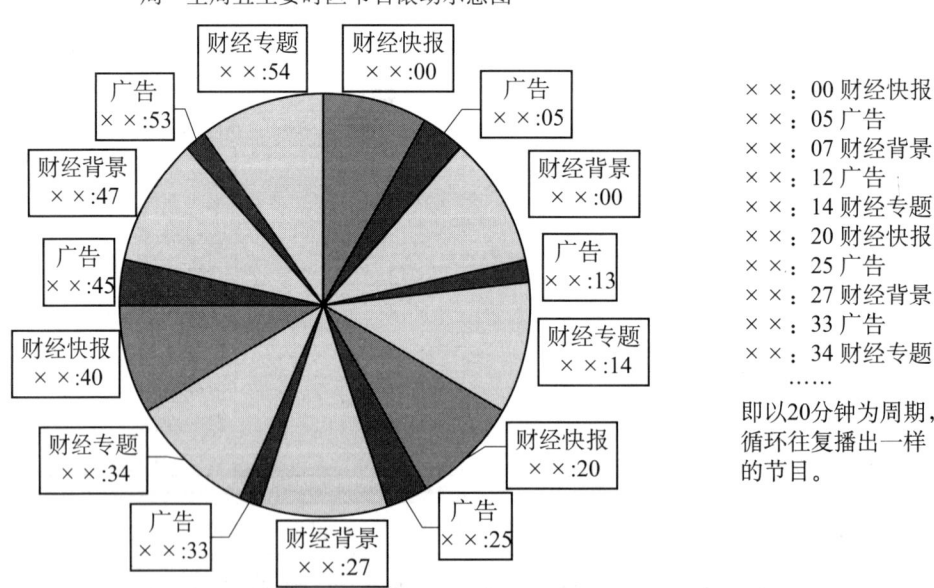

即以20分钟为周期，循环往复播出一样的节目。

图 3-5 2003 年年底改版的中央电台"经济之声"，推出了"轮盘式"时间配置模式
（左边为轮盘模式示意图；右边为单位循环时段的具体节目编排）

不过，"经济之声"的"轮盘"模式之后也进行了调整，回归"大版块"模式

（见下表）。广播时间版面的编排和调整与所在地的经济社会发展现状息息相关，更与听众的习惯、喜好息息相关；其他国家与地区的经验和模式在面临我国国情特色和区域特色时应进行改造与优化。

表 3-16　中央电台"经济之声"2017 年节目安排

时段	节目
0:00—1:00	《那些年》（重播）（周二停机）
1:00—2:00	《当夜晚来临的时候》（重播）（周二停机）
2:00—3:00	《财经夜读》（重播）（周二停机）
3:00—4:00	《那些年》（重播）（周二停机）
4:00—5:00	《财经夜读》（重播）（周二停机）
5:00—6:00	《新鲜早世界》
6:00—7:00	《天下财经》
7:00—7:29	《新闻和报纸摘要》（重播）
7:29—9:00	《天下财经》
9:00—11:30	《交易实况》
11:30—12:00	《冬吴相对论》
12:00—13:00	《天天 3.15》
13:00—15:30	《交易实况》
15:30—16:00	《冬吴相对论》（重播）
16:00—19:30	《天下公司》
19:30—20:00	《冬吴相对论》（重播）
20:00—21:00	《全球资本市场》
21:00—22:00	《那些年》
22:00—23:00	《当夜晚来临的时候》
23:00—24:00	《财经夜读》

资料来源：中国广播网 http://www.cnr.cn/jmb/erji/jjzs.html

（五）"版块 + 轮盘"播出模式

2009 年，"中国之声"也改版为类型化全新闻电台，也采用格式化播出形式。改版后"中国之声"采用"版块 + 轮盘"的节目结构方式，所谓版块就是设置早、中、晚、夜四个版块，比如早间《新闻和报纸摘要》和《新闻纵横》构成早高峰版块，午间的《全球华语广播网》为午高峰版块，傍晚的《全国新闻联播》和《央广新闻晚高峰》为晚高峰版块，夜间的《央广夜新闻》和《直播中国》为夜间节目版块等。而除此之外，"中国之声"每天安排了 10 个小时的《央广新闻》，以半小时为单元，滚动播发新闻，大大提高了新闻时效，满足了听众源源不断的信息需求。在这一模式中，以半个小时为周期播出的轮盘新闻为骨架，早、午、晚、夜四大新闻版块是支柱，新闻以时间为单位循环，结构不变内容更新，重点节目镶嵌其中。一旦遇到重大突发新闻事件，立刻打破原有节目安排，开启应急直播。据时任"中国之声"总监史敏介绍，在频率播出的新闻都是最新消息，新闻滚动的更新率基本达到80%。新闻比例由过去的40%提高到75%以上。

改版前"中国之声"90%的新闻资源在历史悠久的《新闻和报纸摘要》和《全国新闻联播》里播出，而这两档节目时长所占比重不足5%，很多有价值的新闻难以及时播报，而且这两档节目时间间隔长，《新闻和报纸摘要》早上6：30播出，而《全国新闻联播》是下午6点开始，这中间发生的新闻只能等到下午6点播报，这样就延误了新闻的时效。而改版后，所有重大国内、国际新闻都能在全天任何时段播出，真正做到了"报道正在发生的新闻"。

快字当头，迅速地传递新闻，每半个小时滚动一次的轮盘新闻——"央广新闻"提供了跟进式报道的可能，节目构造具有类似轮盘的灵活性，使得任何重大新闻能随时插播。（见下图）

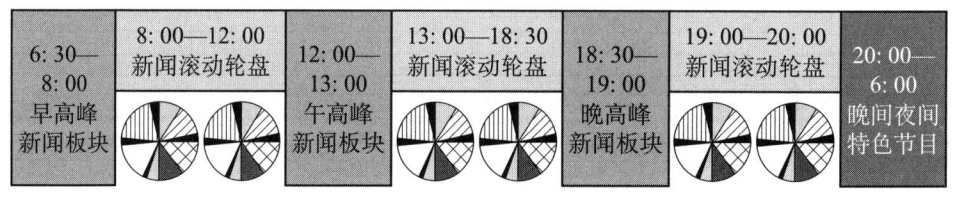

图3-6 中央电台"中国之声""版块+轮盘"播出模式图。

早、中、晚、夜四个时段单独打造版块节目，其余时段播出轮盘新闻节目——《央广新闻》

表3-17 中国之声轮盘新闻节目——《央广新闻》30分钟单元播出表。单位：分钟

整点报时大开	央广新闻开始曲	导听	综合新闻	频率形象ID	重点关注	广告一	天气	财经	节目形象ID	连线报道	广告二	体育/社会/科技	广告三
0.5	0.25	0.75	5	0.5	7	2	1	2	0.5	5	2	1.5	2

本章小结

　　本章主要研究了城市广播主体形态转型的两个层次：宏观意义上的城市广播传媒结构、中观微观意义上的节目形态。研究发现，城市广播的主体形态转型与听众转型密切相关，与社会变迁高度偕同。城市广播通过窄播化、细分化传播，在节目形态上紧跟时代、贴近需求，为节目语态的变化创造条件；从而实现城市广播从传播形态到传播方式再到传播内容的平等与贴近，最终使城市广播成为一种人本的媒介。即：城市广播形态的变迁，为其实现功能转型提供了可能。因此，本章的研究为后文对于城市广播主体功能转型的探讨奠定了基础。

第四章 城市广播的主体功能转型

城市广播与社会转型
城市广播与政治转型
城市广播与突发事件

第一节　城市广播与社会转型

一、城市广播与阶层变迁

（一）适应转型社会多阶层变化，助力阶层互动与融合

在社会转型过程中，所有制、产业结构、职业系统、社会分工的变化，都会产生新的社会结构，从而带来阶层的调整。以职业分类为基础，以组织资源、经济资源和文化资源的占有状况为标准划分当代中国社会阶层结构的基本形态，它由十个社会阶层和五种社会地位等级组成。这十个社会阶层是：国家与社会管理者阶层、经理人员阶层、私营企业主阶层、专业技术人员阶层、办事人员阶层、个体工商户阶层、商业服务业员工阶层、产业工人阶层、农业劳动者阶层和城乡无业失业半失业者阶层。[①] 还有的学者把社会阶层简单归类为三个阶层：精英阶层、中产阶层和弱势群体。

在社会阶层分化和整合的过程中，社会价值不断解构和重建，社会利益格局重新调整，社会生活方式逐渐改变，不同类型的阶层结构之间开始分化并形

---

① 陆学艺. 当代中国社会阶层研究报告［M］. 北京：社会科学文献出版社，2002.

成隔阂，市民之间的融合互动出现阻滞。城市广播作为重要的城市系统的组成部分，应主动适应听众多阶层化、利益诉求多样化、价值观念多元化的格局，充分发挥自身优势，促进阶层之间的良性互动；与社会阶层的变迁相呼应，为多层次的受众主体服务。"社会的良性运行，需要社会各个阶层的合理流动及互动。大众传媒是社会良性运行的动力传导机制，是社会阶层间合理流动和互动的必要条件；同时，大众媒体是社会信息流通的职能型中介，是社会矛盾的缓冲器，能发挥缓解各阶层矛盾，促进阶层间良好关系形成的作用。"[1] 城市广播可以为各阶层提供交流平台，缓解社会矛盾，在纷繁复杂的社会结构变迁面前，起到建构公众交流平台的责任。积极顺应多元社会的利益诉求，传播不同声音与观点，是当前媒体转型的重要方面。

（二）关注多层次听众需求，为社会公平代言

社会阶层的变迁，带来利益关系的调整。社会转型导致各个群体或个人利益诉求和表达诉求的多元化，也因此为社会发展注入了活力。这得益于改革释放了人们心中的世俗利益欲求。人们的利益欲望不再是一种禁忌，各个社会阶层都可以自由合理地追求利益，长期被体制压抑的经济自主性也被调动起来。"经济领域的多元化，进一步导致经济以外领域的多元化的出现。社会领域作为经济领域的补充与服务组织，获得了合法性，同时也获得了自主性。"[2] 但伴随利益多元化出现的，是利益的摩擦。城乡之间、国企与民营企业之间、民营企业与外资企业之间、政府机关与普通民众之间，都出现了利益的摩擦。改革实际也是在调整各个阶层和各个利益主体之间的关系。这必然会触动一些人和集团的利益，他们必然会用种种方式影响改革的方向和进程。在 2013 年年初举行的全国两会上，中共中央政治局委员汪洋表示："如果说 30 年前改革解决的是意识形态问题，那么现在就是利益问题，改革实际上就是拿刀割自己的肉"[3]。因此，由于社会上层（高层领导干部、企业管理人员、私营企业主等）掌握着较多的社会资源，是社会的强势集团，较多地影响公共决策，他们可以通过研究机构、专家学者、传媒为他们的利益代言，此时，媒体资源也成为强势精英

---

① 欧勤扬.社会转型期的阶层分化与大众传媒［J］.东南传播，2009（6）.
② 张涛甫.媒介化社会语境下的舆论表达［J］.现代传播，2006（5）.
③ 王姝.汪洋：改革就是拿刀割自己的肉［D］.新京报，2013-3-6.

集团的代言工具。媒体资源的掌控显然会直接影响到社会的话语生产。弱势群体的话语空间被压缩，无法发出自己的声音，无法争取自身的利益，处于越来越弱势的地位。因此，转型期社会阶层分化的阶段，要避免公共传媒被强势集团控制，力争实现传媒资源的相对公平分配，在大众传媒层面上为社会公平代言。

随着社会阶层的变迁，大众传播领域也出现结构分层，不同媒介为不同社会地位、不同经济水平、不同生活方式、不同社会阶层的受众服务。既有纯娱乐消遣的八卦杂志，也有代表某一阶层生活志趣的时尚读本；既有大众化的都市报纸，也有标榜为精英阶层服务的财经传媒。传媒的结构分层是满足不同阶层受众需求的体现。不过，传媒的商业化运作使其天然对"有钱有闲者"更为青睐，而弱势群体的媒体资源却严重不足，传媒出现不平衡与功能缺位。这种不平衡一是体现为报道内容上的不平衡，更多关注上层人士关心的新闻，弱势群体的信息少之又少；二是体现在媒体定位上，针对上层人士、中产阶级创办的媒体竞争激烈，针对弱势群体的媒体则难觅踪影；三是体现在媒体态度上，对"有钱有闲者"谄媚有加，对弱势群体则不断出现歧视性内容，比如打工仔、农民工、钉子户等歧视性称呼比比皆是。"符号是观念的表征，是社会的表征，而符号歧视是社会歧视的观念表征。"① 而且新闻版面与广告版面越来越密不可分，媒体变成了有特权的私人利益侵略公共领域的入口。

近年来，随着驾车人群的增多，众多城市电台纷纷将定位转向"车上人群"，一些电台出现了一窝蜂上马"汽车广播"的现象，以获得更多商业利益，这在一定程度上背离了媒体的责任。据不完全统计，目前全国定位为"汽车广播"的电台接近百家，一些城市甚至办起了多家针对私家车主的广播频率，竞争可谓惨烈。例如在成都地区，主要针对私家车司机群体的广播频率有四川交通广播、成都交通广播、四川天府之声私家车广播和成都私家车广播。在福州地区，2010 年 4 月，福建电台音乐广播改版为汽车音乐调频；同年 6 月，海峡之声旅游广播改版为汽车生活广播；随后福州电台音乐广播改为福州电台汽车音乐广播——动力 893 调频。加上原有的福建电台交通频率和福州电台交通之声，福州上空共有 5 个交通类广播频率，成为国内汽车类电台竞争最为激烈的广播市场之一。但据赛立信媒介研究统计，众多汽车广播出

---

① 张翼. 建构和谐社会与消解符号歧视［J］. 现代传播，2005（10）.

现之后，收听率和市场份额却出现下降，并没有出现业者所希望的局面。反而是新闻类频率"渔翁得利"收听率上升。因此，广播并不是一粘"移动人群"就有"黄金万两"，在"交通广播"和"汽车广播"热度不减的当下，广播人更要保持冷静与理性，才能抓住汽车时代给予广播的机遇，广播媒介也能更好承担起时代赋予的使命。

实际上，不同的频率应有不同的定位，应有不同的服务群体，既要有为驾车人群服务的交通广播，又要有为弱势群体服务的广播频率，还要有能实现多阶层听众沟通与互动的广播节目。广播的贴近性使其拥有了更多最基层的受众，这赋予了城市广播更多融合社会引领和谐的责任，广播可以为社会融合与阶层互动发挥更大作用。而且对于广播媒体来说，弱势群体接触的可能性更大，在维护弱势群体利益方面理应承担更多责任。"作为具有公共性质的社会资源，传媒应当具有最广泛的公共性，也就是说，传媒应当普遍地服务于广大人民，表达社会丰富多彩的利益、思想、文化趣味等。传媒内容上的多样性，不仅具有文化意义，而且更重要的是，这是传媒合法性、合理性、公正性的源泉"。[①]

二、城市广播与弱势群体

（一）权利表达弱化，城市广播鲜于为弱势群体说话

2002 年 3 月，朱镕基总理在九届全国人大五次会议上所作的《政府工作报告》使用了**"弱势群体"**这个词，从而使得弱势群体引起了国内外的广泛关注。弱势群体，也叫社会脆弱群体、社会弱者群体。他们是"由于生理的、自然的或社会的原因导致生存境遇和发展机会弱势的人群，他们凭借自身的能力已经很难融入社会生活，需要外界的帮助"[②]。他们"社会地位不高，可供分配的资源有限，与主流社会相比处在弱势地位"[③]。大体上说，弱势群体包括老年人、残疾人、贫困者、下岗职工、农民工、非正规就业者，以及在劳动关系中处于弱势地位的人。

---

① 戴元光．社会转型与传播理论创新［M］．上海：上海三联书店，2008：102.
② 李强．城市化进程中的重大社会问题及其对策研究［M］．北京：经济科学出版社，2009：162.
③ 顾朝林．城市社会学［M］．南京：东南大学出版社，2002：55.

弱势群体的权利应通过媒体发声、媒体报道获得更多社会关注，进而得到更好的保障。因此，弱势群体的话语权、表达权就显得尤为重要。**话语权**，即为了表达思想、进行言语交流而拥有说话机会的权利。"话语意味着一个社会团体依据某些成规将意义传播于社会之中，以此确立其社会地位，并为其他团体所认识的过程。"①话语与权利不可分，真正的权利是通过"话语"来实现的，"话语"不仅是施展权利的工具，而且还是掌握权利的关键。总体来说，弱势群体在媒体的话语权状况不容乐观。

由于媒介的使用越来越受经济因素的限制，造成不同群体在媒介使用上的差距越来越大，产生所谓"知识沟""信息沟"乃至"数码沟"现象，从而限制了社会底层人士参与政治生活、经济生活、文化生活的机会。与此同时，媒介常常像划分阶级那样按收入来划分受众群体，以吸引广告商，并生产受众的身份认同。②长此以往，社会的传播结构将出现分化，社会各阶层拥有和使用的媒体资源出现明显差异，产生传播结构的不平衡，形成传播文化的边缘化和贫困化，必然导致**"传播沟"**的形成。③

城市广播是都市媒体的重要组成部分，都市媒体所具有的一般特征也鲜明地体现在城市广播中。都市媒体具有强烈的市民化、城市化色彩，根本原因在于城市市民是广告商所追逐的消费对象，经济利益决定了这一战略定位。都市媒体希望以此定位吸引更多目标受众，再把受众注意力卖给广告商。但相对于一般的都市媒体，城市广播的受众定位又更为狭窄（按其自身的说法，是更为"精准"），我们可以听到，越来越多的频率把听众定位于车上人群，因为这个群体代表了中国最有消费能力的人群，为他们量身定做各种消费节目、娱乐节目、服务节目（修车、收藏、投资等等）；与此同时，缩减儿童节目、老年节目、残疾人节目、对农节目等对象性节目。而一些覆盖范围原本更广的电台，也向城市有车人群靠拢。比如浙江电台虽然覆盖全省，其中自然也包括地域广阔的农村地区，但该台"主频率浙江之声定位为解决车上新闻资讯那点事，交通之声定位解决车上人的交通服务信息的那点事，经济广播称为财富广播，解决车上人的理财那点事，女主播频率解决的是车上人社交的那点事，城市之声叫私

---

① 王治河. 福柯 [M]. 长沙：湖南教育出版社，1999：159.
② 单波. 现代传媒与社会、文化发展 [J]. 现代传播，2004（1）.
③ 姚君喜. 社会转型传播学 [M]. 上海：上海交通大学出版社，2008：113.

家车广播，解决车上人快乐那点事等等"①。虽然车上人群也会有一些农民、老年人、残疾人等弱势群体，但可以预见的是，针对"车上人"的节目，不会针对弱势群体开办。

受众定位"精准"化的直接影响就是内容的"窄播"化。一般都市媒体在报道选题、传播内容、设置议程的时候，会更多迎合市民阶层的趣味，甚至会直接采纳广告商的思路，迎合广告商的需要。有关弱势群体的议题越来越难以进入都市媒体的议程之中，"大众传媒的公权力遭遇了经济权力的渗透"②。

广播媒介更多地被看作一个市场竞争主体。它与报刊、电视、互联网等媒介之间相互竞争，争夺具有消费能力的听众，并吸引广告客户。对广播听众的划分和节目样态的设计大多从听众的广告价值角度进行探讨。譬如，广东电台开办了"城市之声"与广州电台争夺广州和珠江三角洲的城市听众；中央电台成立了"都市之声"与北京电台争夺市场，不外乎是对这两个一线城市广告容量的看好和广告收益的觊觎。"在这种情况下，很多时候听众被单纯地视作消费者，而非具有文化倾向性并通过媒介寻求或实现对其自身文化认同的'人'。这一方面源于广播媒介内部与其他媒介之间的竞争压力；另一方面，也表明我们对广播以及其他大众媒介的文化意义和社会价值的认识还不够深刻。"③

（二）依托"结构性"力量，提升城市广播中弱势群体话语权

从根本上来说，表达权利是维护群体利益的途径之一。社会学家孙立平认为："在一个利益分化和利益主体多元化的社会中，一个好的制度往往并不是表现为其中没有或很少有矛盾或冲突，而是表现为它能够容纳矛盾与冲突，在矛盾和冲突面前不至于显得束手无策或过于脆弱，同时，能够表现出很强的解决冲突与纠纷的能力。和谐社会绝不是一个没有利益冲突的社会，相反，和谐社会是一个有能力解决和化解利益冲突，并由此实现利益大体均衡的社会。"④因此，社会转型期改善治理的一个重要方面就是建立利益协调机制，而建立多渠

① 董传亮.车载收听环境下服务理念的再运作［J］.中国广播，2012（6）.
② 陈敏直.经济权力对都市报价值取向的影响［J］.新闻界，2006（2）.
③ 崔玺.重视当代广播的社会属性——广播节目样态创新的另一思路［J］.中国广播，2012（3）.
④ 孙立平.利益时代的冲突与和谐［N］.南方周末，2004-12-30（22）.

道的利益表达方式是这一协调机制的重要组成部分。"我们要认识到，所谓'弱势群体'并不'弱势'，长此以往，媒介歧视很有可能导致社会群体之间的冲突和对抗。"①因此，建立起相应的**利益表达机制**，是建构和谐社会的重要环节。但"不同利益主体发育的程度是不同的。这种差异突出地表现在不同群体争取自己利益的能力是非常不同的。争取利益能力的差异，尤其是表现在强势群体和弱势群体之间"②。在强势群体一方，具有了相当大的社会能量，具有影响甚至左右公共政策制定和执行的能力，而弱势群体则处在另一个极端，主要原因在于弱势群体缺少表达自己利益的制度化方式。因此，需要有外界的力量帮助这一群体提升话语权。

在中国，媒体是体制内的传播机构，"是作为一种有组织的非结构性形式在弱势群体的利益表达过程中发挥作用的"③。**非结构性**意味着对于弱势群体的报道无内在机制可循，具有"偶发性"的特点，所以如果仅仅依靠媒体自身，将很难从根本上解决弱势群体话语权的弱势状况。在媒体"事业单位管理，企业化运作"的今天，城市广播受到体制内约束的同时，经受着市场的考验，因此，单纯责怪城市广播媒体缺乏社会责任感也是不公平的，他们也处于这个两难的尴尬处境中。"一方面，中国媒体并不缺乏良心，绝大多数媒体工作者还是具有社会责任感和新闻职业道德性的；另一方面，在市场经济的环境下，成本低回报高是所有人的期望。"④这也是造成城市广播鲜于关注弱势群体，对弱势群体话语权关注呈"非结构性"的根本原因。

因此，媒体必须依赖于有组织的结构性力量的支持，才能促进实际的政策进程、利益表达与公平博弈的发展。**结构性力量**即媒体背后的控制力量——党和政府的政策规制保证，以及媒介高层管理者的重视，将使媒体对弱势群体的关注进入常态化的"有结构"状态。"'**有结构**'意味着存在切实有效的制度安排来保障公民基本权利的实现，意味着表达行为都是在'体制内'有序进行并具有很高的政治效用，意味着政治系统具有吸纳不同的要求和压力以适应变化的能力，从而保障民主政治的稳定性。"⑤显然，在体制创新方面，如何不断地

---

① 姚君喜.我国当代社会的传播失衡［J］.上海交通大学学报（哲学社会科学版），2006（3）.

② 孙立平.利益时代的冲突与和谐［N］.南方周末，2004-12-30（22）.

③ 黄典林.新闻媒介与转型期中国弱势群体的利益表达——以山西"黑砖窑"事件为例［G］//中国传媒大学第二届全国新闻学与传播学博士生学术研讨会论文集，2009.

④ 胡飞.浅论弱势群体在中国媒体中的话语权［J］.新学术，2008（2）.

⑤ 黄典林.新闻媒介与转型期中国弱势群体的利益表达——以山西"黑砖窑"事件为例［G］//中国传媒大学第二届全国新闻学与传播学博士生学术研讨会论文集，2009.

拓展体制内的合法化的表达渠道，使得各种利益主体的声音能够得到平衡、公正的表达，是提升弱势群体表达权的根本而有效的方式。提升弱势群体的"结构性"表达权，可从以下方面着手。

动用公共资源，多渠道开办涉"弱"频率与涉"弱"节目。市场向来都是"胜王败寇"的游戏场，**政府的第一合法性在于维护社会公平**。因此，要想解决弱势群体"无媒可依、少媒可用"的被动处境，政府有责任与义务，在推动媒介产业化与市场化改革的同时，动用社会资源（如刊号、频道的无偿调配，经营亏损的直接补偿，筹组涉弱媒体社会捐助机制等），"保障弱势群体能公平地占有和享用一定的公共文化资源和文化产品，以社会效益为唯一考量标准"①，采取专款专用的方式，重点支持涉"弱"媒体、节目的开办与经营。

目前，北京电台有部分专题性节目就源于政府部门与电台的合作。比如，北京新闻广播《生态北京》节目②，主要以"三农"为传播内容，以"生态"概念统领，沟通城乡。每年北京市农委赞助 30 万。不过，该台负责人说，"这点钱远远不够节目运转"。目前，该台除了这档节目已无其他类似合作，连反映人大、政协工作的《议政论坛》节目"也不给钱"。在这样的情况下，这类难以吸引广告的公共服务类节目对于频率来说就成为负担，越少越好。这两年该台先后削减了一些人口计划生育和残疾人的专题性节目。一线从业者建议，对于承担部分公共媒体责任的频率，应建立制度化的补助措施，防止"干得越多损失越大"，实现公共服务与媒体运作的良性循环。

也有不少学者建议，要从根本上解决上述矛盾，应建立**市场和公共双轨运行**的媒体管理机制，即市场化媒体以商业模式运作，而公共媒体不以广告为生存来源，依靠公共资金投入，替包括弱势群体在内的公众利益代言。**传播权力**是社会的公共资源，应为全社会所共享。如麦奎尔所说："传播既是基本的权力，那么权力的拥有与实践就必须建立在平等与多元的基础上，特别是既有结构的弱势者其权力更应该受到尊重，让人民得以参与媒介的运作。"③

当然，关于公共广播的讨论已经进行多年，可以预见的是，短期内难以建

---

① 朱清河. 场域理论视野下弱势群体媒介势弱的形成及其救助［J］. 新闻大学，2010（1）.
② 该节目在北京新闻广播（AM828、FM100.6）每周播出三次，每次半小时。
③ 段京肃. 社会的阶层分化与媒介的控制权和使用权［J］. 厦门大学学报（哲学社会科学版），2004（1）.

构这一体系。但对转型期弱势群体的关注不容迟滞，在这一背景下，作为推动弱势群体问题解决的"结构性"力量，可以主动设置议程，把媒体的"非结构性"力量纳入进来。即建立、完善涉"弱"事务政府定期发布机制，使弱势群体信息在政府议程设置的新闻源中占有重要位置，"从新闻源上确保此类新闻长期、有效、足量、保质的供给"①。

当然，从另一层面来看，即便是商业媒体也应承担相应的社会责任；国内广播媒体占据市场垄断之利，承担更多社会责任、强调更多公共职能也在情理之中。在现阶段，城市广播在传播内容上可以呼吁确立相应的法律体系，以法律的形式确保弱势群体的生存和发展，提高弱势群体的生活水平；关注养老、失业、医疗保险等社会保障制度改革的推进；广播作为信息桥梁，积极培育综合性的社会支持网络，充分调动社会各方的力量；促进弱势群体的社会参与，加强各类职业技术的培训和教育，形成市场导向的就业机制，增强弱势群体的自我脱贫能力。

广播作为一种信息传播和交流沟通功能突出的媒介，具有直达心灵的传播能力，往往能给听者以内心的抚慰，给弱者以力量，帮助都市人群（包括众多弱势者）获得身份的认同感、归属感。城市广播在促进都市多元文化交流，弥合多元族群（弱势者与强势人群，弱势群体与一般市民阶层，弱势群体之间等）隔阂等方面将有待发挥更为重要的作用。

三、城市广播与城乡互动

广播在很大程度上是靠对农广播发展起来的。"一根铅丝拉进门，家家户户广播响，大事小情要知道，大家一起听喇叭。"这段话是对上世纪 50 至 80 年代中国农村有线广播的形象描述。进入 20 世纪 90 年代，随着电视机的普及和乡镇政府体制改革，农村广播却走向了衰落甚至部分瘫痪。新时期，是否还要强调广播对于农村的作用？是否有必要加强对农广播？"城市"广播有没有必要加强对农传播？城市广播的对农传播又应该做什么？

（一）对农广播弱化，农村媒介生态失衡

上世纪 50 年代，有线广播成为农村的主要媒介。1956 年元旦，北京郊区

---

① 朱清河.场域理论视野下弱势群体媒介势弱的形成及其救助 [J].新闻大学，2010（1）.

第一个有线广播站——南苑区红星集体农庄广播站建成播音；1 月 2 日，《人民日报》发表通讯《让社会主义声音传遍田野》，中央电台向全国播发红星集体农庄广播站建成播音的新闻；到 1959 年，北京郊区的广播喇叭发展到 14 万多只，基本实现了县县有广播站，队队通广播。① 同一时期，其他地区的农村有线广播也得到大力发展，到上世纪 70 年代，农村有线广播基本达到 "村村通"。有线广播转播中央台和各地方台新闻，播送天气预报、普及农业科技知识、宣传法律法规，偶尔还播放一些戏曲节目，在资讯和娱乐匮乏的年代，这些节目深受农民欢迎。在闽西山区，有线广播成为农民生活的一部分，播音时间成为农户作息的参照时间，中午广播一响，家家户户就知道 "该做饭了"。

农村有线广播在上世纪 80 年代中后期开始出现滑坡的局面，由于广播线路年久失修，以及无线电视在农村的出现和逐渐普及，农村有线广播开始衰落。但真正对农村有线广播形成致命打击的是有线电视在农村的迅速发展。到上世纪 90 年代初，一些地区的有线广播彻底停止了运转。曾经在农民生活中扮演重要角色的广播也在闽西山区也走向衰亡，家家户户挂在房梁上的广播喇叭被淘气的孩子们偷偷拆下来，里面的磁铁成为他们手中的稀罕玩具。

广播媒介在受到电视冲击后，开始走向专业化办台，将主要资源投向了城市，内容以城市文化为主导，以城市听众为主要传播对象，以报道市民生活为主要内容，而针对农民的内容少之又少。从目前掌握的最新数据来看，我国地市级以上广播电台开办的对农广播频率约有 40 个，其中省级以上 16 个。② 仅占全国 2 400 多套广播频率的 1.7%。北京电台下属 10 个系列台，全天播音超过 200 小时，但是没有一个日播的对农节目，只有北京新闻广播设置了一档半小时的《生态北京》节目③，每周播出三次，对农节目时间占总播出时间的比例不到 1%。有研究者感叹："媒体的资源配置如频道、频率、版面、人力、物力等等，以及工作的着力点、开掘点同国情之间存在着明显错位和倒置现象，绝大多数媒体都把主要对象和市场集中在城市，虽然整个国家远未实现城市化，但媒体却单独地率先城市化了。"④

---

① 周然毅. 广电 "村村通" 建设：历史、现状和未来［J］. 现代传播，2006（5）.
② 史敏. 现代化背景下的对农广播依然大有可为［J］. 中国广播，2014（11）.
③ 这档节目以 "生态" 命名，以城市听众视角制作，主要围绕郊区农业、生态、旅游展开.
④ 张振华. 提升三个意识强化对宣传传［J］. 中国广播电视学刊，2003（4）.

城市广播对农节目萎缩，主要有如下原因：

一是考虑广告经营。虽然农村人口众多，但人均收入和消费能力远逊于城镇居民，广告经营会受影响。"大众传媒更乐意向处于社会强势地位的受众群提供信息服务，常常忽视农民受众的信息需求，从而造成了公共信息平台的倾斜。"[①]二是信号覆盖原因。由于调频技术的普及，广播信号的发射范围逐渐缩小为有限的区域。在北京，调频信号最佳的北京交通广播发射功率为 10 千瓦，基本覆盖北京六环以内区域，远郊区县收听困难。中波覆盖状况较好的北京新闻广播发射功率为 50 千瓦，但由于远郊区县地形复杂，山地较多，收听效果难以保证。三是懂"三农"（农业、农村、农民）的广播人才缺乏。广播从业者大多缺少农村生活经验，缺少对农民的真感情，缺少在农村采访艰苦程度的心理准备，因此，做出来的节目和广大农民隔着一层，很难满足农民的需求。

这直接导致广播在农村的影响逐渐降低，收听率逐年下降。有研究者对山西几个地市的农民媒介接触情况进行调查，发现广播在农村的使用频率降低，已经降至所有媒介的最末位，电视、手机、网络、报纸和广播的接触率逐级下降，分别为95%、79%、42%、24% 和7%。而在接触的电视节目中，高达70%的农民首选电视剧。[②] 在报纸和广播功能弱化的背景下，电视剧在农村大行其道。有研究者认为："在农村受众受教育程度低、媒介批判意识薄弱的前提下，电视内容模式对提高农民的媒介素养极为有害——广告时间长，实用性差，远离农村现实生活。武侠等电视剧制造的虚幻、都市剧制造的农村受众无法实现的都市欲望、战争剧等产生的媒介暴力等均不利于成年受众和青少年受众。"[③]不同类型的媒介有相对擅长的领域，过度倚重某一种媒介，将使媒介信息传播功能在农村被弱化。特别是在紧急情况下，广播快速传播信息、应对紧急事件的功能被削弱，最终导致农村媒介传播功能发挥失衡，农民成为信息传播领域的弱势群体。

---

① 陈力丹，陈俊妮. 论传媒在"新农村"建设中的作用 [J]. 当代传播，2006（3）.

② 彭惠智. 农民电视媒介的接触与使用的实证研究——以山西省晋中、运城、吕梁地区农村为调查对象 [EB/OL].（2012-11-27）[2015-08-09]. http://media.people.com.cn/n/2012/1127/c238969-19713536.html.

③ 李晶. 城镇化进程中的农村居民媒介素养——对浙江金华农村居民媒介素养现状的实证调查 [G] // "传播与中国"复旦论坛（2007）：媒介素养与公民素养论文集，2007.

（二）真正把农民当作目标听众，缩小城乡信息服务差距

作为地方广播主力的城市广播，虽然名为"城市"广播，但由于一般市辖区域除了城区之外，大部分地区为农村；还有一些地区由于城市化进程的推进，成为"城乡结合部"。因此城市广播还应适当照应农村听众的需求。

城市广播面临的对农传播难题的背后，是中国城市化进程中城市与农村协同发展的问题。全国人口中一半左右是农民，按中国国土面积平均，大约每两平方公里就有一个乡村。因此，中国的城市发展必须面对如何处理城乡关系的命题，这是城市的责任。"城市与乡村互动"曾经作为上海世博会的副主题之一备受关注，意图探寻城市与乡村的互动之路，这需要城市管理者的远见卓识，也需要更多的制度保障。基于上述理念，城市广播的对农传播不仅仅是关注农村、报道农民的问题，而是城乡如何互动、如何协调发展的问题。

1. 理念——推进城乡协调，促进城乡弥合

人们经常将城乡关系称为二元结构，这主要是由包括户籍制度在内的一系列的制度安排造成的。社会学者孙立平认为，中国的**城乡二元结构**体现为：传统农业与现代工业形成的二元经济结构、乡村社会与城市社会形成的二元社会结构，城市与乡村的地域属性划分以及"户籍制度"壁垒形成的"农民"和"市民"两种不同社会身份的群体。伴随机会和福利的失衡配置，两个群体的差距逐渐拉大。[①] 因此，"三农"问题实质是城市与农村发展不同步问题，结构不协调问题。从根本上来说，要实现城乡协调发展，就要破除城乡二元的制度根源。城市广播从业者需要从推进城乡协调、促进城乡弥合的高度上看待"三农"问题，获得一定的政策把握能力和问题分析能力，为农村发展、农民致富，本质上也是为城市发展、城乡协进鼓与呼。

2006 年 5 月 30 日北京新闻广播（AM828/ FM100.6）播出报道《农民"种房"》。报道关注的是：在城乡二元结构下，农民土地被大量出租或开发，希望以多盖房获得拆迁补偿的方式获得保障。[②]

广播专题：农民
种房

---

① 孙立平.重建社会——转型社会的秩序再造［M］.北京：社会科学文献出版社，2009：267.

② 该报道由记者连新元、林俐采制。

2006 年 5 月 18 日北京新闻广播播出报道《南辛堡村土地确权调查》，从土地问题入手，关注农民的切身利益。①

广播专题：南辛堡村土地确权调查

2. 意识——平等姿态对话，实现传受互动

长期以来，一些媒体在报道农民时，站在城市人角度，以一种俯视的姿态面对农民，以猎奇的心态展现他们的伤疤。从报道内容上看，对农民的报道内容相对固定和集中，分别是欠薪问题、治安问题、生活问题等。②在叙述方式上，媒体采取了高度类型化的叙述方式，产生了高度类型化的公共形象，最频繁的形象是"受难形象"和"负面行为者形象"③。因为视角的局限，城市媒体对农民的报道在表现出一定的人文关怀的同时也表现出一定的歧视和排斥。"在这种报道模式中，农民始终是报道对象，农民之外的群体才是受众，农民被排斥在受众群体之外。"④

通过传媒弥合城乡差距，让农民追赶上现代化的脚步，需要大众传媒通过报道开阔农民的视野，传播对农民有用的信息，以农民的话语方式说服他们接受新信息，将农民从报道对象转化为报道的接收者。而要以先进的文明去作用于农村，首先要放低传播者自身的姿态，使农村与城市平等互动，从而改变城乡信息流向不平衡（农民从作为被报道对象流出信息变为受众接受流入的信息）和农村话语权缺失的问题。

嘉兴广电集团城乡生活广播有一档对农节目——《阿秀嫂的家常话》，该节目以"关注、帮助、引导"为服务宗旨，和农民朋友拉家常、说故事、讲政策、谈农技、话致富，融"贴近性、服务性、可听性"为一体。每天一个主题，通过阿秀嫂和一位虚拟的年轻姑娘阿华（或阿红）的对话，以拉家常的方式，将新闻、政策、信息、服务融为一体进行传播。栏目中的阿秀嫂不仅同虚拟的农家姑娘聊话题，还把与村民、村干部、乡村农技员等现场交谈音响穿插其中，使阿秀嫂鲜活生动地走进千家万户。⑤该节目之所以受到农民欢迎，最根本的原因在于把农民当朋友，以农民的视角看问题，以农民的语言做节目。

① 该报道由记者连新元采制，获 2007 年度中国新闻奖三等奖。

② 雷涛. 媒体农民工报道内容分析［J］. 中国科技信息，2005（11）.

③ 李艳红. 一个"差异人群"的群体素描与社会身份建构：当代城市报纸对"农民工"新闻报道的叙事分析［J］. 新闻与传播研究，2006（2）.

④ 陈力丹，陈俊妮. 论传媒在"新农村"建设中的作用［J］. 当代传播，2006（3）.

⑤ 中国广播 2009 年第 2 期对该节目进行了专题介绍，本案例资料主要来源于该期杂志。

另一个例子来自于 86 年前的河北定县实验电台。1930 年，世界广播事业还在起步阶段，中国广播事业更是处于草创时期。而这时候，在中国北方的一个小县城里却出现了一家专门面向当地农民的广播电台，这就是由中华平民教育促进会总会在河北定县开办的定县实验电台。其传播内容与方式呈现出鲜明的对象化特点，传播过程则体现出传受双方的互动性特征。一切从农民出发，一切为农民着想，做农民们的良伴和向导，是定县实验广播成功的秘诀所在。定县电台在开播之初，工作人员就预设了这样几个问题：何种节目的内容是农民需要的？何种播送的方法能使农民充分了解？怎样使农民增进接受无线电教育的能力？怎样使性别不同、年龄不等的听众都产生兴趣？怎样使农民在听讲之后能应用于日常生活？[①] 这些办台的理念和经验今天看来仍然有很强的借鉴意义。

3. 方式——形式多样活泼，满足多种需求

城市广播的对农节目，既要定位准确，也要贴近农民，还要形式新颖、多样活泼，在首先满足农民听众需求的基础上，兼顾城市听众，使节目成为城乡听众交流、沟通、达成共识的平台。

城市周边的农村，大多已经实现了农业产业化、都市化，不少农村还开办乡镇企业，所以对这些农民来说，需要更多的是信息，包括政策信息、农产品需求信息、就业信息、致富信息；还需要对拓展农业产业有启发性的观点和建议。而对不少市民来说，随着休闲时间的增加，也迫切需要获知一些有趣好玩的去处；甚至可以为有富余资金的市民提供投资渠道，实现资金和项目的对接。对农节目可以充分利用这个平台，为城乡听众服务。

当然，农村听众的信息需求远不止这些。城市广播应抓住城市化这一社会大背景，抓住主要问题，应时应景地为农民提供服务。比如，拆迁政策解读、征地补偿法规宣传、"新农合"保险指导、劳动权益保障、农村养老问题等；甚至还可以把广播节目塑造成一个空中大课堂，为农民提供技术培训，为获得拆迁补偿款的农民普及理财知识……"显然，媒体不能仅满足于一般的沟通消息，而要成为改变农村落后观念意识的理性力量。信息的效益不是永恒的，观念的变革才具有长效性。"[②]

城市广播还可以设置话题，请城乡听众走进直播间，讨论热点问题，真正

---

① 宫承波.中国第一座对农广播电台考［J］.现代传播，2005（3）.

② 陈力丹，陈俊妮.论传媒在"新农村"建设中的作用［J］.当代传播，2006（3）.

把广播节目办成城乡沟通、增进融合的平台。当然，也可以把直播间搬到田间地头，或者带市民品味农村风情，或者解决生产中遇到的难题，让城乡听众变被动收听为主动参与，从而增加节目对听众的"黏合度"。

另外，农村的乡土文化极为丰富，充满魅力；同时，一些农村的传统文化活动由于缺少年轻人参与，正面临逐渐消失的境地。城市广播的对农节目可以办成一个农村文化的大舞台，领着城里听众到农村感受乡土风情，也可以协助农民成立相关文化团体，更好地传承传统文化。

（三）制定农村战略，对接城乡发展

随着农村经济体制和生活生产方式的变化，农民获得空前的生产自主权和生活自由度，农村基层组织服务农民的手段、渠道却越来越少。作为农民了解村务的重要渠道，以及发展农村民主政治、应对农村突发事件的手段，农村广播有待重新焕发青春。目前，全国不少地方都在力推"广播村村响"工程，通过广播辅助，政府对突发性自然灾害、疫情等公共事件的应急处置能力大大增强，能够迅速动员各方力量展开施救。广播因此成为政府的特殊工具，广播以宣传的开放性和被动收听这一鲜明特色，成为诸多媒体中的特色传媒。

在北京，目前已经有门头沟、昌平、密云、延庆4个区县17个乡镇的300多个行政村完成了有线广播建设。按照方案，乡镇设广播站，行政村设广播室，定期为农民播放节目，可以实现转播、自办广播节目以及召开会议、应急插播、远程电话遥控开机等功能。其中，"远程电话遥控开机功能"可以利用手机发布信息，广播接收系统通过遍布全村的室外音箱向村民播出，这在农村尤为重要，特别是遇到恶劣天气等紧急情况时，村里的负责人无法第一时间赶到广播室，可以远距离实施遥控，将可能避免灾害中的人员伤亡和财产损失。

而浙江省一些地市的农村广播战略启动得更早。浙江省湖州市农村有线广播"村村响"工程于2009年在全市所有乡镇、行政村全面实施。各乡镇均建立了广播站，各行政村建起了广播室，75%以上的行政村实现了有线广播联网，有线广播农户收听覆盖率达到100%。基于此，建起了以转播上级广播电台节目为主，区、乡镇和有条件的行政村插播自办节目的框架；形成了农村基层组织

应急广播和日常广播相结合的广播网络，基本实现了全区农村有线广播"村村响"。建立和完善了"区广播电视中心——乡镇广播站——村广播室"三级有线广播网络体系。[①]新农村有线广播为政府建立农村应急指挥管理平台提供了最佳通道。

这说明广播在农村大有可为，城市电台与农村广播有广阔的合作空间，需要城市广播打破"城市"框框，把拓展农村市场作为发展的一环。以北京来说，政府主导的"村村响"工程，硬件到位了，音响和调音设备都安装好了，但软件并没有跟上，到底拿什么播出？什么节目才是农民爱听的？各区各乡镇莫衷一是，少有人提出建设性意见。城市电台此时能否放下身段，与各区各乡镇合作开发节目？从另一个角度来看，京郊农民生活逐渐富裕，各项产业也向都市型发展，农村听众其实也是值得挖掘的"含金量"很高的受众群体，通过城市广播市场化的运作，相信能收获双赢的局面。

实际上，早在 2006 年，天津就成立了一个"区县广播联盟"，天津电台利用节目资源和主持人资源联合天津 11 个区县电台共同打造的一套新农村广播节目，把原来各区县的"散兵游勇"组合成了一支富有活力的"正规军"，每天播出 18 个小时以"三农"为主要内容的节目。其中，除两个小时由区县电台制作外，其他节目由区县广播联盟制作。该广播频率目前是天津节目辐射范围最广、收听人群最多的广播频率，创收已过千万。该联盟作为一个跨行政级别的专业化广播联营形式，具有体制创新价值、经营创新价值和战略创新价值，具有借鉴意义。

当然，要改变农村媒介生态失衡的局面，政府和媒体要担起各自的责任。对媒体来说，对农传播是一个长期战略，短期内很难收到效益，所谓"投入高、周期长、回报低"[②]，政府要认识到媒介传播的平衡对于农村的重要性，并着力改变农村的传播现状，对媒体提供优惠政策和扶持措施，从而吸引媒体将资源投入到农村，改善农村信息传播的被动局面。就广播媒体来说，应加强有线广播的网络维护；加强媒介素养的教育，提高农民平衡使用媒体的能力，特别是通过媒体获取信息的能力。

---

① 周雪芬，刘钢.农村有线广播"村村响"工程的实践与思考——以浙江省湖州市吴兴区为例［J］.中国广播，2012（8）.

② 赖浩峰.农村传媒生态失衡研究——"江西省农民致富与传播状况"调查后的思考［J］.当代传播，2005（1）.

第二节　城市广播与政治转型

中共十六大提出，要"不断促进社会主义物质文明、政治文明和精神文明的协调发展，推进中华民族的伟大复兴"。具体来说，**政治文明**指人类社会政治生活的进步状态和政治发展取得的成果，主要包括政治制度和政治观念两个层面的内容。《中国大百科全书·政治学卷》指出，政治文明表现为：1. 在最大程度上发挥人们的政治积极性，使更多人能参与国家政治生活；2. 为实现共同的政治目标，人们有充分的机会表达自己的意见；3. 在维护社会公共秩序中，最大限度地保护人民的正当权利；4. 在政治生活中，人们尤其是政治领导者表现出良好的政治品德。① 因此，政治文明本质是一种回归主体性的文明，它强调每一个公民都拥有参与管理国家事务的权力。传播对于政治文明和社会民主的促进主要表现在："促进信息的公共流动、监督社会道德和社会秩序；对社会与社会结构进行批判；为大多数人提供表达意见和参与的平台；促进社会整合，增强社会的凝聚力。"②

广播有利于理念传播、舆论形成、共识达成，这使广播成为极佳的交流公共事务的平台，在建构舆论场、满足公民表达权、促进公民社会形成、达成政治文明转型方面有着难以替代的作用。

一、报道内容基于城市又高于城市，体现公共性

信息传播是政治社会形成的前提。传递信息是媒介的重要功能之一，而只有有效传递信息，政治社会才能形成；通过信息传递形成的公开透明的政治环境也成为政治文明的前提。因为"政治行为的动机是基于价值判断的，价值判断不仅受到政治意识的支配，而且还受到主体能够掌握的相关信息的制约，能够得到全面、客观的资讯，是主体做出准确判断的前提，大众媒介正是相关资讯的提供者"③。正是基于此，有学者认为，实现政治文明除了要严格限制国家

① 张昆 . 媒介发展与政治文明［J］. 新闻大学，2006（3）.
② 姚君喜 . 社会转型传播学［M］. 上海：上海交通大学出版社，2008：156.
③ 张昆 . 媒介发展与政治文明［J］. 新闻大学，2006（3）.

权力、保护多数人基本权利之外，更重要的是保障公民的知情权能够落实。①从法理上来看，现代政治文明社会，为了保障公民的知情权，有必要限制或切割公众人物的一部分隐私权，保证整个国家机器在透明公开情况下接受公众的监督。同时，对于政治系统本身来说，其有序运行的前提条件之一也是信息传播的及时和准确。

因此，城市广播不应仅仅满足于碎片化、快餐化的资讯传播，应在公共事务上为增加公民的知情权努力；在信息纷扰的社会中，发出理性的声音、传播建设性的意见；为下情上达、沟通交流提供渠道；同时，为公民监督政府、参与社会治理提供可能，为公众参与公共事务创造机会。

2008 年 6 月 20 日，北京电台新闻广播《记者视线》节目播出报道《"阳光政府"背后的公民力量》。报道中说：《政府信息公开条例》从 5 月 1 号起实施，到现在已经一个多月了，短短一个月，已经有不少市民向相关政府部门提出了信息公开的申请。其中有向国家林业局提出公开华南虎照片鉴定信息的郝劲松；有向北京市交通委等部门了解机场高速公路收费情况的三位北大教授；还有向北京市公安局要求公开养犬管理费用信息的普通市民陈育华。他们的行动，成为推动"阳光政府"建设的公民力量。②

广播专题：阳光政府背后的公民力量

城市广播的听众主要是城市市民，可以从市民关心的问题入手，报道与市民息息相关的交通、治安、文化、民生等问题；也需要报道社会运行、政府执政、社会风尚等"大"问题。实际上，不管是与市民息息相关的民生问题，还是政府与社会的运转问题，都可以归结为影响我们每个人生存、发展的公共问题；城市广播通过报道、分析、争论的环节，抽离出其中的公共性，其实就是在日常关注的事件中培养市民的公共意识，在不知不觉中通过每一次节目建构一个公共舆论场。当然，城市广播的传播内容也不应仅仅局限于城市，应是大范畴意义上的公共事务，比如国家事务、全社会的关注热点等等。"不能仅仅关

---

① 廖圣清、张国良、李晓静在《论中国传媒与社会民主化进程》(《现代传播》2005 年第 1 期)一文中认为：实现政治文明应当着重抓好以下问题：一是增加透明度，保障公民的知情权能够落实；二是严格限制国家机关的权力，保障公民自由行使民事权利；三是重新审视民主的内涵、在遵从大多数人意志的基础上，切实保护少数人的基本权利，防止以民主的方式对少数人实行专制。

② 该报道由记者连新元采制，获 2009 年北京新闻奖一等奖。

注事件本身的报道，还要帮助公众看到事实背后潜在的社会问题的根源；不要只关注极端，关注反常；对有关政治争论的报道，应该重视争论的内容而不是热闹的技巧；要培养公众的思考能力。"①

美国学者在 20 世纪 90 年代初提出了**"公共新闻"**（public journalism）理论。斯坦利·巴兰等人认为公共新闻（public journalism）的定义是——积极地让受众参与报道重要公民事件的新闻实践，有时也称为公民新闻（civic journalism）。②"其特点是新闻报道与媒介活动相结合，新闻传播者在报道新闻事实的同时，还以组织者的身份介入到公众事务中，发起公民讨论，组织各种活动，寻求解决问题的对策，使公共问题最终得到解决。"③其核心是将受众视为公民。这需要媒体以更积极的姿态，更强的社会责任感介入社会生活，同时发动听众参与关注与讨论，从而实现关注公共事件的目的和意图：逐步推动公民社会的生成，逐步推动现代社会的转型与政治文明的进程。

二、以互动和参与建构城市广播公共话语空间

20 世纪 60 年代，德国人哈贝马斯在其著作《公共领域的结构转型》④中首次提出**"公共领域"**（public sphere）的概念。哈贝马斯认为：国家和社会之间可以存在一个公共空间，为公民提供交流公共事务的平台。近年学界对于公共领域进行了进一步的解读。所谓公共领域，首先是指我们的社会生活中的一个领域，某种接近于公众舆论的东西能够在其中形成。在每一次私人聚会、形成公共团体的谈话中都有一部分公共领域生成。当公民们以不受限制的方式进行协商时，他们作为一个公共团体行事——也就是说，对于涉及公众利益的事务有聚会、结社的自由和发表意见的自由。在一个大型公共团体中，这种交流需要特殊的手段来传递信息并影响信息接受者。今天，报纸、杂志、广播和电视就是公共领域的媒介。当公共讨论涉及与国务活动相关的对象时，我们称之为

---

① 庄永志.下一个十年，转引自朱羽君，高传智.瞭望之路——中国广播电视新闻改革研究课题报告［M］.北京：中国传媒大学出版社，2008：95.

② 斯坦利·巴兰，丹尼斯·戴维斯.大众传播理论：基础、争鸣与未来（第三版），曹书乐，译.北京：清华大学出版社，2004.

③ 蔡雯.美国新闻界关于"公共新闻"的实践与争论［J］.新闻战线，2004（4）.

④ 哈贝马斯.公共领域的结构转型［M］.上海：学林出版社，1999：46.

政治的公共领域，以相对于文学的公共领域。①

声音传播的便捷、隐蔽、即时等特性赋予了广播媒体在信息传播和谈话沟通方面的优势。充分发挥城市广播的谈话平台，架设起空中的沟通桥梁，形成政府与民众的良性互动，努力达成正面的社会效果，既推动百姓自身具体问题的解决，也监督与推动政府工作的开展。恰恰"哈贝马斯所说的'公共领域'中的'公众'是一个互动的概念，绝非是静止的、停滞不前的被动接受者或是旁观者。西方新闻理论界著名的'**霍尔模式**'提出了一个重大问题，即意义不是传递者'传递'的，而是接受者'生产'的。"② 即：通过城市广播的信息传播、开放讨论，让听众参与进来，或者提供线索，或者发表观点，或者提出建议，实现传受互动、公共事务参与者之间的互动，从而形成良性循环，推动公共领域的形成。

参与节目的市民基于对涉及自身问题的关心，自觉自愿自由地参与节目；而城市广播对于参与节目的市民，以及涉及的事务是有筛选的，这些事务不是仅仅涉及个人的鸡毛蒜皮的小事，而是具有更普遍意义的、涉及和影响更多人生活的事件；这种把关使讨论的事务本身具有公共意义，当事件当事人和利益相关方主动参与进来，他们就不再仅仅是媒介信息和观点的消费者，而是社会事件的参与者；进而成为公共舆论形成的推动者。不做旁观者，积极参与社会事务，是公民社会形成的条件之一。在这个基础上，对话是理性的、平等的、积极的，为实现对话的成效奠定了基础。"只有当个人意见通过公众批判而变成公众舆论时，公共性才能实现。所谓**公众批判**，是指公民任意通过媒介表达对公共事务的意见；所谓**公众舆论**，是指某种意见成为社会普遍一致的看法。无论是公众批判还是公众舆论，都要以媒介为载体。"③

当前由于大众传媒的公信力下降，自媒体等新兴人际传播手段的出现，使大众传播的"公共领域"话语缺位，**"口头式"社会批判文化**占上风④，极易导致小道消息的流传以及谣言的泛滥，使社会批判滑向非理性和负面，从而形成对社会的不信任感。因此，有必要强调社会主流传媒的话语建构和舆论引导功能。

在这一过程中，城市广播成为社会和政府之间的**"中间领域"**，使社会各阶层达成沟通与对话，促使公共意识的形成，缓和社会矛盾，成为解决社会各阶

① 展江.哈贝马斯的"公共领域"理论与传媒［J］.中国青年政治学院学报，2002（3）.

② 任金州，卞清.增强公共性和服务性，进一步开放"公共话语空间"——中国电视新闻改革的"公共领域"建设构想［J］.现代传播，2006（1）.

③ 刘行芳."和谐社会"语境下媒介功能再认识［J］.现代传播，2006（4）.

④ 姚君喜.社会转型传播学［M］.上海：上海交通大学出版社，2008：100.

层冲突的平台，形成社会协同、公众参与的"公共话语空间"，促进公众积极参与社会生活，和社会、政府形成互动，缓解各种矛盾、增进社会和谐。

三、发挥"热线理政"节目优势，打造公众与政府对话"直通车"

自上世纪 90 年代中期以来，全国广播媒体中的舆论监督、理政服务类栏目遍地开花。目前，已有多家省级电台、地市级电台开办了这类栏目。尽管各电台此类栏目的侧重点各异，名称也不尽相同，但有一个最大的共同点就是都在承担并履行着政府与公众之间的桥梁、纽带职能。因此这类热线栏目受到政府和公众的普遍欢迎。

广播的热线互动栏目兴起于上世纪 80 年代中后期，珠江经济台开创的主持人直播模式，与听众热线电话互动是一大特点。1990 年，深圳电台率先开办新闻时政类热线节目《深圳事大家议》，广播新闻节目开始引进"热线"。随后，上海东方广播电台、上海人民广播电台、北京电台新闻广播等电台先后开办热线类节目。这一阶段的热线类节目，注重节目与听众的互动，但缺少与政府的互动；也就是说，注重把听众作为新闻线索的提供者和参与节目的观点发表者；这与目前流行的"阳光热线类"节目有所不同。

热线类节目兴起十年之后，到上世纪 90 年代中后期，"热线理政（或称阳光热线、行风热线）"类节目开始兴起。1997 年 9 月，邢台人民广播电台在早间新闻直播版块"黄金 60 分"节目中开辟了"行风热线"栏目，全市 20 个与群众生产、生活密切相关的政府部门和窗口行业的负责人，每月定期、定时轮流到电台直播室与群众直接对话，为群众排忧解难。这一做法在社会上引起了强烈反响，群众称它是"真正的人民电台"，是"让老百姓说话的地方"，是"空中政府"。以邢台电台《行风热线》节目为代表，这一阶段的热线节目开始与政府部门合作，形成联动机制，把政府部门负责人请到直播间，现场与听众互动，一方面解决听众的具体问题；另一方面，也表明政府部门接受监督的态度。因为得到政府的支持，"阳光热线类"节目逐渐形成一股热潮。

2002 年 6 月 3 日河北人民广播电台开办《阳光热线》，节目定位于"舆论监督类热线直播节目"。每天早上 7：30—8：00，河北省政府直属的 54 个部门的负责人轮流到直播间，现场接听听众电话，解答政策咨询，受理投诉。到 2006

年年底，《阳光热线》"先后有9位省领导、500多位厅局领导1 100多次走进直播间与广大听众直接交流；为群众解决各类实际问题1.1万多个，退赔执行不合理资金两亿多元，听众满意率达到98%以上，每次拨打节目热线的都有1万多人（次），被有关领导和专家誉为'新闻改革的一面旗帜''党委、政府通过媒体施政的典范'"。①

几乎是同一时期，2003年，黑龙江新闻广播与黑龙江省纠风办在每周六的早7点到8点，开办了以"直接听取群众呼声、主动接受社会监督、密切党群干群关系、真诚解决群众疑难"为宗旨的《行风热线》节目。随后，哈尔滨、齐齐哈尔、牡丹江等全省13个主要地市电台也开办了这类节目。至此，"热线理政"类节目蔓延至全国，形成中国广播"阳光热线现象"。

2005年3月1日，北京城市服务管理广播开播，该台主打节目是《城市零距离》，北京市政府各委办局、各区县一把手每年定期做客直播间，解答听众问题；同时该台还开办一个《市民热线》节目，听众可以随时拨打电话反映问题，再由专门人员整理汇总之后反馈给北京市委督查室，由该部门协调解决。为了保证上述节目和办台模式的运转，北京市委督查室还派出一名干部任北京城市服务管理广播的副台长，负责电台与相关政府部门的协调工作。②

下面是全国开设的部分热线理政类节目和电台列表：

表4-1 全国部分"热线理政"类节目名单

电台	节目	电台	节目
河北电台	《阳光热线》	山西电台	《政风行风热线》
湖北电台	《政风行风热线》	广东电台	《民声热线》
北京电台	《城市零距离》	广西电台	《政风行风热线》
湖南电台	《为民热线》	内蒙古电台	《行风热线》
天津电台	《行风坐标》	重庆电台	《议政论坛》
辽宁电台	《民声》	四川电台	《政风行风热线》
吉林电台	《政行风热线》	云南电台	《金色热线》
黑龙江电台	《行风热线》	陕西电台	《秦风热线》
江苏电台	《政风热线》	甘肃电台	《政风行风热线》

---

① 杨兴盛，王广文. 架设"阳光施政"的连心桥——河北人民广播电台《阳光热线》的创新之路［J］. 新闻战线，2007（1）.

② 2014年该台改版为城市广播，主打市民服务，原有的《市民热线》节目被撤销，《城市零距离》节目也变成季播节目。政府与电台的合作有所弱化，导致相关节目出现调整。热线理政类节目有赖于政府部门的重视与配合，否则，这种模式是不可持续的。

续表

电台	节目	电台	节目
浙江电台	《阳光行动》	青海电台	《政风行风热线》
安徽电台	《政风行风热线》	宁夏电台	《百姓关注》
江西电台	《政风行风热线》	新疆电台	《新广行风热线》
山东电台	《阳光政务热线》	武汉电台	《行风连线》
河南电台	《政府在线》	沈阳电台	《连心桥》
大连电台	《行风热线》	哈尔滨电台	《环境与行风建设热线》
青岛电台	《行风在线》	宁波电台	《阳光热线》
厦门电台	《新闻招手停——行风热线》	深圳电台	《民心桥》
长春电台	《政风行风热线》	成都电台	《梁军热线》
济南电台	《政务监督热线》	杭州电台	《民情热线》
西安电台	《行风热线》	南京电台	《政风热线》

阳光热线类节目的出现是适应时代发展的产物。经济发展、体制变革带来诉求多元化、矛盾尖锐化。一方面，民众的诉求需要有表达的空间，矛盾也需要有调解的机制；另一方面，面对纷繁复杂的社会问题，政府机构也需要有协助疏解的第三方机构，而且也需要新闻媒体作为耳目喉舌及时传递社情民意。广播媒体适应这一需求，发挥自身优势，推出节目以沟通化解矛盾与误解。"广播在诸多类型的媒体中，是方便百姓获得话语权的首选媒体。让百姓最大限度地参与到广播中来，不仅是实现广大市民与广播节目相结合的最佳方式，也是发挥广播特长，以媒体为平台促进民主建设和社会和谐的有效途径。"① 以对话弥合对立，以积极态度面对问题，一改过去舆论监督节目对立式的采访方式，"变揭发批评为直接质询，变一锤敲击为长期追踪，变被监督者戒备畏怯为开门纳谏，使对立式的监督变为对话式的服务"②。因此，有观点认为，这类节目是密切干部群众关系的"连心桥"、解决社会矛盾的"减压阀"、加强政风行风建设的"监督岗"、提升党和政府形象的"展示台"。③

城市广播在推出类似节目时，也是与听众一起建构本地的"议事厅"，使广播频率成为公众议论大事小情、关注自身利益、关切社会发展、关心政府履职的公共论坛，"当听众听到主持人和本地听众的对话时，所有听众在那一刻都成

① 陶津.三结合草扎根——谈城市管理广播如何实现传播功能 [J].中国广播，2007（3）.
② 洪秀琴.行风热线热邢台——邢台电台的成功尝试 [J].采写编，2000（1）.
③ 袁志红，周为筠."投诉热线"在建构和谐社会中的适用度 [J].今传媒，2006（8）.

为节目的一部分。这是一种会场效应，也是一种公共议事厅效应，许多广播热线理政节目就是在内容和形式上创造了这样的一种场域。广播为本社区成员提供沟通和交流的机会，这是一项重要功能"①。总之，广播因为具有伴随性、参与性、互动性、时效性、隐蔽性等特性，在社会转型期矛盾多发的背景之下，广播节目不仅传播着党和政府的声音，不仅仅是喉舌，而且还发挥优势，成为公众与政府对话的平台、社会矛盾的解决机制、多元诉求的协调场所、社会和谐的安全阀门、公众实践民主参与的话语平台。

随着新媒体的发展，热线理政类节目应拓展参与渠道，听众可以通过微博、微信、论坛反映问题、参与互动；从而拓宽节目的参与入口，在更大层面上服务市民，增加此类节目的透明度和参与度。还可以通过节目的运作、听众的监督、新媒体受众的关注，督促相关问题的解决和相关政策的落实，提升节目的有效性。

第三节　城市广播与突发事件

一、广播传播特性与突发事件报道

国务院发布《国家突发公共事件总体应急预案》中规定，**突发公共事件**是指"突然发生，造成或者可能造成严重社会危害，需要采取应急处置措施予以应对的自然灾害、事故灾难、公共卫生事件和社会安全事件"。根据社会危害程序、影响范围等因素，突发事件可分为特别重大、重大、较大和一般四级。突发事件主要包括：自然灾害、事故灾难、公共卫生事件（传染病疫情、食品安全等）、社会安全事件（恐怖袭击、大规模群体性事件等）。② 在重大突发事件中，断水断电；特别是在灾难现场的人们，在大部分媒体失去作用的情况下，难以接触到外界信息。"危机发生的突然性与破坏性越大，人们心中的恐惧就越大，如果政府不能及时、真实地传递信息，随时有可能出现公众情绪盲动、恐

---

① 邓炘炘.类型化新闻广播模式与传播策略［J］.中国广播，2009（3）.

② 叶皓.政府在突发事件处置中的舆论引导［J］.现代传播，2007（4）.

惧，社会秩序出现一时失控的状况。"① 广播的优势与作用因此得以突显。

（一）广播收听的灵活性

广播收听的灵活性使身处灾害现场的人们能够方便收听。2012 年 7 月 21 日，61 年来最大暴雨袭击北京，城区多处积水断路，房山区成为重灾区。受灾群众主要包括两部分人：城市中的移动人群，以及房山等远郊区县的居民。对于前者来说，广播是最佳的移动接收媒体，特别是对于车上人群，收听广播更为便利。而受灾的远郊居民面临着断水断电断路，有线电视网络和通讯网络也遭到破坏，受灾群众无法接触报纸、电视，理论上来说，只有广播可以突破诸多障碍，给他们带去急需的信息。

北京 "7·21" 特大自然灾害发生后的一周内，北京新闻广播对此报道力量加大，主要节目都与此相关。这一周该台收听率有所上升，市场份额由日常 8% 左右上升到 10% 以上。②

而在 2008 年 5 月汶川地震发生时，除了广播之外的所有大众媒介在灾区几乎都失去了作用，广播成为人们获取信息的重要渠道，根据赛立信媒介研究公司的调查，此次地震有超过一半的（53%）受访者主要通过广播了解相关情况，这个比例远高于报纸（35%）和手机信息（13%）。同时，调查还显示，在汶川地震发生以后不到十天时间里，有 76% 的受访者有收听广播（包括通过网上收听广播），这一比例较平时收听广播的听众比例高出 16.8%（2007 年全国广播接触率为 59.2%）。③ 同样的情况出现在自然灾害多发的日本。2004 年 10 月 23 日，日本新潟县中越地区发生了 6.8 级强烈地震，这是日本近十年来最严重的地震。地震发生后，当地的广播收听率急剧上升，平时广播的收听率为 4.16%，地震后广播的收听率上升到 13.18%。④

---

① 廖金英，谢太平．优势与困境：广播与危机传播——从 "5·12" 汶川地震报道说起 [J]．新闻世界，2009（4）．

② 该数据来自央视索福瑞。数据显示，从 2012 年 7 月 22 日—7 月 28 日一周，北京新闻广播市场份额为 10.047%。

③ 廖金英，谢太平．优势与困境：广播与危机传播——从 "5·12" 汶川地震报道说起 [J]．新闻世界，2009（4）．

④ 张彩，曹璐．重大灾害事件中的日本广播——从 "广播救了灾害大国日本" 谈起 [J]．现代传播，2008（2）．

（二）广播报道的机动性、快捷性

广播报道方式的机动性、灵活性使广播记者可以迅速发回第一现场的新闻报道。广播制作灵活、成本较低，可以随时改变节目播出计划；同时，记者可以非常便捷地使用手机实时发回报道。"广播传输系统使它能在战场、灾难性天气中完成信号的传送和接收，从而使广播现场报道具有较强的机动性。广播的低成本、高速度、移动性、伴随性，更有利于特殊新闻现场条件限制下的连续报道。"①

实际上，传播速度最快捷的应该是互联网，接下来才是广播。但互联网的权威性往往德备受怀疑。广播在快捷与权威之间找到了平衡点，而且广播素有**"比电视快 30 秒"**之说，2004 年对伊拉克战争报道中，中央电台率先报道战争，比中央电视台快了 8 分钟。在汶川地震报道中，广播又比电视快了 5 分钟。② 而快的目的不在于这短短几分钟，而在于这几分钟给听众带来的安定感，给政府赢得的救援时间，以及给社会营造的稳定秩序。权威媒体的快捷，会自动屏蔽很多谣言与是非。因为在突发事件发生时，公众对信息的饥渴性造成信息的"先入为主性"，"大众对信息如饥似渴，饥不择食。这时谁先发布消息，大家都会蜂拥而至、洗耳恭听，而且往往对信息会不加分析与怀疑，即使是以讹传讹也深信不疑"③。

（三）广播声音传播具有生动传神的优势

这一优势使广播可以生动传递现场状况；而声音的一元传播，又能使收听更具专注度，避免画面的渲染与干扰；广播具有"诉诸听觉的专一性优势……让听众能在第一时间内，避开众多信息干扰，获得此刻最重要的信息"④。同时，对于受灾群众来说，电视画面的渲染往往使他们陷入对灾难的恐惧与忧伤不能自拔，相比之下，广播无疑更具人文色彩。这与报道水平无关，而与媒介与生俱来的特性有关。2005 年第 2 期的日本知名广播电视专业杂志 *Galic* 曾这样描述过："当地震发生时，当地电台立即向被困在新干线里的乘客进行了广播：

---

① 黄良奇. 广播在特殊新闻现场报道中的优势及发展前景 [J]. 新闻记者，2008（6）.

② 廖金英，谢太平. 优势与困境：广播与危机传播——从"5·12"汶川地震报道说起 [J]. 新闻世界，2009（4）.

③ 叶皓. 政府在突发事件处置中的舆论引导 [J]. 现代传播，2007（4）.

④ 黄良奇. 广播在特殊新闻现场报道中的优势及发展前景 [J]. 新闻记者，2008（6）.

'救援工作正在有序展开，虽然停电导致停车，请您不要惊慌，耐心等待，朋友们加油、加油。' 很多被困乘客听到广播后都哭了。这说明当灾害发生人们处于慌乱不安的状态时，广播里的一句话可以成为激发他们的重要力量。"①

（四）节目的互动性，使广播更为贴近和贴心

广播是灾难中贴近、贴心的 "我的媒体"。广播互动手段随着通讯技术的发展不断革新，从热线电话到手机短信，从论坛互动到微博留言，再到新近出现的 "微信" 参与节目，广播为听众提供了多样化的互动渠道。这种 "多渠道互动传播模式，明显地改善了广播传播的单向性，使传统广播这一大众媒介兼容了传受互动的交流功能。这既有利于及时回馈传播效果，又极大丰富了传播过程中的信息流量，降低了广播的信息搜寻成本，满足了各方需求"②。这一点在灾难发生时尤显重要。一方面，听众可以把自己在现场看到的情况告诉电台，比如，在北京 "7·21" 特大自然灾害发生过程中，听众与北京电台新闻广播、交通广播节目实时互动，提供积水路段、断路路段的情况，这些信息对其他听众的重要性不言而喻。另一方面，电台可以通过互动了解听众的需求，包括信息需求、情感需求，使节目能实时跟着听众需求走，使广播最终达成 "我的媒体" 的目标。"这种多向度 '互动沟通、即时反馈' 的报道，是电视、互联网在特殊新闻现场报道中难以做到的。"③

广播的上述特性，使广播在突发事件报道中的优势得以突显。而由于广播的一贯表现，也在听众心目中形成灾害发生时首选广播的印象。这一点，在广播业发达的灾害大国日本体现得尤为明显。2005 年日本著名的媒介调查公司 Video research 进行了一个 "灾害与媒体" 的调查。其中对地震中 "最初接触的是哪种一媒体" 的回答是：广播 71.16%，电视 15.16%。对 "灾害发生一周后，你用哪种媒体来收集与灾害相关信息" 的回答是：广播 90%，报纸 57.18%，电视 56.19%。调查结果明确显示：灾害发生时 "最值得信赖的媒介是广播"。④

---

① 张彩，曹璐．重大灾害事件中的日本广播——从 "广播救了灾害大国日本" 谈起［J］.现代传播，2008（2）.

② 潘力，陈婷．交通广播成为突发事件应急主力军——5·12 汶川大地震中交通广播表现的思考［J］.中国广播电视学刊，2008（7）.

③ 黄良奇．广播在特殊新闻现场报道中的优势及发展前景［J］.新闻记者，2008（6）.

④ 张彩，曹璐．重大灾害事件中的日本广播——从 "广播救了灾害大国日本" 谈起［J］.现代传播，2008（2）.

二、广播媒体与重大突发事件应对

重大突发事件中，广播应成为信息的集散点、议程的发源地、感情的共鸣箱。

（一）建构应急信息的集散点

在国内，新闻媒体既是党和政府的喉舌，又是百姓利益的代言人。在重大突发事件的情境下，广播媒体要在传播政府权威信息、满足听众信息需求之间建构一个信息的集散点，使政府和公众在电波中实现沟通，达成对灾害认识的一致性。媒体在突发事件中积极面对真相，发布及时、客观、公正的消息，让权威的声音占据公众的意见市场，便有可能消除公众对突发事件的各种误解，维护社会稳定。美国学者费姆·邦茨说："一个有效的传播不仅能减轻危机，还能给组织带来比危机发生之前更为正面的声誉，而低劣的危机处理则会损伤组织的可信度、公众的信心和组织多年来建立起来的信誉。"[1]

美国社会学家 G. W. 奥尔波特和 L. 波斯特曼在《流言心理学》中提出了流言的传播规律：R（流言流通量）＝ I（问题的重要性）× A（证据的暧昧性）。[2] 从这个公式可以看出，重大突发事件中，如果权威信息不能及时发布，谣言就会加倍流通。因此，"在突发事件传播中，最可怕的不是记者抢发新闻，而是记者抢发的不是政府发布的新闻。谁第一时间发布新闻，谁就掌握了舆论的主动权"[3]。从这个意义上说，突发事件中，传媒报道与民意诉求之间呈现"合作"关系。此时传媒应坚持以"提供信息"为首要任务。[4]

作为党和政府的喉舌、百姓利益的代言人，媒体需要在各方利益中找到平衡点。但政府信息缺位时，需要以自身的报道力量将客观、全面的信息传递给受众；在公众选择相信谣言时，要以事实和理性的分析加以引导。在这次"7·21"特大自然灾害中，北京电台多个频率快速启动了直播节目，此时，直

---

[1]　张斌.试论突发公共事件的媒体应对［J］.东南传播，2009（2）.

[2]　同上。

[3]　语出自上海市政府新闻发言人焦杨。张斌：试论突发公共事件的媒体应对［J］.东南传播，2009（2）.

[4]　张自力.突发公共卫生事件中的传媒报道与民意诉求——以"苏丹红事件"为例［J］.新闻大学，2005（4）.

播节目就成为灾害信息的**"集散点"**。首先，有记者从市防汛办了解到的最新降水情况和积水情况，交管局指挥中心提供的路况信息；还有多路记者在暴雨现场、积水路段发回的现场报道；同时，听众通过手机短信、热线电话、微博留言等方式发来的现场情况，成为直播节目最鲜活的内容之一；而广播节目搭建的互动空间，使听众提问、听众互助、权威解答成为可能，成为一个多方互动的信息集散地。

成功的先例是中国之声 2008 年年初在南方冰冻灾害中的特别节目《爱心守望，风雪同行》。节目搭起了信息整合平台，数以万计的受困听众尤其是长时间滞留在路上的听众通过电话、手机短信等方式反映问题、寻求帮助，电台积极协调、配合各级政府部门进行紧急救援，解决受困群众的实际困难。直播期间，电台与公安部门沟通，在拥堵严重的河南、陕西、湖北等 11 个省的执勤交警中，选择了 100 多人担任交通信息员，随时提供交通路况服务及相关信息。交通部将有关省份交通厅路政人员及收费站工作人员的电话悉数提供给电台，供电台 24 小时咨询、协调有关工作。对于严重拥堵路段，特别节目第一时间连线交通信息员，现场为听众解疑释惑。公安部政治部宣传局派驻干部全天到编辑部工作，随时协调各地公安交警解答听众问题、帮助受困司机。①

汶川地震发生后，电话、手机、网络、电视和报纸全部瘫痪，广播成为灾区唯一能够接触到的信息源，此时，广播不仅承担了媒体功能，还承担沟通信息的通讯功能。在中国之声特别直播节目《汶川紧急救援》中，部队救灾指挥部利用广播发布命令，民众利用广播寻亲觅友，救援人员利用广播了解彼此动态……该台还专门开辟了《寻亲纸条》和《平安纸条》栏目。前者是打听亲人下落的，后者则是报平安的。两个栏目"播出了上千条寻人与报平安的消息。小小纸条进入广播，借电波极大地扩大了传播的广度和速度"②。

阿比创公司的总裁 Steve Morris（史蒂夫·莫里斯）将"9·11"危机中的广播电台称为"地球村中的咖啡屋"③，因为通过连线，大家可以在广播电台这一平

① 魏胜利，侯永生.爱心守望风雪同行——记中央人民广播电台抗灾救灾特别直播节目[J].新闻战线，2008（3）.
② 王求.应急报道中国家电台的职责坚守与功能拓展[J].中国广播电视学刊，2008（6）.
③ 曹璐.广播新闻理念与实务创新研究[M].中国广播电视出版社，2007：289.

台上自由地交换信息。这种危机中的连线节目在某种意义上也成为连接听众与救助部门的通讯平台。特别是在重大突发事件发生后，许多救助部门的电话线路因过于繁忙而无法正常工作，广播电台的电话连线节目可以通过广播将求助者的信息传达到相关部门。

东京的几家大广播电台制定了一系列危机管理措施。如：一旦演播室里的地震仪显示震级为 3 或 4 级以上，则立刻在广播中播送地震信息，随后迅速电话采访气象局、交通部门、警察局等部门。为了在紧急事件播报中不慌乱，他们日常就备好届时需要的若干采访部门、负责人的电话，建立灾情报道和防灾减灾网络。有的电台与社会的服务机构联手，力求在第一时间获取灾害事件信息及后续报道信息。为建立灾情信息收集系统，有的电台建立了"出租车防灾报告人制度"和"美容美发店防灾联络制度"。有的电台在一些单位和学校建立安全信息服务系统，并通过移动通信运营商提供"灾害专用留言板服务"等方式及时播放灾情信息。①

因此，建构广播节目**"信息集散点"**的关键在于多方互动：与听众互动，"通过短信等互动平台迅速准确地解决群众遇到的困难和麻烦，提高广播与听众的互动可能性"②；力争与政府部门取得互动，及时把权威信息以最快速度传播出去，同时，力图把听众的疑问和困难转给政府部门，以获得及时救助，而这往往关乎生命；与记者互动，记者在新闻现场了解的情况除了能给听众提供参考，还是政府部门抢险救灾的重要依据。

通过多方互动，发挥广播的组织功能，引导救灾；通过开放式的互动直播，发挥贴身媒体的作用，服务受灾群众。"发挥广播媒介声音传播多元内涵的听觉文本优势：即时、同步、跟踪、滚动、多元参与、多方连线等，在直播开放的'时间版面'中，得到了接近极致的放大。"③因此，有媒介研究者把广播称作社会"整合媒体"④，广播担负着"现场指挥、社会动员、信息传递、社会整合"等多种功能。灾难发生时，能迅速整合各个部门通力救灾。

---

① 张彩，曹璐.重大灾害事件中的日本广播——从"广播救了灾害大国日本"谈起［J］.现代传播，2008（2）.
② 毕冬梅.从突发事件报道看广播的发展［J］.新闻世界，2009（9）.
③ 曹璐.重大灾害中广播应急机制的建构与凸显——中央电台中国之声《汶川紧急救援》特别直播听觉文本解读［J］.中国广播，2008（7）.
④ 栾轶玫.建立"紧急广播"国家系统——兼议国家电台在汶川地震中的表现［J］.视听界，2008（4）.

2012 年 11 月 3 日到 4 日，北京遭遇"冬半年"历史最大暴雪，4 日 3 时，北京首次发布最高级别的红色暴雪预警。西部、北部山区交通受阻，大量车辆滞留在京藏高速。北京新闻广播启动应急直播，整合部队、政府等多方信息，为救援提供支持。

特别直播：迎战入冬首场雪，用爱温暖回家路

（二）成为防灾减灾救灾议程的策划和实施平台

对于突发事件中的民众来说，首要的需求就是了解关于事件的信息，在知晓信息的基础上，还有更进一步的信息需求。根据学者 Thelwall（塞沃尔）和 Stuart（斯图亚特）的研究，在大规模突发灾害事件中，在了解信息的基础上，受众还有**"运用信息"**的需求，见下表：

表 4-2　突发事件中受众运用信息的需求情况[①]

需求	满足需求可能使用的方式
将灾害或危机事件作为一个谈论话题进行讨论	交谈
进一步提供信息或告诫他人	电话、交谈、公告、海报、媒体
提供灾害或危机的有效解决方案	紧急救援行动，避免类似灾害再次发生
其他小规模的使用	政治辩论

而大众传媒的重要功能之一就是议程设置，该理论认为大众传播虽然不能决定人们对某一事件或意见的具体看法，但可以通过提供信息和安排相关的议题来有效地影响人们关注哪些事实和意见，以及他们谈论的先后顺序。大众传播可能无法影响人们怎么想，却可以影响人们去想什么。在灾后舆论引导和议程设置上，传统媒体应有更大作为。特别对广播来说，根据前述受众运用信息的需求，充分发挥自身优势，建立"空中舆论场"，把广播节目打造成"议程发源地"。

1. 发挥广播动员功能，让民间力量参与救灾

在 2012 年北京"7·21"特大自然灾害中，民间救援力量发挥了重要作用：主动赴机场接送滞留旅客的"双闪车队"、京港澳高速上救下 100 多人的农民工群体、赴房山运送救灾物资的国安球迷……直播节目可以实时关注这些民间团

---

① 雷蔚真，王天娇.新媒体在重大灾害性突发事件中得应用——以汶川地震中的信息需求与运用为例［J］.国际新闻界，2008（4）.

体的动向，并提供适当引导：提醒参与救援的注意事项，告知灾区急缺的物品，提供可以为灾区给予帮助的方式，让民间组织与政府部门形成合力等等。

2. 普及防灾自救知识，引导舆论，稳定民心

暴雨过后，关于汽车涉水被淹的话题一时成为热点，广渠门悲情司机的遭遇让驾车群体人人自危[①]，以至于之后只要预报下雨，路面车辆就锐减。网络上流传多种遇险破窗的方法：高跟鞋敲击、铁锤击打、头枕撬窗等多个版本；但究竟哪种方法有效，怎样操作正确，网友众说纷纭。有媒体请专家进行了试验，将正确方法告知市民，在贴合市民需求的同时，也在安定民心。类似的知识包括涉水车辆的保险理赔、遭遇险情时的自救知识等等，灾害发生后的一段时间，也是普及防灾知识的最佳时机。

3. 设立话题，让听众参与讨论，满足公众表达权

灾害发生之后，对于灾害原因的思考，对应对措施得当与否的追问，是一个健康社会对待灾难应有的姿态；如果灾难中出现了人员伤亡，追问与反思更是对于亡者的安慰，也是避免悲剧再现的前提。所谓"天灾难挡，人祸可绝"。因此，作为最广大人民利益的代表者，党和政府理应鼓励公众参与追问和反思的讨论，在公众表达中寻求理性的建议，改进自身的应对措施，提高突发事件防范和处置水平，以期提高行政管理水平。当然，表达权的前提是知情权和监督权——"就是要将突发事件的处置过程置于媒体和公众的监督之下，让公众了解政府及其相关部门、单位的有效作为是否符合其职责要求和公共利益"[②]。

4. 如果说上述措施是针对灾区之外的听众，那么，灾后节目的议程设置，还要针对灾区听众特别设计

因为在很多情况下，"广播成为灾区民众唯一的媒介环境亦即全部的媒介环境。对灾民个体而言，除简单的面对面的人际交往和视力所及、脚力所至获得的直接感受外，其绝大多数的所知、所感均来自广播"[③]。节目中应告知救援的进展、救灾物资的领取方式、获得救助的渠道、重建的方案、避免次生灾害的知识、卫生防疫的常识等；同时，灾区往往容易流传各种流言，要用客观事实、

---

① 7月21日晚，市民丁志健驾车经过广渠门桥下时，迅速上涨的积水把车淹没，但由于熄火无法打开汽车门窗，丁志健不幸在车中溺亡。

② 曹劲松. 突发事件报道的议程设置及引导［J］. 传媒观察，2009（8）.

③ 王求. 应急报道中国家电台的职责坚守与功能拓展［J］. 中国广播电视学刊，2008（6）.

理性分析有针对性地进行回应，让他们获得安定感，从而维护社会的稳定，为救灾重建，以及尽快恢复社会秩序提供支持。

5. 另外，在灾后议程设置时，要特别注意处理好"正面"与"负面"关系

传统新闻宣传观念认为，灾难是**"负面"**新闻，而好人好事、感人事迹就是**"正面"**新闻。但现代舆论环境已经发生了巨大变化。只报所谓"正面"新闻，或者规避"负面"新闻，并不一定能带来预想的效果。

2012 年北京"7·21"特大自然灾害的报道实践已经充分说明这一点。7 月 21 日灾害发生之后，7 月 23 日北京市政府即号召市民积极捐款，向灾区人民奉献爱心。当《北京市政府紧急呼吁向灾民捐款》的新闻见诸某网站的瞬间，就引来几万条的"骂声"，赞同响应之声几乎可以忽略不计。按照以前的经验，灾害发生之后，"一方有难，八方支援"，媒体也就转向了对种种感人事迹的"正面报道"；但这一经验为何不管用了？因为公众对知情权、监督权、表达权的认识提高了，在信息不明、灾情统计还处于模糊状态，甚至死亡人数都不确定的情况下，公众并不认为自身的上述几项权力得到尊重，官方号召捐款的做法，被很多人解读为转移视线，引起强烈反弹也就不足为奇。

这时，我们发现，官方认为的**"正面"**新闻已经产生了负效应；而如果能提供有关灾难本身的更多信息，也就是传统认为的**"负面"**新闻，反而能产生正效应。

因此，灾后议程设置，出发点和立足点都应该是公众的知情权、表达权与监督权；违背规律的舆论引导，只会作茧自缚，给社会舆论生态带来破坏性影响。

（三）成为听众情感的"共鸣箱"，营造积极健康社会心理

广播节目要唤起听众情感的认同，实现灾区内外的心灵共鸣，为听众提供感情支持，前提条件是了解灾后不同群体的情感需求。

1. 做受灾群体的定心丸、减压阀

按照马斯洛的需求分层理论，人的需求分为生理需求、安全需求、从属与爱的需求、被尊重的需求以及自我价值实现的需求等五个层次。如前文所述，对受灾群体来说，在节目中告知救援的进展、救灾物资的领取方式、获得救助的渠道、重建的方案、避免次生灾害的知识、卫生防疫的常识等，主要是在生

理需求层次上提供基本信息。

安全层面的需求，除了提供上述信息之外，还应提供心理抚慰。研究显示，"处于紧张状态的人对声音有异常的敏感"①。广播通过即时的报道使人们减少恐慌，产生心理安全感。"危机时分便于携带的收音机所传出的声音可以让受众感到精神上的依托，觉得在突发事件中社会的运转还在正常进行，一些帮助性的提示又给了听众克服危机的希望和启示。"②

阿比创公司在调查中发现，在"9·11"事件发生后，相对于其他新闻媒体而言，广播电台直播、互动的传送方式与直达心灵的内容载体对受众的心理会产生更大的抚慰效果。接受调查的受众提出的理由包括：

"音乐胜过医疗。"

"（电台帮助）你的生活维持常态。"

"（电台）使我觉得（我）是这个共同体的一部分而且与其他人保持着联系。"

"（通过电台）我可以听到人们畅所欲言。"

"（电台）让你感到不孤单。"

"我很高兴可以摆脱电视而收听音乐。"

"（电台）可以使你忘却危机而回归常态。"③

2012年7月21日，随着雨量的升级，北京电台交通广播和新闻广播先后启动突发事件报道预案，并开始长时间的特别直播，两台直播一直持续到下半夜一点多。直播内容包括记者现场连线、政府部门应对状况、听众即时反馈的现场情况、求助信息等等。直播中充分运用了短信、微博的功能，尤其是通过很多认证的官方微博搜集信息，比如北京消防、首都机场、天气预报等。"便捷高效的连线互动传播方式使得广播电台能够在遭遇危机的受众中建立更为密切的人际关系……随时随地的电话连线可以将更多的受众联系在一起。人们更愿意在电台的广播中听到自己亲朋好友的声音，同时也愿意倾听与自己处于同样境地的其他听众的所思所想。"④这样能让听众消除孤独感，产生集体归属感。当他发现，同样遭遇的人还有很多，而且大家都在积极应对的时候，内心就会

---

① 王宇.论公共突发事件中广播应急媒体的特殊作用［J］.现代传播，2008（4）.

② 曹璐.广播新闻理念与实务创新研究［M］.北京：中国广播电视出版社，2007：288.

③ 同上.

④ 同上书，289页。

平静安定很多。

除了传递有效、实用信息之外，编辑还有意在直播中突出"正能量信息"，比如微博、短信传递的暴雨中的感人事件、大家帮助大家的温暖信息，向听众传递信心。这些信息包括自发赴机场接送滞留旅客的"双闪车队"、发微博主动提供休息场所的市民、守井盖的环卫工人、游泳救人的警察、站在水里当标尺的交警，以及牺牲的燕山派出所的所长等。

心理学家勒庞认为，在危急时刻人群的思想和感情通过暗示和相互传染而进入情绪化的集体无意识状态，这种情绪的爆发常常隐藏着强大的破坏性，容易冲动、失控而导致许多群发性事件。在这种情况下，"从感情及其激起的行动这个角度看，群体可以比个人表现得更好或更差，这全看环境如何。一切取决于群体所接受的暗示具有什么性质"①。在灾害发生孤立无援的情况下，广播就成为受困群体的信息环境的唯一建构者，成为唯一的心理安慰者和媒介按摩者。

2008 年年初在南方冰冻灾害中，中国之声特别节目《爱心守望，风雪同行》邀请专家在节目中对滞留路上的司乘人员进行心理疏导，减轻他们在特殊条件下的心理压力，增强他们战胜困难的信心和勇气。利用夜间节目进行心理疏导，减轻受困群众的心理负担、缓解他们的焦虑与不满情绪。同年 5 月在汶川地震报道中，该台推出心理干预和心灵抚慰类节目，帮助灾区民众渡过难关。主持人走进病房，与地震中受伤人员聊天，疏导不良情绪；还特别推出了《同在星空下》栏目，为灾区情绪紧张的孩子们提供心灵抚慰；经济之声推出了《彩虹行动》栏目，携手百名权威心理专家，全方位支持灾区群众和抗震救灾相关人员重建心理家园。② 种种措施，意图在于让受灾群体感受到关爱，让被爱的需要得以满足，因灾难产生的不良情绪会缓解很多。

另外，音乐有巨大的力量，能舒缓紧张情绪，也能唤醒人们心中沉睡的能量。因此，不同专业电台应有不同分工。过去我们往往认为，灾难发生之后，播放音乐节目与整体气氛不相符，因此采取并机直播的方式，音乐频率的节目被新闻频率的节目覆盖。但不同听众有不同需求，只要有利于灾后社会秩序的

---

① 韩鸿，莫尚凝．突发灾害中广播媒体的功能分析与问题反思——以 2008 年南方风雪灾害中《爱心守望 风雪同行》特别节目为例［J］．国际新闻界，2008（4）．

② 魏胜利，侯永生．爱心守望风雪同行——记中央人民广播电台抗灾救灾特别直播节目［J］．新闻战线，2008（3）；王求．应急报道中国家电台的职责坚守与功能拓展［J］．中国广播电视学刊，2008（6）．

恢复，有利于激发人们心中的"正能量"，何种节目类型其实并不重要。就音乐节目来说，灾难发生时也可以有不同的做法：可以适当插播一些重要灾情信息，提请听众注意；还可以选择不同以往的音乐，用积极向上的旋律陪伴灾难中无助的人们；主持人应比往常增加说话密度，结合音乐氛围为听众打气。音乐节目编排既体现积极应对突发灾难的理念，也要总体维持常态框架，传递社会运转"一切正常"的积极信号。

2. 成为社会情感协同的共鸣箱

麦克卢汉曾经说："广播有力量将心灵和社会变成合二为一的共鸣箱。"① 所谓**共鸣**，《现代汉语词典》的基本解释是：物体因共振而发声的现象；引申意义是：由别人的某种情绪引起的相同的情绪。广播成为社会情感协同的共鸣箱有两个条件：多种丰富声音的存在，以及通过宣传引导实现声音的共振，从而实现共鸣。

在灾难发生时，广播通过直播平台，汇聚各方的声音，这些声音经过电台节目这个"共鸣箱"的共振，传递出层次丰富而又协同有力的奏鸣曲。灾难发生时，广播发挥"整合媒体"的功能，动员各方力量参与救灾。同时，给受灾的人们传递积极信息，鼓励他们走出困境。灾难过后，广播进行深层次的心理疏导；协助政府进行危机管理，营造逐渐正常化的社会氛围；引导公众以建设性的姿态对灾难进行追问与反思。

协助公众在灾难中实现个人不同需求层次的满足，从基本生理需求，到安全需求，到爱与被爱的需求，再到被尊重的需求和实现自我价值的需求，广播可以依据不同阶段的需求特点，对节目进行有针对性的设计。特别是面对严峻的灾情，不少听众都希望在救灾和重建中施以援手，实现自己在其中的价值，广播可以利用自身深入社区的影响力，对这股力量进行引导，让受灾群众和他们实现对接。

因为广播的便于参与，使这只共鸣箱容量很大；因为广播的伴随性特点，使这只共鸣箱无处不在。共同的情感体验、共同的价值取向、共同的理想信念，形成声势、形成合力，形成引领并推动社会进步的积极的、主流的舆论力量。②

---

① 曹璐.广播新闻理念与实务创新研究［M］.北京：中国广播电视出版社，2007：66.
② 王求.应急报道中国家电台的职责坚守与功能拓展［J］.中国广播电视学刊，2008（6）.

三、重大突发事件与政府应急广播建构

这个问题有三个角度需要探讨：广播媒体自身的应急机制应首先完善，应急反应须迅捷而成熟；广播媒体应发挥自身能动性，扩大广播影响，培养民众运用广播的媒介素养；前述两个问题得以解决，才有可能实现第三个层面的推进，即：重大突发事件中，广播成为政府应急机制的重要一环。前两者是前提与基础。

（一）广播媒体应急机制有待完善

以 2012 年北京 "7.21" 特大自然灾害的报道为例，北京广播媒体整体表现尚可，但改进空间也很大。

1. 应急反应相对滞后

北京交通广播反应相对较早，直播节目《一路畅通》提前到下午 3 点开始，到晚上 10 点才结束（日常为下午 5 点开始，7 点结束）。但下午 5 点以后雨势变大，城区和周边高速开始出现大量积水，路况信息却出现了滞后。京港澳高速 17.5 公里处，在晚 6 点半左右，900 多米的低洼路段开始积水。因前车故障而陆续被堵塞于此处的上百车辆，开始处于危险之中。但由于信息滞后，不少车辆还在通过收费口驶进高速。至 8 时左右，水已涨至部分小轿车车窗。近两百名车主、乘客弃车涉入洪水，试图走向高地。据官方事后公布的调查结果，此段路后来平均积水约 4 米，最深处达 6 米，淹没 127 辆车，3 人遇难。据附近村民说，这一带的雨是上午 11 点左右开始下的。[①] 也就是说，交通部门和广播媒体有充足时间了解情况，并及时发出预警。但缘何出现信息滞后？是交管部门的信息不准，还是交管部门与交通广播沟通出现问题？或者是交通广播的信息采集出现盲点？同样的情况还出现在城区，由于信息不畅，几十辆私家车在多个积水路段抛锚，甚至还发生广渠门桥一司机溺亡的悲剧。

我们无意苛责某家媒体，严峻的灾情背后，或许有很多部门更需要问责；但当听众在灾难中锁定了某一频率，是因为这家媒体的一贯表现让其信任，此时更是生死相托。因此，媒体应及时总结不足，亡羊补牢，以绝后患。

① 谢海涛等. 京港澳高速水祸调查二：祸从何来？ ［EB/OL］.（2012-08-03）［2013-09-21］. http://china.caixin.com/2012-08-03/100419403.html.

美国传播学家梅尔文·德弗勒提出的**"媒介依赖论"**认为，社会发生重大变化，情况不明时，公众常常急于通过媒体了解事实真相，而且依赖性明显增强。[①] 广播市场的领导品牌应该经得起听众的依赖与托付，这也是巩固其品牌的途径。

2. 应急响应机制有待完善

北京新闻广播是"7·21"灾情报道的主频率，但回顾此次报道，我们发现，报道初期，也就是最考验应急响应机制灵敏度的初始阶段，编辑、记者基本处于自发状态。记者肖佳佳是所有媒体中第一个前往北京市防汛办采访的，因为她"看了一下中国天气网上的雷达云图，知道会有特别大的雨，吓死了"，赶紧直奔市防汛办；记者霍玥晚上 7 点左右看到雨越下越大，作为跑交管局的记者，她坐不住了，开车扎进了滂沱的大雨中……虽然记者也与各档节目进行了连线报道，但缺乏统一协调与组织的报道，难以形成合力，也难以在频率中形成整体；记者之间、记者与编辑之间也就难以形成配合与协作。这种状况在晚上 9 点启动特别直播之后得以改善。

广播消息：北京
**7·21 大暴雨记者
霍玥现场连线报道**

广播消息：北京
**7·21 大暴雨记者
肖佳佳音响报道**

应急机制不只包括涉及报道的采访、编辑部门，重大事件发生时，应该全台一盘棋运作。后勤部门的调遣要到位，避免出现记者乘坐公交车来回往返郊区与城区耽误宝贵时间的情况。"媒体的应急机制需要包括机构设置、应急预案、报道流程、保障措施、效果评估等多个部分。电台要建立应急指挥领导小组，在突发事件发生时能够第一时间对事件进行评估，准确判断、快速反应。还要对编辑、记者、主持人加强日常训练和培养，关键时刻才能做到既能独当一面，又能协调配合。在节目播出方面，要实现滚动直播的常态化，使广播频率编排变成随时可以打断正常节目进行插播的开放的时间版面。"[②]

---

① 王宇.从汶川大地震报道看广播灾难报道的理念和视角［J］.中国广播电视学刊，2009（2）.
② 王宇.关于发挥广播灾害应急媒体功能的几点思考［J］.科技传播，2009（3）.

3.强化专业培训，提高记者的灾害报道水平

以北京为例，这里干旱少雨，也没有大江大河，因此给人以错觉：北京一般不会有大灾大难。但查阅历史资料①后发现，北京地区由于地形复杂，历史上发生的自然灾害不仅次数难以统计，而且种类繁多，包括地震、泥石流、暴雨、洪灾、旱灾、沙尘暴、高温热害等。这些灾害中，尤以旱灾、水灾和地震给北京造成的破坏最大。

在这次"7·21"特大自然灾害发生之前，北京除了多年干旱，的确没有发生过大的灾害，所以记者、编辑对灾难的认识明显不足。大灾来临时自然缺乏经验，也缺乏心理准备。

这次报道暴露出记者欠缺北京地理知识和灾难报道素养，电台应定期组织全体员工演练；记者还要在日常工作中注意储备资源，包括信息源和专家资源。

（二）广播应主动提升公众对媒介的近用能力

1.广播应在远郊区县回归

房山是此次暴雨的重灾区，但洪水来临，房倒屋塌，人员伤亡之时，受灾群众发现：断水断路断电不说，因为通讯线路被毁、有线电视网络遭到破坏，信息也遭遇阻隔，房山已经成为真正的"孤岛"。我们要问的是：此时，广播媒体去哪儿了？

如前文所述，广播媒体因为机动、灵活、便携，在很多重灾区都是唯一媒体。但这次暴雨报道，广播却在重灾区失语，不能不说是一种遗憾。记者在灾后第二天进入房山区时，这里已经满目疮痍，惨不忍睹。虽然此时的房山重灾区成为主要报道对象，但由于灾民很少收听收音机，他们无法感受到救援的力量，也无法知晓外部世界的关爱，还有人不知道如何领取救灾物资，他们的失望与绝望可想而知。

这其中固然有政府基础设施投入的问题，但受众媒介使用习惯的养成，以及受众媒介素养的提高，却是媒体在日常工作中日积月累的结果。今日房山之状况，是北京广播多年重视城区收听市场、侧重车上收听群体，忽视远郊覆盖与收听的必然结果。

最近十多年，是北京广播发展最迅速的阶段，从市场影响，到广告收益都

---

① 罗保平.北京历史上的自然灾害［J］.前线，2009（3）.

获得瞩目成绩。但这一轮发展是以锁定城市收听群体，特别是有车族为基本策略的；在远郊农村，虽然2007年年初，北京就宣布实现了广播电视村村通①，提前四年完成了国家"十一五"规划目标，走在了全国前列。但实际情况是，各方在意的是电视的覆盖，广播似乎可有可无；同时，覆盖与落地也是两个概念。一方面，大部分农民家中没有收音机，早已没有收听广播的习惯；另一方面，广播节目中已经难寻与三农有关的节目；政府也有意无意忽视了广播的作用。

其他因素暂且不论，广播媒体应首先从自身找原因，除了开办对农节目培养收听习惯之外，要把更多地面活动做到农村；重大灾害发生之后，因为"常用的媒介基础设施往往会被破坏，公众不能寻找正确的信息渠道重新组织自己的信息环境，因此往往不知所措，造成更大混乱。这需要媒体能为公众提供一些灾变处理知识和正确的媒介使用方法，以提高公民的媒介近用能力"②。广播要利用这个契机，让远郊区县听众增强对广播的认识，提高他们利用媒体的能力。对广播媒体来说，这也是一次让听众重新认识广播，推动广播更好发展的时机。"在媒介的依赖形成过程中，受众会根据自己的目标和利益驱使而形成不同的媒介依赖系统组合，并对特定媒介产生不同性质的依赖关系，从而习惯性而非主动性地接触媒介。因此，每一次突发事件都是公众重新调整和建立媒介依赖的时机，对于媒体来说，则是一次植入受众新的媒介依赖结构、树立自己的公信力和社会影响的良机。"③

汶川地震时，由于各级广播媒体的突出表现，灾区出现广播热。从普通百姓到救援大军再到地方和军队领导，凡有收听条件的，都在收听；而且收听时间长、忠诚度高，很多人几乎全天候收听。汶川地震后，为灾区捐赠、配发收音机也成为热潮。中央军委为救援部队配发17万台收音机，中宣部和国家广电总局捐赠10万台，中央电台捐赠1万台，广电总局还为灾区临时调度8个中短波频率，扩大和增强中央电台节目覆盖，足以说明广播对灾区民众的重要和必要。依赖广播、信赖广播、对于灾区人们而言，广播成了他们生活的向导、工作的帮手和精神的支撑。④

① 北京市提前实现广播电视村村通工程［N］.北京日报，2007-1-10（2）.
② 韩鸿，莫尚凝.突发灾害中广播媒体的功能分析与问题反思——以2008年南方风雪灾害中《爱心守望 风雪同行》特别节目为例［J］.国际新闻界，2008（4）.
③ 同上.
④ 王求.应急报道中国家电台的职责坚守与功能拓展［J］.中国广播电视学刊，2008（6）.

2. 城市台应与远郊区县台形成联播网络

"四级办广播电视"的政策使各区县都有隶属政府的广播电视机构。在重大突发事件情况下，可以探索与区县广播电台实现联播，从而使广播向基层更深入渗透，扩大应急广播的影响力。区县广播电台对当地情况有更深入的了解，覆盖也更为到位，可以作为市台的有力补充；而且，区县广播隶属政府，在应急情况下，可以通过区县台掌握更多政府资源，扩大信息来源。

不过，正是由于区县电台有自身的行政隶属关系，阻碍着这种业务合作的开展。但一旦突破了这种行政级别的藩篱，将给广播的业务拓展带来更广阔的空间，也将给突发事件的应急传播、给救灾救援创造条件。

3. 政府应把广播纳入应急反应机制之中

2008 年南方冰雪灾害和汶川地震之后，业界纷纷建议要将广播纳入国家应急机制之中。但四年后的北京"7.21"特大自然灾害发生之后，广播媒体并未受到特别关注与重视，广播在灾难中的特殊作用也没有完全发挥。直到 2017 年 5 月，北京交通广播才被纳入北京市应急救援体系之中。

政府部门对广播媒体认识不够。今天，各媒体的特色已经越来越鲜明，各媒体所处的生态位也越来越明晰。宣传主管部门应看到这一变化，在掌握各媒体传播规律的基础上，在重视程度上一视同仁，在管理方式上区别对待。今天，已经不存在传统意义上的强势媒体与弱势媒体。在特定情况下，所谓弱势媒体会转化为绝对强势媒体，比如灾难中的广播；平日为人们所关注的强势媒体，也会英雄无用武之地，比如电视。但显然，即使在突发灾害时，过去广播媒体也被当作可有可无的弱势媒体。在这种情况下，广播非但得不到特殊政策的支持，反而连一般媒体的待遇都可能打折，广播媒体所能发挥的作用也因此被大大削减。

广播应成为政府灾害应急管理的组成部分。由于对广播在应急报道中的认识有限，目前各级政府出台的突发事件应急预案中，或者将广播电台与其他媒体并列作为发布信息的渠道之一，或者笼统地指出要准确报道突发事件，对媒体功能只字不提。

2005 年发布的《国家突发公共事件总体应急预案》规定："预警信息的发布、调整和解除可通过广播、电视、报刊、通信、信息网络、警报器、宣传车或组织人员逐户通知等方式进行，对老、幼、病、残、孕等特殊人群以及学校等特殊场所和警报盲区应当采取有针对性的公告方式。"

2006 年发布的《北京市突发公共事件总体应急预案》，对信息发布和新闻报道提出要求：全市性特别重大、重大突发公共事件发生后，在市委宣传部的组织、协调下，承担突发公共事件处置的主责单位应指派专人负责新闻报道工作，并负责起草新闻发布稿和突发公共事件情况公告，及时、准确报道突发公共事件信息，正确引导舆论导向。

有研究者指出："政府的政策预案仍没有更加明确地指明和利用不同媒体的比较优势，对广播媒体的作用还在采取与其他媒体并列的方式。"[①]

因此，本书建议：

（1）政府应认识到广播媒体的独特作用，对广播媒体出台特殊扶持政策。特别是在突发事件中，应将广播媒体列入信息发布主渠道；在特殊情况下，还可以把广播作为社会动员、指挥调度的信息平台。

（2）"村村通"工程应把应急信息发布的渠道建设纳入其中，这样，就要避免"村村通"＝"村村通电视"的片面认识；把广播从空中真正落到地面，让远郊农民全面了解"村村通"。

（3）指定频率作为应急广播，在突发事件发生时随时将该频率纳入应急处置程序中来。在日常工作中，各级政府部门应主动宣传该频率，引导公众接触，培养听众收听习惯，告知公众在紧急状态下如何获取信息。

（4）应急广播频率是某种程度上的公共频率，完全市场化方式办不好公共频率，广告压力与利益取向会使其放弃本应该覆盖的群体。但以行政命令要求保持这样没有收益的节目是不公平的，所以如果频率不能完全公共化，最好的办法就是特殊节目以特殊政策扶持。

（5）长远来说，还应该考虑紧急情况下预警信息的到达问题。也就是说：预警发布时，听众可能正好没有打开收音机，或者正在收听别的频率，根本没有注意到应急频率的信息。因此，有必要建立一个应急广播系统，通过这个系统，在危机事件发生后，"国家或地方政府有权利用特殊的传播技术自动将危机警报通过商业电台进行传播"。美国加州开发出一种新的危机广播体系，全天24 小时不间断以弱信号伴随商业电台的广播信号发射，一旦遇到紧急事件便转为主频率信号。在紧急插播时，一般不需要危机管理部门和电台的沟通，而是

---

① 曹璐.广播新闻理念与实务创新研究［M］.北京：中国广播电视出版社，2007：302.

强行播出。校园电台等社区广播也纳入其中。广播所需设备由政府和基金会承担资助。① 而日本正在开发和实施"紧急警报广播"，这种广播的方法是：在紧急警报广播开始之前，会中断声音广播，并将发出"嘀嘀"响声的控制信号发送出去，探测到这种信号之后，接收机就会自动开机。②

日本 1961 年制定并颁布实施了《灾害对策基本法》，其中明确规定："NHK 作为新闻机构是国家唯一指定的公共机构，担负着向全国民众传达国家气象局、政府内阁以及各市、县、镇的医疗单位、电、煤气、水等有关生活信息的责任。"同时，日本的《放送法》（第六条第二项）还规定日本的商业电台在暴风、暴雨、洪水、地震和大规模火灾等灾害发生时，必须进行有效的防灾救灾广播，成为当地政府指定的"地方公共机构"。日本山口县的萩市市长甚至有一项"特权"：市长的专用手机开通后能够立即中断该市正在播出的广播节目，此时的专用手机相当于市长向市民发布防灾救灾信息的直播间话筒。③

在国内，2011 年 9 月 1 日，"安徽省应急广播"授牌，安徽广播电视台指定交通广播为安徽省应急广播。应急广播成立后，将按照"统一高效、资源共享"的原则，与相关部门、单位密切配合，健全突发公共事件新闻报道机制，提升新闻报道反应速度，掌握新闻宣传主动权和话语权；完善应急信息发布机制，第一时间发布权威信息，实现正确舆论引导；做好突发公共事件应急处置，维护公共利益和社会秩序，保障人民群众生命财产安全。这是我国第一家省级政府应急广播。除了安徽，贵州、湖南等多个省份已经将当地广播频率纳入应急机制中。

2015 年 1 月，中共中央办公厅、国务院办公厅印发了《关于加快构建现代公共文化服务体系的意见》，将应急广播定位为"现代公共文化服务体系"的重要组成部分，将"为全民提供突发事件应急广播服务"列入了《国家基本公共文化服务指导标准（2015—2020）》。《意见》在"提升公共文化服务现代传播能力"方面对应急广播体系建设提出了明确的要求：实施国家和地方应急广播工程，完善应急广播覆盖网络，打造基层政务信息发布、政策宣讲和灾害预警应

---

① 曹璐．广播新闻理念与实务创新研究［M］．北京：中国广播电视出版社，2007：302.

② 日本民间放送联盟．日本广播电视手册［M］．秦建，李俊，译．北京：中国广播电视出版社，2002：536.

③ 张彩，曹璐．重大灾害事件中的日本广播——从"广播救了灾害大国日本"谈起［J］．现代传播，2008（2）．

急指挥平台，保障现代文化传播体系信息传播的高效快捷和安全有序。

　　2016 年 9 月，中国高速公路交通广播湖南 FM90.5 对外发布，由交通运输部和中央电台合办，成为国家应急广播体系的重要组成部分。截至 2016 年 9 月 5 日，它已完成湖南省 14 个市州主要城市和大部分高速公路路段的信号同频覆盖。它接入了路网视频监控、动态通行流量、无线对讲集群等核心信息资源，一旦湖南高速公路发生突发应急事件，该台将纳入湖南高速应急指挥的统一调度平台，启动应急节目响应。

本章小结

　　广播的一般性功能包括传播新闻、引导舆论、提供娱乐等。本章以城市社会转型的视角，从上述一般性功能中抽离出城市广播的特殊功能，这些功能包括协助消解阶层隔阂、提升城市弱势群体话语权、推动城乡互动、促进政民沟通实现政治转型、建构应急广播应对城市突发事件等。这些功能隐含在城市广播的一般性功能之中，但在转型期的大背景下，有必要突出这些功能的重要性。城市广播的地方性和贴近性使其拥有了更多最基层的受众，这赋予了城市广播融合社会引领和谐的功能，也更强调了其在促进多元文化交流，弥合多元族群隔阂，促进城乡一体化发展方面的责任。而城市广播的互动沟通能力，也被寄予厚望——成为政民对话的平台、公众实践民主参与的话语平台。此外，突发事件频仍的现代城市，有赖于反应迅捷的城市广播搭建应急平台，协助保障城市运转、保护市民安全。

第五章　新媒体时代重塑城市广播

以网络为代表的新媒体亦被称作第四媒体，包含多种形态：按终端呈现形态分，可分为电脑网络和移动互联网络；按呈现内容划分，又有网站、社交媒体等多种类型。中国互联网络信息中心（CNNIC）2016 年 8 月发布的《中国互联网络发展状况统计报告》显示，截至 2016 年 6 月，中国网民规模达 7.10 亿，互联网普及率达到 51.7%，超过全球平均水平 3.1%。其中，手机网民规模达 6.56 亿，网民中使用手机上网的人群占比由 2015 年年底的 90.1% 提升至 92.5%，仅通过手机上网的网民占比达到 24.5%，网民上网设备进一步向移动端集中。[①] 如此庞大的新媒体受众必然对包括城市广播在内的传统媒体带来深刻影响。

第一节　新媒体重塑城市广播传播方式

一、城市广播话语权由垄断到共享

截至 2016 年 6 月，我国网民中农村网民占比 26.9%，规模为 1.91 亿；城镇网民占比 73.1%，规模为 5.19 亿，较 2015 年年底增加 2 571 万人，增幅为 5.2%。

---

① CNNIC 发布第 38 次《中国互联网络发展状况统计报告》. [EB/OL]. (2016-08-03) [2017-01-08]. http://www.cnnic.net.cn/gywm/xwzx/rdxw/2016/201608/t20160803_54389.htm.

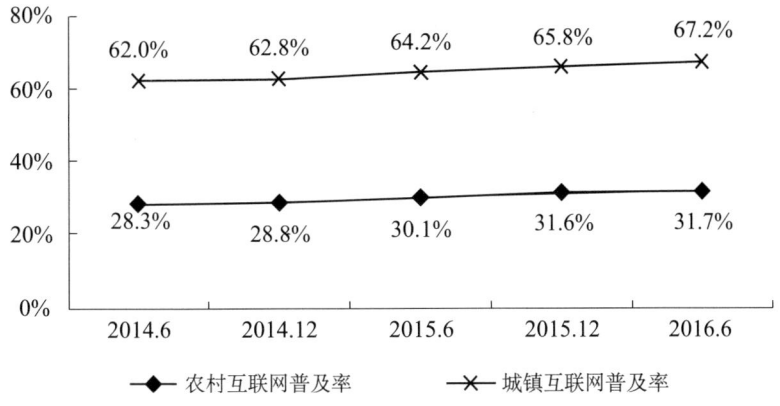

图 5-1　中国城乡互联网普及率

数据来源：CNNIC 中国互联网络信息中心 2016 年 6 月

　　从上图可知，截至 2016 年 6 月，城市受众普及率已经达到 67.2%；相对应的，农村互联网普及率只有 31.7%。因此，相对农村，城市广播所处的媒介生态和受众环境受互联网影响要大得多。网络新媒体带来的影响，除了技术上的革新和形式上的创新，更重要的在于传播理念上的颠覆性革命。这些理念也将对城市广播传播方式和传播形态带来深远影响。

　　新媒体具有交互性、即时性、海量性、共享性、个性化、社群化等传播特性。回顾互联网的发展过程可发现，web1.0 时代是单向传播时代，网站提供什么用户阅读什么；到了 web2.0 时代，实现了互联网与用户之间的互动、交流与参与，用户不只从互联网上获得信息，还提供信息，由受众变成"传受者"。用户成为信息源，并以互联网为渠道实现了人与人之间的沟通和交流；进入 web3.0 时代，大数据和人工智能的发展，使互联网可以轻松掌握用户的习惯、需求。web3.0 网络成为用户需求的理解者和提供者，网络对用户了如指掌，知道用户有什么、要什么以及行为习惯，从而进行资源筛选和智能匹配，直接给用户答案。

　　在传播过程中，新媒体主动将话语权"下放"给使用者，从而消除了媒体和受众的界限，突破了传统媒体对话语权力的垄断，受众获取了自我展现的平台。

二、改变城市广播内容生产方式

　　越来越多的媒体已经或正在把用户生产内容纳入日常的制播流程，新媒体自不用说，传统媒体的传播内容和方式也在越来越多地受到 UGC（用户生产内容）模式的影响。其背后的原因是：受众不仅接受信息，也创造信息；拥有新技术手段的受众已经不甘于只作为信息接受者。"这种角色转换使新闻报道由单向转向多向，媒介的受众资源可以转换为信息资源……全社会共同创造新闻内容，将促使新闻媒介从功能单一的新闻传播机构，演变为媒介产业链中处于上游位置的内容生产机构，即知识生产部门，新闻编辑部从单纯的新闻采编部门向知识管理部门转型。"[①] 北京电台新闻广播日常新闻报道正逐渐从记者单一渠道采写新闻，到听众热线电话、微博留言、微信反馈多渠道获得线索和信息。

2011 年 3 月 11 日，日本东北部发生 9.0 级地震并引发海啸，造成重大人员伤亡和财产损失。北京电台新闻广播虽然没有派出记者，但整个报道却做出了特色，主要原因在于发掘了多位现场亲历者。由于目前微博和微信的使用者遍布全球华人圈，这为编辑寻找重大事件的亲历者提供了极其便利的条件。在日本大地震报道中，节目编辑通过微博找到了几个现场亲历者，其中还有北京人。他们第一时间在节目中讲述了所见所闻和所思所想，并在此后几天的节目中持续连线。他们成了北京新闻广播的特派记者。因为这些亲历者、讲述者的加入，新闻节目声音更为丰富，内容更为多元，反应更为迅捷和灵活。目前听众和网友参与报道已经成为北京新闻广播重大事件报道的主要操作方式。

广播直播：中国之声央视新址火灾报道

2009 年 2 月 9 日晚，在建的中央电视台电视文化中心（又称央视新址北配楼）发生特大火灾，中央电台中国之声在记者赶到现场之前，与目击者进行连线，介绍现场情况。

三、拓展城市广播功能结构

传统广播受播出时间的限制，声音具有不可逆性，如果不在一定的时间留意收听，就会错过精彩的节目。广播新媒体使广播节目实现了回放，即使听众错过收听时间或没有听清楚，也可以再听一遍，大大弥补了传统广播节目"线性传播"的局限。当下 web3.0 时代基于大数据和人工智能的内容分发技术，还

---

① 蔡雯，陈卓. 媒介融合进程中新闻报道的突破与创新——基于 2008 年重大新闻报道案例研究的思考［J］. 国际新闻界，2009（2）.

可以对听众的收听习惯、内容偏好、接触场景进行准确定位，听众需要什么就推送什么。未来随着物联网技术的发展和普及，音频媒体将无处不在，获取音频内容将更为便捷。和互联网结合的广播具有如下特点：

没有闸门的信息高地。互联网具有无地域性和无国界的特点，传播范围广、造价和维护费用相对低廉。通过互联网，广播可以面向全球，世界任何一个地方都可以听到其他国家、地区的声音。跨越了地域，实现"国际化"覆盖。而相对于国际广播的运营费用，这无疑是非常经济的选择。从这个意义上说，网络是没有闸门的，是不设防的信息高速路。广播地域性的传播特点在一定程度上被改变，一些跨地域的音频内容得以获得更广阔的传播空间。当然，本地化的节目内容仍是广播的优势之一，不会因传播范围的扩大而消失。

没有时限的资讯中心。广播新媒体不再是你播什么我听什么，受众可以按照自己的意愿选择节目。而且网络广播能通过声音、文字、图像等多种表现手段，声画同步，动静结合，使信息的传播真正做到全方位、立体化。受众作为媒体资源的使用者，不须经过事先安排或与人协调，既方便了受众，也提高了媒体资源的利用率。

没有限量的资料库。传统广播每天的节目量受播出时间长短的限制，要增加节目量就必须增加时间和频率，成本之高可想而知。在互联网上，每个服务器都是一个巨大的信息库，可以把大量的音视频信息储存起来，随用随取。信息可以方便地被检索，可以随时供需要者下载、拷贝，而且非常迅速、简单。语言学习、在线教学或相声、听书等节目，还可以在网上让听众付费下载，进行二次出售，大大拓展了广播媒体的发展空间。

四、改变城市广播产业结构

新媒体时代，传媒形态发生了根本性变化。纯粹的"内容为王"的时代已经过去，当下的新媒体环境中，"内容为王"与渠道平台的搭建同等重要。对于音频媒体来说，最重要的移动收听场景已经有大量的资本力量进驻，手机移动端的音频应用正在获得越来越多的市场份额，如果广播电台还停留在原有的制播模式上，只注重内容生产，而不重视平台建设，将音频新媒体的传播渠道拱手让人，未来传统广播将前景堪忧。因此，广播媒体应在坚持传统播出格局的基础上，开发新的传播渠道，并由此获得广播电台产业转型的机会。

城市广播相对于新媒体最大的优势在于，经过几十年的品牌积累，城市广播拥有大量忠实的听众，具有新媒体不可比拟的公信力，通过新渠道的转化，将传统广播听众转变为新渠道中的用户，实现收听率到新媒体渠道的流量的转化，从而实现垂直领域的产业开发。

目前传统广播正处于向新媒体转型的关键阶段，未来音频媒体不仅仅是内容传播的载体，还将成为直接影响和创造消费与生产的价值载体，是新经济的前沿产业。

五、城市广播主流引导的实现

（一）受众舆论生态呈现多重变化

新媒体用户的增加，可能意味着接触传统媒体的时间和机会减少；受众的信息来源日益多元，对于传统媒体的信息依赖程度逐渐减弱。原来上班路上买一份报纸仔细阅读的人越来越少，人们转而通过微博、微信朋友圈和公众号、新闻类手机客户端获取信息。再加上 Wi-Fi（无线网络）的普及，观看视频不用担心产生过高的流量费用，通过手机看电视剧、电影的人群也在增多，电视的吸引力自然在减弱。而新媒体用户除了手机上网，一般还会接触笔记本、台式电脑、iPad 等新媒体终端，也就是说传统媒体面对的竞争是多重的，也是激烈的。这个竞争不仅仅是争夺受众，也是争夺可能带来延伸价值的"用户"。而对于"喉舌"定位的传统媒体来说，舆论引导的主动权也是必须坚守的阵地。

舆论生态复杂化是受众生态变化的产物之一。当前受众已经不满足于从媒体上获取信息，还希望以自己的视角看世界、观察社会，并据此发声，获得共鸣。在他们发声的过程中，由于缺少传统媒体的"把关人"，也没有了传播过程的"议程设置"，舆论生发过程变得更具偶然性和突发性，舆论控制和引导难度大大提升，网络事件层出不穷，公众与政府应接不暇。由于信息源难以查找，而且往往是跨地区甚至跨国界的传播，社会舆论生态呈现复杂化趋势，"充分展示了传统媒体议程设置功能不断减弱与媒介融合时代的舆论自由"[①]。

特别是从 2011 年开始，智能手机逐渐普及，手机上网开始广泛应用，微

---

① 蒋建国.新媒体事件话语权重构与公共治理的转型［J］.国际新闻界，2009（2）.

博、微信与手机结合，使信息发布的门槛大幅降低，对公众来说，在自媒体上传播信息就像给朋友发短信一样平常。在微博中，有关注功能，以及带有即时通讯功能的私信应用；而即时通讯工具——微信，又带有自媒体性质的朋友圈功能。上述两种互通互融的新媒体传播方式，使自媒体与即时通讯工具充分结合，增强了分享型的信息流动。"新一代互联网模式显著的特点就是在简便易行的平台上实现信息处理自主、资源众人共享和网民无障碍互动。随着各种新应用的层出不穷，网络开始成为人人可参与的媒体。人人都可利用自己建立的传播平台或参与别人的传播平台成为新闻或信息的传播者。"[①] 在这一状况下，私人空间和公共领域已经没有界限，日益融合。公民通过私人领域传播的信息、价值观念，直接进入公共领域，并被广泛传播，从而对社会价值观产生潜移默化的影响。"公共领域不再被看作私人个人作为单个的公众走到一起，而是'作为一种用来交流信息和观点的网络'，这种网络能够把私人世界的日常经验和政治系统联系在一起。"[②]

另外，新媒体环境下受众公民意识和**公民社会理念**正逐渐普及和深化。公民社会理念在西方由来已久，"一般认为公民社会是指国家政府系统与市场企业系统之外的所有民间组织或民间关系的总和，它包括社会领域不以营利为目的的组织和公民阐述个人见解的公共领域部分"[③]。网络平台为受众提供了讨论国家事务、社会问题的空间，从一些网络事件的走向来看，精英阶层的主流观点容易引起网民的共鸣，从而形成主流共识。当前网络上活跃着一批公共知识分子、律师、专家学者，他们不断灌输的公民理念正为越来越多人所接受。公民意识的觉醒期待更为平等、开放的官民互动机会。虽然目前"在新媒体的影响下，中国的媒介话语已初步由原来高度集中和唯一性的'国家／宣传话语'向开放、多元、公开的官方与民间互动的二元结构转型，逐步建构起传统媒体与新媒体话语传播资源相对制衡的媒介生态环境"[④]，但由于传统媒体多为党和政府的"喉舌"，在媒体宣传管理并未根本改变的情况下，舆论引导的空间和能力有待拓宽和加强。

---

① 李文冰.危机信息传播的草根化与主流媒体的应对［J］.中国广播电视学刊，2009（5）.
② 蒋建国.新媒体事件话语权重构与公共治理的转型［J］.国际新闻界，2009（2）.
③ 同上.
④ 袁媛.新媒体新闻事件话语传播价值解读［J］.东南传播，2009（8）.

（二）城市广播以融合与超越实现引导

政府和媒体都应主动适应新媒体环境下舆论引导的新形势。对政府来说，"政府、公民如何进行权力分享，恰当地获取网络资源服务于现代社会的公共治理活动，是新媒体事件中应该关注的焦点"①。

但由于认识不足，一些部门在重大事件发生时，往往以维护社会稳定为由，捂着盖着不愿意把真实信息公之于众，主动放弃舆论引导权。殊不知，这种"维稳"心态恰恰是破坏社会稳定的一大因素。没有权威信息，非正规渠道夹杂着谣言的信息就会大行其道。在新媒体环境下，信息发布的滞后意味着放弃舆论主导权，"一旦谣言盛行，政府尽管一再公布事实真相，公众仍然难以置信。其中的道理很简单：发布是主动的，解释是被动的；发布是被信任的，解释总是被怀疑的……由于传播中'先入为主'的规律，当谣言先于媒体进入人们的认知领域，以后再纠正就难免事倍功半了"②。在 2012 年北京"7·21"特大自然灾害中，由于官方直到 7 月 26 日才发布死亡人数，已经错过了最佳发布时机，导致各个版本的民间死亡人数猜测盛传于网络。虽然官方发布 77 人遇难（8 月 5 日又增加一名遇难者），但仍有不少人选择怀疑，以至于有宣传部门的官员也觉得委屈："可是说真话为什么会挨骂呢，就是现在的老百姓心态不知道是怎么想的。其实我觉得他们太不了解我。如果了解我的人，就应该了解，我说的每句话都是真的。"③

在这一情况下，城市广播也应在掌握权威信息时第一时间播发。在 7 月 26 日晚上北京市政府关于此次灾害的发布会现场，北京电台记者戾昱意识到即将发布的死亡人数对于公众的意义，在发布会进行的同时，拨通直播间电话，直接将发言人的声音同步向全市听众进行了转播。广播媒体以其灵活性、机动性，以一位记者、一部手机的投入完成了一次及时的"现场直播"。

因此，新媒体时代城市广播权威发声、引导舆论的关键在于：把握听众关注点的准确性、时间点的及时性、时效上的快捷性，以及内容上的权威性。另外，还应在媒介融合中获得优于新媒体的传播方式、传播理念和传播内容，实

---

① 蒋建国.新媒体事件话语权重构与公共治理的转型［J］.国际新闻界，2009（2）.
② 张斌.试论突发公共事件的媒体应对［J］.东南传播，2009（2）.
③ 语出自时任北京市新闻办公室主任王惠.北京：经历过非典不会再隐瞒伤亡数字［EB/OL］.
（2012-07-25）［2017-01-15］.http://roll.sohu.com/20120725/n348962177.shtml.

现融合与超越，把政府的声音和市民的关切进行对接，从而弥合两者之间的信息差，减轻由于沟通不良产生的误读、误解甚至对立。

第二节　新媒体重塑城市广播话语规则

一、新媒体语境下的广播语态变革

如前文所述，传统媒体在新媒体的影响下，话语权力逐渐"下放"。这意味着话语规则的改变，以及由此带来的语态"放下"。

（一）传受界限模糊化，丰富城市广播参与性文本

数字技术条件下，人们不再依赖广播电视获取信息，原本掌握话语权的"意见领袖"受到前所未有的挑战。新媒体打破了媒介之间的壁垒，消融了媒体介质之间甚至传者受众之间的界限。

新媒体改变了受众被动接受信息的方式，传受双方的地位正在发生微妙变化，正朝着平等的双向互动转向。"个性化、去中心化、信息自主权等成为主要特征。"[1]新媒体用户可以通过微博、微信、播客等方式实现个体信息的传播，甚至有可能掀起舆论风暴。而传统媒体的从业者再也不是高高在上的"传者"，他们常常跟在新媒体的身后，发现新闻、挖掘新闻。这时候传统媒体从业者先是作为一个受众，从新媒体获取信息；然后才作为一个传者，在信息再加工之后实现再传播。而新媒体用户发布信息之时，是在扮演一个传者的角色，之后再从传统媒体中获取进一步的信息，由"传者"转化成"受众"。因此，新媒体时代传受双方的角色定位已经逐渐模糊。

在社交型媒体大行其道的当下，受众已经习惯于互动与参与，传统的单向传播方式已经趋于解构。受众越来越明白如何尽快传播信息与观点，"普通人在收集、报道、分析和传播信息资讯时扮演了越来越主动的角色"，"有些情况

---

① 马艺，罗晶晶.新媒介形式开拓广播新兴互动模式［J］.中国广播电视学刊，2008（3）.

下，他们做得比专业记者都好"①。这一变化对于受众的直接影响是：受众消费媒介产品时，不是"你表演，我来看"，而是"我让你表演给我看"。他们喜欢用"我"而不是"我们"。腾讯有"我的空间"，人人网上有"我的主页"，一些新闻客户端有"我的定制"……对于广播媒介来说，以开放的时间版面、包容性的节目内容，把听众互动纳入广播节目的制播环节，让听众参与广播产品的制造环节，成为顺应形势的明智之举。

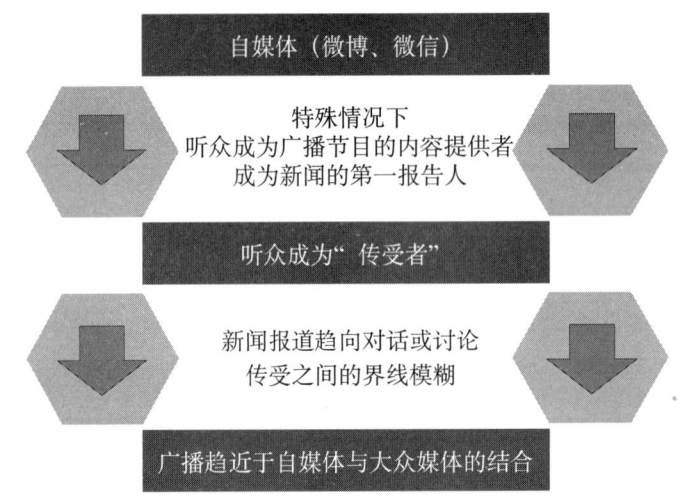

图 5-2 听众成为广播开放时间版面中的"传受者"

在广播节目的互动方式中，除了过去的热线电话、短信和论坛，现在更多采用"两微"（指微博和微信）等自媒体。各种各样的互动渠道成为广播与听众之间沟通的桥梁，听众提供的内容前所未有地影响着广播节目的制作和播出，影响着广播的内容走向，以致出现了不少依靠听众互动生存的广播节目。比如竞猜类节目、一些通过设置话题吸引互动的脱口秀节目等。

目前在一些电台，通过话题设置在微博、微信等社交媒体上发起互动，通过听众投票、转发、评论决定下一步节目的内容，已经成为制播节目的常态。听众的参与可以是简短的评论，也可以是一个代表态度的表情，或者只是一次转发，参与性文本的及时与丰富将使广播节目的针对性大大增强，因为通过评论和转发的次数，就能够看出听众的关注点和兴趣点。

多种形式的听众参与，不仅丰富了直播中节目内容的即时拓展，重要的是

---

① 王建磊.社交型媒体与变形的新闻［J］.新闻记者，2010（9）.

形成了新型的参与性文本，拓展了广播听觉文本形态，改变了广播电台节目生产方式，听众多元即时参与与反馈成为广播节目新的基因。

（二）广播实现"传播"与"交流"兼顾

从广播语言状态来看，广播的个人化与贴近性，要求广播传播者要有"对象感"和"交流感"，这其实是一种与听众"类互动"的传播状态。意即，广播传播者在传递信息时，需要依靠想象听众就在眼前，然后通过语气的运用、说话状态的调整来建构"谈话场"，形成交流气氛。今天的广播节目主持人、播音员虽然仍然强调"对象感"和"交流感"，但由于更多互动方式的引入，已经不需要依靠想象，因为参与互动的听众都是活生生的个体。

由于新媒体互动方式的出现，广播具有了大众传播和人际传播双重功能。广播节目的互动性、贴近性和亲和力越来越强，人际传播所具有的交流感也在大众传播媒体中出现。

从本质上看，这说明大众传媒已经不可能垄断"观点市场"，新媒体成为受众发表看法的途径，在网络中实现了新的观点的"交换空间"，各观点主体在这里汇聚与分享。这一现状深刻地改变着媒体的话语状态：需要以讨论商榷的方式呈现观点，并且需要与受众进行观点的互动，通过交锋达成共识，形成主流观点。因此，平等的交流式传播应运而生。"大众传播与人际传播越来越呈现融合互动的趋势——人际传播大众化，大众传播人际化。"①

"说话"是人类交流的第一介质，广播的声音传播，使其传播过程天然具有很强的交流色彩。广播媒体的大众传播人际化色彩随着互动方式的增多越来越明显。过去广播是典型的"一对多"的大众传播媒介，严谨地履行着面向"大众"传播的功能与职责，除了开放热线电话，让听众提供新闻线索，与听众的交流渠道少之又少。今天的短信、论坛、微信与微博让广播人随时与听众处于交流之中：节目播出之前，通过交流寻找线索、确定选题、选定角度；节目播出过程中，交流更是至关重要，有些话题需要听众的交流与参与，还有即时性的反馈需要听众配合与支持；当然不少广播节目已经成为听众的朋友与师长，成为他们求助的对象，交流与倾诉更是不可缺少；节目播出之后，需要进一步

---

① 陈霞. 微博里的世博报道别有风景——从"东广新闻台微博"看传统媒体新空间［J］. 新闻记者，2010（6）。

与听众交流与反馈，以期更好地改进节目，或者在节目之后继续为听众服务。受众在很大程度上"决定"着媒体传播的内容。"新闻逐渐演变成受众与受众之间、受众与传媒之间平等的对话，这种理念也势必对未来的新闻产生进一步的影响。"①

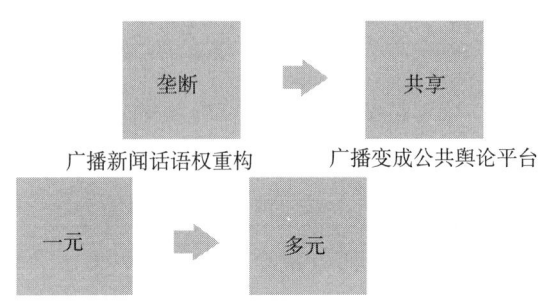

图 5-3　广播开放时间版面的话语权重构

中央电台中国之声的《央广夜新闻》提出了"同步听众说，中国之声'微广播'"的概念，及时跟进热点事件和网络话题，在直播的基础上增加听众互动。除了白天快节奏的新闻播报和实时互动，中国之声的夜间新闻节目也赋予听众更多话语权。首先是在内容上偏向文体、财经等方面；其次，更多采用新媒体内容以及网友评论，使传播内容和传播方式都更贴近听众。一个热点事件或话题的参与方往往包括多个方面（当事方、评论员和听众），在实时互动与讨论的过程中，一方面对事件进行核实与报道，另一方面也是对观点与价值认识激浊扬清的过程。这种采用"两微"互动，汇聚各方声音、碰撞多方观点的传播方式，正在形成一种新的节目样态——"微广播"。

还有不少电台的节目建立了微信群，通过微信与听众随时交流，为听众提供深度参与节目的平台和途径。在这样的过程中，传播与交流是同步的，传播在交流中实现；而交流也在提升传播的效果，提升广播媒体的传播力。

（三）新媒体升级节目互动，升华广播口语表达

新媒体互动方式的加入，丰富了广播的语言和语态。新媒体用户的语言特色鲜明：犀利、幽默、直接。广播的语言形成于整个社会大环境中，形成于与听众的沟通交流过程中，因此，新媒体用户的表达方式也在潜移默化中影响着

---

① 王建磊.社交型媒体与变形的新闻［J］.新闻记者，2010（9）.

广播的语言和表达。

北京交通广播《一路畅通》是一个大量采用听众互动内容的节目，该节目每期设置一个互动话题，吸引听众参与，每期都可以收到上千条听众反馈。听众的幽默感成就了这个节目轻松愉快的风格。该节目的主持人认为，"互动改变的不只是节目内容，还有主持人的话语形态"①。节目中，主持人通过即兴表达把听众的反馈和互动的话题巧妙串联，听众反馈与主持人的即兴发挥相得益彰：通过互动形成的交流感和话语场，把广播表达带入了更贴近和更贴心的境界；通过外在的口语表达传递了内在的情感关怀。听众的参与和互动帮助广播"开创了新的口播表达，跨越时空，使广播成为一种具有人文关怀的媒介"②。

如前文所述，口语为主体的听觉话语文本进入解放表达、明白表达、升华表达和个性表达层面。新媒体语境下广播表达方式的累积和转型，将最终抵达个性表达的彼岸。

（四）新媒体重塑广播传播观念：做人本传媒、人性传播

人性化、口语化的交流语态改变节目风格，改变听众对于广播的印象，从"下雨天要带伞"，到灾害发生时通过广播节目进行生死救援；从日常生活中的点滴关心，到紧急状态下的应急媒体，广播传播从关注"面"到关注"点"，从关注"群体"到关注"个体"，从关注"事"到关注"人"，广播正在以人性传播塑造人本传媒。

一些重大的新闻事件，已经从过去的宏大叙事，转而越做越"细"，关注点越来越"小"，然而事件本身的价值却在放大，传播效果也在放大，这其中的关键因素就是"见人见事"，报道文本微观具体，传播理念越来越人本。过去广播主持人播报路况时，可能这么说："205 号信息员提醒您宣武门路口南向北方向行驶缓慢。"现在却这么说："205 号信息员正跟您在宣武门路口南向北方向一起排队呢！这里行驶缓慢。"③交流语态所展现的正是对于听众个体的关注，对于"人"的关心。

---

① 杨洋 . 广播语言形式的改变与节目形态的互动——从《一路畅通》节目谈起［J］. 中国广播，2012（4）.

② 同上。

③ 同上 。

十年前，如果广播通过直播节目参与救援事件，是一个大新闻；今天，这样的事情几乎每隔几天就会上演。北京交通广播已经形成了一套反应机制：比如病人就医堵在路上，听众一个电话或者一条短信就可能引起主持人的注意，主持人会在节目中呼吁市民让路；或者通过后台编辑与交管局沟通，交警介入开道护送，广播电台通过节目的不断插播，"护送"病人迅速入院治疗。而且这样的应急反应机制已经从交通广播扩展到大多数电台，每当有类似事件发生，关注"人"的安危，几乎是所有主持人、编辑、记者的第一反应。

连续报道：小传旺
事件连续报道

2012年6月30日，在山东德州夏津县，两个修车工开玩笑，竟然把高压充气泵对着年仅13岁的学徒杜传旺的肛门充气，强大的气压瞬间击穿了孩子稚嫩的身体。经诊断，杜传旺的大小肠出现了20多处破损、穿孔，多个内脏器官严重受伤，出现胃出血、肝功能减弱等症状。7月12日上午9时北京120急救中心派出车辆前往山东德州夏津县人民医院将小传旺接到北京救治。北京电台新闻广播跟进报道，在节目中及时关注这一事件。

在全民表达、全民参与的新媒体时代，广播语态从过去追求听众参与互动、沟通交流的形式，到注重传真传情、富于理性的表达，最终落点于强调对个体的关注，强调人本理念，强调对生命个体的尊重和对生命价值的思考。

二、新媒体时代广播新闻报道方式的重新定义

新媒体时代社交媒体已经成为受众获取信息的重要渠道，当下的广播新闻如何既兼顾时效、信息量，又能表达自己的观点与立场？

（一）重新定义深度：深度报道弱化与广播新闻碎片化传播趋向

广播深度报道也称为**广播新闻专题**，是区别于广播消息的报道形式，比消息更详尽、深入和具体，能更形象地反映客观事实，更全面地评论社会现象，更充分地表达思想情感。

20世纪30年代中期，西方报业为应对广播即时性优势提出了新的报道理念，以深度报道改变新闻媒介处理信息的方式，建构了展示"为什么"为代表的深度报道形态。深度报道的魅力在于对国计民生的关注和人文关怀。在"为

什么"和"是什么"同样重要的时代，深度报道备受瞩目。

20世纪90年代，广播深度报道也曾经热极一时。以1994年10月1日开播的中央电台《新闻纵横》为代表的深度报道节目在全国电台全面开花。

2002年4月23日，中央电台《新闻纵横》节目播出了卖血父亲寻找儿子的故事。小良是顺老汉的大儿子，小良的家在青海甘肃交界的小山村，1997年，小良考上了大学，走出了深山沟。小良的学费、生活费全是顺老汉的血汗钱。但小良大学毕业之后，却"消失"了。这组系列报道以持续追踪、深入讨论引发社会对贫困大学生心理扭曲现象的关注。

广播专题：寻找"小良"

2000年10月，根据举报线索，江苏南部某些村庄存在着非法生产、贩卖一次性输液器、注射器的现象。有关部门从2000年3月以来多次组织严打，但仍有大量假冒伪劣产品从那里被贩卖到全国各地。为了掌握真实情况，2000年10月20号到11月15号，《新闻纵横》记者装扮成采购人员，前往调查。25天的明察暗访中，记者在国家药品监督管理局的配合下，周旋于造假者产销链条内外的各种角色之间，记录下大量真实的第一手资料，节目引起强烈反响。

广播专题：江苏打假暗访实录之姚老板的生意

这些节目以舆论监督内容为主，兼顾人物专题；大量采用音响报道，在深入报道的同时兼顾可听性。这一热潮持续了十余年，但近年来，广播深度报道开始弱化。这种报道类型在广播电台受重视程度下降，社会影响力降低。

越来越多的电台向商业化、娱乐化方向发展。即使是新闻台，也大多以资讯类和谈话类节目为主，自采的"硬"新闻正在减少。这一点，和电台的经营理念密切相关。而广播类型化时代的到来，使一篇动辄十多分钟的深度报道失去播出的平台。中央电台《新闻纵横》早已改版成为一个综合性的新闻节目，长达两个小时，以资讯、短访谈、短新闻为主体。而改版之前，《新闻纵横》每期不过15分钟左右，以一篇或者两篇深度报道为主，包括调查性报道、解释性报道、人物访谈等报道类型。改版之后的《新闻纵横》已经基本摘掉了"深度报道"的帽子。

除了《新闻纵横》，中央电台中国之声改版后，大量专题类节目被撤销。因为类型化新闻台的格式化要求标准化：全天播出 6 个半小时的《央广新闻》，以半小时为单元，每个单元内的新闻要求短小精悍，一般不超过 1 分钟；记者连线报道不超过 40 秒；解读和专题为 1—3 分钟。这是不少业界人士推崇的"小单元、碎片化的表达方式"。有业者认为，"在车上一个人的注意力实际上只有 5 分钟，之后会慢慢减弱，碎片化的节目设置最适合车上收听。而提供给听众的内容信息要简明通俗，每个小单元相对独立，避免冗长、深奥"①。

碎片化、类型化背后蕴含的深层问题是国内广播的商业驱动力越来越强。类型化需要有严格的市场细分和市场定位，一个类型电台就是专门针对某一群体设立的，出发点在于市场和商业，也在于对成本的控制。而深度报道是很难定位受众的，因此难以融入类型化电台中；而深度报道所需的人力、所耗费的时间相对来说是较大的，出于控制成本的目的，撤销这种节目，就成为电台管理者的"理性选择"。

然而，新闻毕竟不是完全意义上的可供售卖的媒介产品。我们一方面在强调新闻报道所肩负的社会责任，另一方面又以市场的标准来评价深度报道节目，这让新闻从业者背负了过于沉重的负担。

另外，新闻政策环境的变化也在深刻影响深度报道的生存。深度报道节目大多以批评性、监督类的选题为主，在中国当前的新闻环境下，报道的"度"和分寸感的准确把握十分重要。要拿捏好报道的角度和分寸，还要注意"传播正能量"……一些选题的流失，以及对一些现象的熟视无睹，会使得深度报道逐渐失去权威性和公信力，从而失去影响力。

深度报道的选题范围相对局限，主要关注重大的典型的新闻事件和社会现象，处于"食物链"的高端。作为广播深度报道节目，选题还要适合以声音展现。但种种束缚的存在，的确使广播深度报道难以为继。

而随着民主与法治意识的增强，深度报道"微服私访""包打天下"式的采访已经越来越行不通，百姓渴望的是通过法制，常态化地解决问题。因此，广播深度报道的样态也将迎来深刻变革。

从媒介生态角度来看，随着新媒体的发展，特别是微博、微信等社交媒体的出现，信息传播的方式也发生了很大变化。之前有微博，现在有微信，以短

---

① 董传亮.车载收听环境下服务理念的再运作［J］.中国广播，2012（6）.

小精悍的文字发布信息、分享心情早已成为时尚。社交型媒体的信息虽然琐碎，"但其形成方式是一个碎片化信息不断聚合的过程，往往一个事件包含许多人的参与，其参与者分布于各地，其中有亲历者、目击者，有分析者，也有提供背景或者相关信息链接的整理者。当信息、观点、知识聚合后，就有了复原事实真相的力量"①。新媒体时代的广播新闻如何适当保持深度，避免落入"碎片化"的陷阱，值得探讨。

（二）重新定义时效：现场连线报道与广播新闻的"快""真""平"

连线报道是指记者通过电话与节目进行直播报道的方式，目前在广播电视节目中运用广泛。一般来说，**连线报道**采用记者和直播间主持人对话的形式，通过现场的描述、背景声的衬托，快速、生动地传播新闻信息。

这一形式最早应用于第二次世界大战时期，当时美国著名的战地记者爱德华·默罗冒着枪林弹雨，通过电话发回现场报道：这里是伦敦……把英国人遭遇的境况如实地带给美国的每一个家庭。连线报道在国内兴起于本世纪初，源于通讯技术的发展、手机的普及，记者可以很方便地在新闻现场用移动电话与直播间进行连线报道。

连线报道出现时只是作为偶尔为之的报道方式出现，但随着以上海东广新闻台、中央电台中国之声为代表的一批全新闻广播频率的出现，连线报道的重要性得以提升，出现的频率也大大提高。由于全新闻电台节目框架比较灵活，时间比较机动，更适宜现场连线报道的播出，因此，连线报道往往以突发、打破常规的状态切入新闻节目中。"时间版面处在一种开放的状态，各个环节才能够无障碍接轨，连线报道才会出现。"②

连线报道通过滚动连线持续报道新闻，这一新闻报道样态在近年的兴起和普及，不仅仅是广播媒体改进自身报道方式的结果，主要还在于：随着新媒体的发展，听众对于信息传播的需求正在发生巨大变化。传播方式和手段变革的背后是深层次的技术动因。"伴随着传播手段变革而来的则是传播内容的形态变革……即从单向的、延迟的、视觉或者听觉相关的内容，到互动的、即时的、视听觉甚至触觉相关的内容。"③广播的连线报道正是兴起于新媒体传播影响力

① 王建磊.社交型媒体与变形的新闻［J］.新闻记者，2010（9）.
② 刘文庆.广播连线报道兴起原因初探［J］.中国广播，2012（6）.
③ 乔新玉.广播的数字化与节目形态［J］.新闻爱好者，2009（13）.

日益增强的背景之下，以微信、微博为代表的社交媒体在传递信息时的快捷性、多媒体化给广播这样的传统媒体带来很大的压力。"网络新闻滚动式的出现，提高了新闻时效，新闻播发由'TNT'（今日消息今日报道）发展为'NNN'（现时的新闻现时报道）。这种时效性的增强，无疑影响到新闻写作观念和手法的变化。"① 如果广播新闻还按照过去的操作方式，只在早中晚设计几档综合性新闻节目，就会被进行时态的网络新闻远远甩在身后。因此，通过电话连线在新闻现场实时报道新闻以争抢时效，是广播的理性选择。

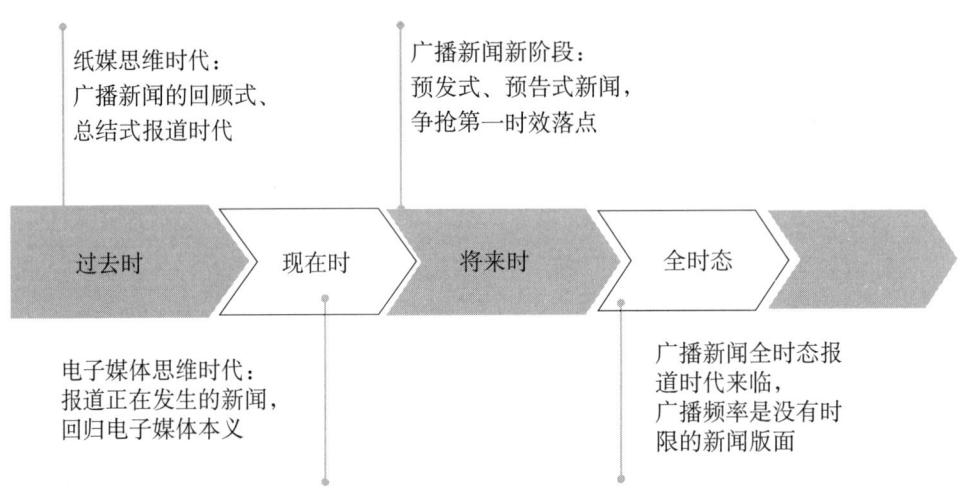

图 5-4　广播新闻报道时态的演进

连线报道一方面是广播革新微观传播语态的成果，另一方面，也在进一步影响着广播新闻报道语态的改变。

连线报道让广播新闻更"快"。连线报道比广播任何一种报道方式都要快，广播新闻因为连线报道耳目一新。连线报道可以实现第一现场、第一目击、第一时间的新闻传播，比记者发回口播再播出，或者写消息、制作录音报道播出都要快。这使广播新闻能够超越其他传统媒体，以快取胜，甚至比新媒体（网络、手机）还要快，因为说话的速度比打字的速度快得多。当然，要实现这一点，有赖于前方记者与后方编辑、主持人的无缝对接，以及广播电台快报新闻的反应机制，否则，只要任何一个环节没有处理好，就会使连线报道的时效优势大打折扣。

---

① 孙发友 . 传播科技发展与新闻文体演变［J］. 现代传播，2004（1）.

2008 年"5·12"汶川大地震发生后，因灾情严重，交通、通讯中断，震中映秀镇与外界失去联系。中央电台军事记者王亮跟随部队历尽艰辛终于到达映秀，并在沿途发挥报道，中国之声成为最早从灾区播发灾情报道的媒体。①

连续报道：汶川地震系列连续报道：挺进，映秀！

连线报道让广播新闻更"真"。记者对于细节的描述、背景声的衬托、即时的表述（哪怕是气喘吁吁，或者有些磕巴）都是新闻现场最鲜活的内容，能让听众身临其境，使广播新闻缩减了传播环节，直接把听众带到了新闻现场，身临其境，更为真实可信。

2009 年 2 月 9 日晚，在建的中央电视台电视文化中心（又称央视新址北配楼）发生特大火灾，北京城市服务管理广播在 21 点 30 分到 23 点左右的直播节目中多次连线现场记者。虽然有的连线因为信号原因并未成功，但这也说明现场的混乱和通讯的繁忙，仍不失为真实的现场反映。

广播直播：北京城市广播央视新址火灾报道

连线报道让广播新闻更"平"。所谓"平"，即平实。连线报道通过记者口语化的表达传播新闻，这种方式不需要记者念稿，不需要宣讲，只需要把现场情况"告诉"听众即可。当报道方式形成一种交流的语境，记者的报道状态也会自然放低，把自己放在一个讲述者的位置，形成平实、贴近的文风。

（三）重新定义观点：广播新闻评论以开放、互动、快捷优势营造新时期的舆论场

新闻评论是新闻媒介对具有新闻价值的事实（或社会现象）发表的言论，包括观点、态度和分析解读。评论是新闻媒介的旗帜，是一种具有重要作用和分量的新闻体裁。**广播评论**要求对具有新闻价值的事实进行评析和解读，在文本要求方面重视发挥听觉的优势，在追求可听性的基础上，以其深入浅出的特色更易于为受众接受，凸显其对于主流价值观的引领作用。这一点在信息纷繁芜杂、观点五花八门的新媒体时代尤具价值。

但长期以来广播媒体对新闻评论重视不够，缺乏评论观念；同时，"许多广

---

① 记者于 2008 年 5 月 14 日上午 8 点 07 分、10 点 44 分、13 点 47 分连线三次。其中，13 点 47 分为到达震中后的首次连线，这也是所有媒体中最早从震中现场发出的报道。

播电台没有建立科学的评论机制……广播新闻评论个性化之路的探索明显滞后于广播媒体的发展"[1]。新闻评论最早从报纸媒体中兴起，广播媒体借鉴了报纸的评论机制，但报纸的传播方式和传播特点毕竟与广播有着巨大的差别，广播新闻评论应基于广播媒体强烈的传播特性，形成鲜明的个性。因此，广播新闻评论要健康发展，广播媒体要建立合理的评论体系，就要廓清对广播新闻评论的认识。概括而言，广播新闻评论主要的分类标准有如下几种：评论规格高低和重要性程度、评论主体的不同、表现形式的差异、播出方式的不同和反映领域的不同。将这些依据不同标准建立的分类体系整合起来，建立一个广播新闻评论的多层次分类系统，似可以更清晰地展现广播新闻评论基本类型的全貌。（参见下图）

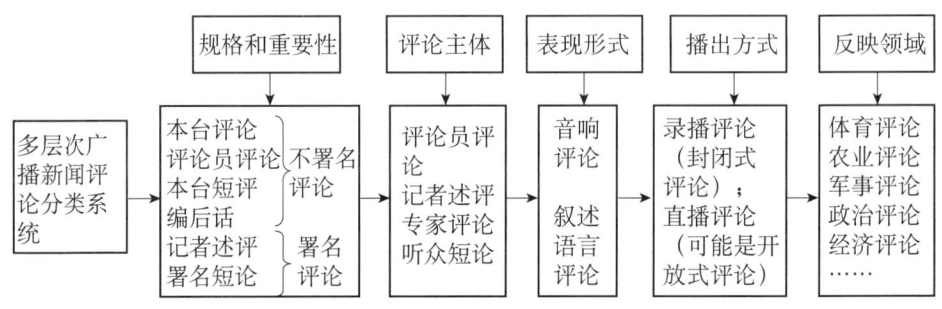

图 5-5　多层次广播新闻评论分类系统

正如"报纸必须有了社论才具有完全的政治价值"[2]，同样，广播电台应通过播发评论，表达媒体观点，从而达成引导舆论的目的。广播媒体应更多地以深入浅出的语言表达对于时代和社会有建构意义的观点。广播电台可以通过微博和微信与听众实时互动，一些节目建立了微信聊天群，使主持人和听众随时处于互动状态中。"新闻评论节目从口播评论文稿到录音评论，再到听众和网民直接参与讨论的热线话题节目，为受众建立了一个平等的话语平台，评论话题也由社会重大新闻转向民生热点。"[3]

重视与听众的互动交流是广播评论节目的特色，"这种直播状态的、在传播过程中能和外界进行及时信息交流的广播评论节目被称为**'开放式'**评

---

① 连新元.从中国之声看广播新闻评论机制的构建［J］.中国广播电视学刊，2004（4）.

② 田文雁.论报纸新闻评论的根本任务［J］.新闻与传播，2013（7）.

③ 童云.广播节目形态的衍生和创新［J］.中国广播，2012（3）.

论节目；与之相对应的是'封闭式'评论节目。"①上海电台的《市民与社会》是国内较成功的开放式评论节目。节目开播十余年来，几千个社会话题在主持人、专家和听众的互动之间深入讨论，有力地发挥了广播评论的社会思辨价值。

广播评论也应重视时效，中国之声在《央广新闻》中请评论员坐镇，以直播的方式，对最新的新闻时事及时点评。在信息纷杂的现代社会，第一时间告诉听众"为什么""怎么样"，和告诉听众"是什么"一样重要。广播电台所要做的不仅是梳理新闻资讯，还要进行观点引导和舆论引导。迅速地传播观点，往往意味着"抢先一步"占据受众的大脑，也意味着赢得新闻传播的先机。而广播因其开放的时间版面，以及快速传播的特点，使其在快速传播观点方面，同样具有优势。

广播节目：中国之声《新闻纵横》连线许树泽点评投资理财

中国之声《新闻纵横》节目每天邀请各领域专家、评论员对当天的财经、文娱、新闻人物进行介绍和点评，实现比新闻资讯更深一度的评论观察。

第三节　新媒体重塑城市广播传媒形态

新媒体的出现已经重塑了许多为我们所熟悉的传统媒介形态。"新的传播技术并没有完全挤走旧的传播技术，却引发旧的传播技术承担新的角色。"② 对报纸来说，有互联网出现后的电子报以及手机新闻客户端等形式；对广播来说，与新媒体的结合产生了网络电台、播客、数字广播（DAB）等新型声音传播形态。本节将以网络广播和移动网络电台为例探讨新兴音频媒体给传统广播形态和功能带来的影响和变革。

---

① 连新元.从中国之声看广播新闻评论机制的构建［J］.中国广播电视学刊，2004（4）.
② 沃纳·赛佛林，小詹姆斯·坦卡德.传播理论：起源、方法与应用（第4版）［M］.郭镇之等，译.北京：华夏出版社，2000：3.

一、网络广播：多媒体广播新形态

（一）网络广播与流媒体

进入网络传播时代，广播电台登录网络，成为**网络广播**。广义上的网络广播，意指利用流媒体技术通过网络进行广播；狭义上的网络广播，指传统广播媒体创办的广播网站。在广播网站中，流媒体广播是最重要的功能之一，也是一个网站之所以成为网络广播网站不可或缺的内容。**流媒体**是指在 Internet 中使用流式传输技术的连续时基媒体，如：音频、视频或多媒体文件，它在播放前并不下载整个文件，只将开始部分内容存入内存，其他的数据流随时传送随时播放，从而节省了大量的存储空间；由于采用了 RSTP 等实时传输协议，更加适合动画、音视频在网上的实时传输。

1995 年 4 月，位于西雅图的"进步网络"（Progressive Networks）网站[1] 吸引了大量的网民，因其网页放置了一个名为 Real Audio Systems 的试用版软件。这个软件带给因特网"点播声音"（audio on demand）的功能。这项技术对大多数使用者的意义是：为原本内容丰富但是欠缺声音传输的因特网增添声音。在"进步网络"登场前，在网络上传送数字声音还是一个令人怀疑的主意——传送的音频必须在完全下载之后才能收听到，而且下载时间可能比播放时间要多出 5 倍甚至更长的时间；也就是说，要听 2 到 5 分钟的音乐，可能要花上 25 分钟的下载时间。因为这个障碍，声音无法像文字、图片一样在网络上流传。尽管一些技巧高超的人还是会利用网络传送声音，但是大多数人对此"敬而远之"，避免在网络上听取声音，他们认为"在网络上收听音乐就像是利用信鸽来传递广播一样"。

Real Audio 软件不会等到声音完全下载之后才开始播放，它是从接受声音文件开始就能播放。在选取一个声音文件时，只有短暂的时间延迟，而后，选取的声音便会响起——在理想状况下，直到乐曲结束，使用者几乎感觉不到任何间断。当乐曲结束时，文件便从计算机上自动删除，不留下痕迹。Real Audio 使得"即时播放"成为可能。随着技术的普及，以及带宽的提升，我们今天在网上播放声音和视频，已经基本不会感觉到阻滞，像阅读文字一样平常。互联网的发展给予受众全方位的感官体验，且这种体验还在不断延伸。

---

[1] 1997 年 9 月，该公司改名为 Real Networks。

（二）网络广播的发展历程

随着计算机软硬件技术和互联网的迅猛发展，网络广播技术自上世纪90年代中期开发出来之后，国外的广播电视机构陆续设立了众多网站积极加以利用。在广电媒体介入互联网的发展进程中，由于广播只对音频技术有要求，加之美国 Progressive Networks 公司出品的播放软件先对音频网络模式形成较好的支持，因此广播较早地参与到了互联网的发展过程中，专门的网上广播电台也应运而生。而动态图像的处理要比单纯的声音处理复杂得多。如同20世纪初先有广播后有电视一样，在网络上广播电视多媒体技术的应用也是先从声音开始的。

国内网络广播的发展历程按时间顺序可以分成三个阶段：1996年之前是网络广播的发展摸索阶段；1996年至1998年是网络广播探索提高阶段；1999年以后则是网络广播快速发展阶段。

1996年以前，中国大陆地区没有开办网络广播，而早在1994年，香港电台已经在香港中文大学的支持下，率先实现了"香港电台网联版"，提供粤语广播和精品节目的回顾，开始了网上服务；1995年，香港电台成功取得同步直播 Live Real Audio（实时音频）的科技，与 Progressive Networks 公司合作，在香港立法局选举日，进行了全球首次36小时的电台网上直播。

大陆的广播媒体在1996年开办网络广播。当时国内广播媒体在电视媒体的冲击下，开始走上专业化发展路径，媒体形态发生改变，更重要的是内部机制的改革释放了禁锢已久的活力，对于新技术、新趋势的捕捉更为敏感。广播媒体敏锐地发现了互联网的音频传播优势，于是从流媒体技术发展之初，就积极介入其中。

1996年12月15日，广播界的改革先锋——珠江经济台开办了网络广播，成为大陆第一家上网播出的广播电台。随后，广东人民广播电台其他三个专业频率也在开办了网络广播。

1997年1月4日，北京人民广播电台新闻广播《人生热线》节目网上专栏《网络人生》正式推出，开广播热线节目上网之先河。

1998年10月1日，上海人民广播电台正式开通网站，新闻、文艺、音乐等节目实现网上传播。

中央人民广播电台的上网过程代表了国内大多数广播媒体"上网"的历程。

1998 年 8 月，中央人民广播电台注册英文域名 www.cnradio.com 和 www.cnradio.com.cn，并在网上开通中央人民广播电台简介及节目介绍宣传页面。

2000 年 5 月，网站进行第一次改版，推出全新主页，首次系统设计并开始使用网站标识。

2000 年 6 月 14 日，全国政协主办的 "21 世纪论坛" 2000 年会议开幕。该网站派出记者与广播记者一道，对大会进行了全程跟踪报道，同时推出 "21 世纪论坛" 专题站点。这是中央人民广播电台网站第一次专门派出自己的记者采访重大报道。

2000 年 8 月，中央人民广播电台网站实现全台第一、二、三套广播节目在线实时直播，以及《新闻和报纸摘要》《新闻纵横》《午间半小时》《中国民族歌曲榜》和《中国流行歌曲榜》5 个重点节目在线点播功能。

2000 年 11 月 16 日，以 "大地飞歌" 为主题的南宁国际民歌艺术节在广西南宁拉开帷幕，中央人民广播电台网站和中央电视台网站联合进行全程跟踪报道。这次合作是对广播、电视、网络三大媒介深层次合作的有益尝试。

2001 年 3 月 23 日，中央人民广播电台《医药咨询台》节目和网站联合推出的 "世界防治结核病日" 特别节目开播。中央人民广播电台网站对该节目进行网上音频、视频直播。这是网站第一次进行网上音视频直播活动，也是第一次进行广播、网络互动直播。

2001 年 9 月，中央人民广播电台网站实现了全台 8 套节目全部上网，在线点播节目增加到 32 个。

2002 年 1 月 1 日，中央人民广播电台网站改版，正式启用新的网站名称："中国广播网"。全新的中国广播网设有 "新闻""财经""体育""调频""书院""汽车""军事""民族""台湾" 9 个频道、300 多个专题栏目以及 8 套广播直播节目和 34 个点播节目，音频文件的容量达到 600GB。

2002 年 9 月 1 日，中国广播网开始实行 24 小时新闻发布和技术保障并行值班制度，标志着网站进入全天候运行状态。

2005 年 7 月 28 日，中国广播网网络电台银河台开通。

2009 年 8 月 13 日，中国广播网第九次大规模改版完成，突出音频门户特色，搭建全球中文正版音频媒资库。

图 5-6　银河台首页（截图时间：2017 年 2 月 17 日）

2012 年 7 月 30 日，中国广播网与江苏电视台、爱奇艺网合作，共同成立了互联网电视的运营合资公司——银河互联网电视有限公司，开始进军互联网电视业务。

2013 年 8 月 26 日，中国广播网首页、新闻首页全新改版，确立"央广网"为网站简称和品牌标识。

目前央广网已经成功转型为全球最大的华语音频网站，实现了海内外重要广播电台节目的直播和点击收听，还可以听到独家声音、音乐、影视剧、相声、评书等。

图 5-7　央广网首页局部截图（截图时间：2017 年 2 月 17 日）

（三）中国网络广播现状

在 PC 时代（个人电脑时代），央广网代表了国内广播媒体网台融合的最高水平。该网站除了凸显音频特色，还与广播频率联动，推出独家新闻，在海量资讯的互联网时代发出自己的声音。这种做法不但使央广网得以在竞争中立足，也使原本过耳不留的广播频率获得更大影响力。近年来，很多有全国影响的独家新闻、重大新闻都是在央广网和中国之声等广播频率的联动下推出的。不过，相较于央广网，国内广播网站大多停留在"广播上网"的层面，缺少对新媒体理念的把握，以及对广播声音传播特色的融合。大多数简单复制母体媒体的内容，缺乏多媒体动态信息；与读者即时交互功能欠缺；缺乏深度报道；服务功能单一。网络广播不是传统广播的翻版，网络上提供的音频绝不是将传统广播节目搬上网了事。而正是因为没有关注网上受众的需求，没有提供适合网上收听的音频服务，导致国内很多传统广播媒体网站上的音频点播成为一种摆设，没有真正发挥网络广播的应有功能，互联网的潜能并没有充分开发出来。纵观国内广播电台的网站，我们可以大致归纳出以下几个层面：

纪念册层面。其内容包括"电台简介""节目时间表""主持人介绍""广告价目表"等，可能还有一些新闻，但更新很慢，或者基本不更新。这种"网上广播"只是平面化的，是传统广播的网上宣传画册。

可更新的 CD 层面。网站可以提供传统广播的网络直播收听，有的也提供了节目点播、回放功能。国内很多电台网站处在这一层次。虽然在网上安了家，但对如何建好这个家，使之吸引更多的来访者，没有系统的考量和清晰的思路。互联网的空间比传统媒体的空间要大得多，因为它面对的是全球受众。从一般意义上说，它给上网媒体带来了更多的潜在用户。因此，上网媒体所提供的内容就不应再是简单的广播电视内容的翻版，它要更多地考虑具有不同文化背景的用户的不同需求。

媒体层面。以央广网（www.cnr.cn）和国际在线（国际电台网站 www.cri.cn）为代表，它们能提供音频、视频和文字信息；虽然脱胎于传统广播媒体，但具有独立的采编能力，能在一定程度上构建自身的报道体系，较好地发挥了网络媒体的优势。

正如前文所述，自进入 web2.0 时代之后，新媒体的理念和方向已经朝着交互、分享、人本发展。以此来检验广播与新媒体融合，我们发现，传统广播进军网站最常态的做法是：节目网上直播、网上点播、视频转播、图文转播等。这其中的进步在于，听众可以随时上网听节目了，改变了广播"稍纵即逝"的传播劣势；还能通过视频、文字、图片等"多媒体"手段全面了解电台。但这些方式主要是基于 web1.0 时代的理念开发的。web1.0 的主要特点在于用户通过浏览器获取信息，用户仍处于被动的状态，当下互联网精神的精髓尚未得到深度挖掘；基于广播特点的具有新媒体理念的产品在网络广播中还不多见。

2011 年 8 月，北京广播网菠萝台正式上线。它试图对目前"广播上网"的格局进行突破。它拥有北京电台全部 16 套广播频率的 600 余档直播、回放节目，网友可在这个庞大的音频资料库中搜寻节目，形成自己的专属电台，"自己当台长"。目前已经有 8 000 多个"菠萝台"建立。主办方认为："菠萝台搭建的全新个性化网络音视频分享平台，将广播节目的选择性收听转化为主动收听，将传统广播节目与网友个人创意相结合，激发了网友的参与热情和创作激情"①。不过，用户只能从官方音频库中添加节目，尚不支持上传音频；而且不能支持移动收听，"守着电脑听广播"在一定程度上损耗了音频媒体便捷伴随的特性，很难长时间维系忠实听众。

---

① 汪良．融合制胜［J］．中国广播，2012（2）．

图 5-8 国际在线首页局部截图（截图时间：2017 年 2 月 18 日）

图 5-9 北广菠萝台的节目编辑页面

注："菠萝蜜"可以从下方的节目单中，把喜欢的节目拖拽到上方的自己创建的菠萝台节目单中

2011 年 5 月 10 日新浪微电台正式上线，作为传统电台与微博相结合的全新产品，微电台突破了以往收听电台的地域及终端限制，使网友在浏览微博的同时，也能收听到自己喜欢的电台。此外，微电台还实现了听众与主持人和其他听友的实时互动。截至 2017 年 2 月 18 日，微电台已经聚集了近 477 家电台，4 187 名主播。

目前，微电台实现了 PC、MAC、iPad、iPhone，Android 全平台播放。实际上，2009 年微博诞生时，智能手机还没有普及，微博的架构是完全基于 PC 设计的。到了 2012 年年底，新浪微博决定所有的产品开发都优先考虑移动端的需求，并在 2013 年推出全平台收听终端。

而作为 PC 时代的产物，网络广播也面临转型。以央广网为例，除了在 PC 端，也在布局手机端的业务，目前有央广网手机 wap 站点、央广新闻、央广手机电视、中国广播等手机端品牌。此外，中国之声、音乐之声、经济之声等频率也拥有自己的手机客户端。

图 5-10　新浪微电台页面

随着移动互联时代的来临，PC 端网络广播的影响力逐渐让位于手机端，布局手机终端已经成为很多传统广播媒体的战略选择。

二、移动网络电台：声音媒介的伴侣化传播

（一）移动互联网与移动网络电台的兴起

移动网络电台是指以智能手机、平板电脑、车载、可穿戴设备等智能终端为音频载体，通过在线、离线等方式，提供音频收听及个人录制、分享等服务，音频内容涵盖传统电台广播、音乐、脱口秀、相声评书、广播剧、教育培训、新闻资讯等音频内容的业务总称。

过去移动收听广播主要通过收音机、车载收音机和手机内置的 FM 广播接收模块。其中，手机广播的更替某种程度上代表着传统广播和移动网络电台的

市场争夺。在智能手机出现之前，FM 广播的接收功能是大多数手机品牌的标配。但智能手机出现之后，FM 调频收音功能大多被取消。虽然有人认为这是智能手机厂商和移动运营商"暗度陈仓"的结果——禁用 FM 调频接收模块，从而让手机使用者不得不消费更多流量——但实际上，这更可能是技术更新换代的结果：调频收音机需要通过天线接收，但智能手机大多没有天线，采用耳机做天线则收听时必须插耳机且信号并不好，影响用户体验；如果采用内置天线就会对手机体积有影响，影响外观设计。

在移动通信 3G 时代到来之前①，北京、上海、广东等地曾短暂试运行过 DAB（移动多媒体广播）技术，该技术是基于数字音频广播传输平台，实现音频、视频和数据多媒体传输的数字广播技术，被认为是继中波广播（AM）、调频广播（FM）之后的第三代广播技术。然而由于其提供服务的单一性，以及终端设备价格偏高，导致其发展远没有达到人们的预期，用户发展缓慢。北京在 2008 年前后曾短暂试播过 DAB 广播，但因技术不成熟、终端价格过高，DAB 收音机推广并不理想。

随着 2009 年年初国内 3G 牌照的发放，移动互联时代到来，DAB 技术逐渐淡出市场。而 3G、4G 技术的快速推广，无线网络（Wi-Fi）的广泛覆盖，以及移动智能终端的普及，使移动互联网发展迅速，移动网民爆发式增长。其中手机网民占绝大多数，手机成为排名首位的上网终端。

中国互联网络信息中心（CNNIC）2016 年 8 月 3 日发布的第 38 次《中国互联网络发展状况统计报告》显示，截至 2016 年 6 月，中国网民规模达 7.10 亿。其中，手机网民规模达 6.56 亿，网民中使用手机上网的人群占比由 2015 年年底的 90.1% 提升至 92.5%，仅通过手机上网的网民占比达到 24.5%，网民上网设备进一步向移动端集中。移动互联网应用向用户各类生活需求深入渗透，促进手机上网使用率稳步增长。

---

① 2009 年 1 月 7 日，工业和信息化部为中国移动、中国电信和中国联通发放三张第三代移动通信（3G）牌照，此举标志着中国正式进入 3G 时代。

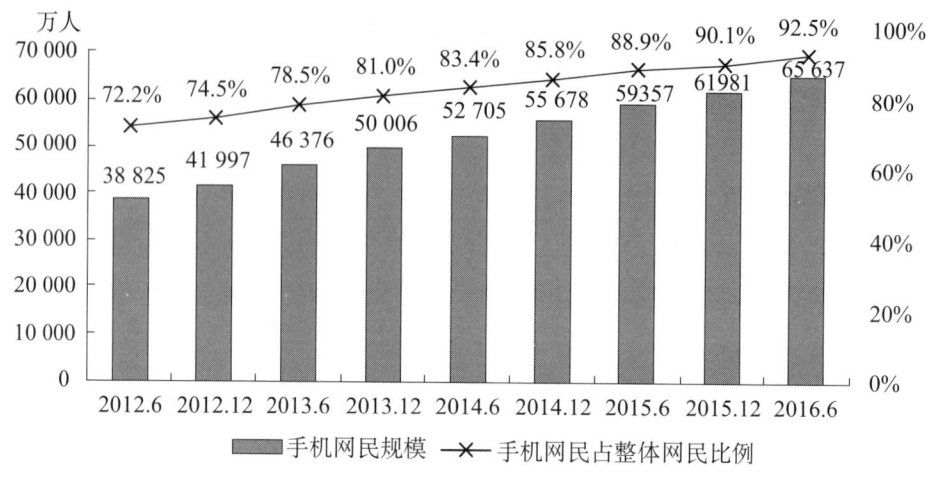

图 5-11　中国手机网民规模及其占网民比例

来源：中国互联网络信息中心 2016 年 6 月

　　移动网络电台也因此获得发展的良机。在线音频接收稳定性逐渐提高，移动网络电台音质越来越好，还可以实现直播、点播和互动，移动网络电台开始在包括手机在内的智能终端中推广。广播进入传统 AM/FM 广播和移动网络电台双足鼎立时代。

　　尼尔森网联数据服务有限公司 2016 年所做的中国广播及音频应用生态调查显示，2016 年国内音频到达率为 45%，北美是 93%。随着中国私家车保有量的提高，这个差距将会缩小。车载设备仍是国内听众收听广播的主要渠道，占比高达 58%，其次为手机，约 40%，带收音机功能的便携设备下滑至 38%。其中，便携设备和手机的重叠率为 21%，车载设备和手机的重叠率为 22%，可见传统终端正逐渐被渗透，智能手机已成为关键转折。[①] 而来自 iiMedia Research（艾媒咨询）的数据显示，2015 年年底，移动网络电台用户总规模达 1.8 亿。自 2014 年以来，用户规模大量增长，移动网络电台之间的竞争激烈，融资后开始纷纷抢占市场和用户。

---

① 阿基米德高峰论坛——紧握未来广播的价值和趋势［EB/OL］.（2016-10-26)［2017-1-18］http://sh.qq.com/a/20161026/ 039293.htm.

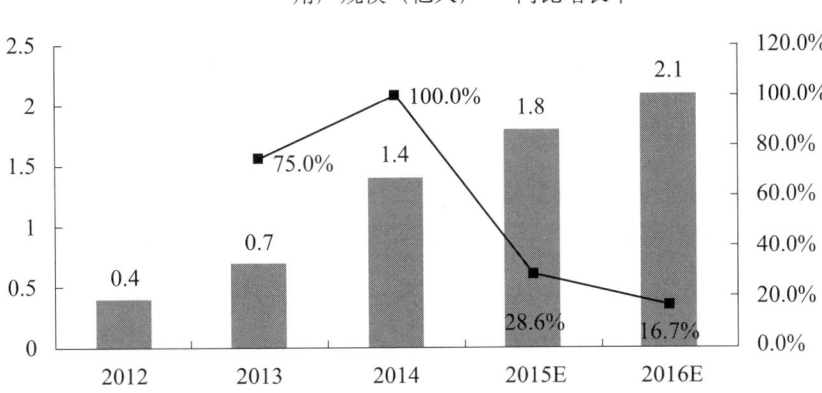

图 5-12　2012 年—2016 年移动网络电台用户数和增长情况

数据来源：iiMedia Research（艾媒咨询）2016 年

　　数据显示，35 岁以下的年轻听众，更多使用电脑网络、数字收音设备和手机收听广播；使用车载广播的主要是 36—49 岁的中青年。总体来说，年轻听众较少使用传统收音设备，更倾向于使用数字化收听设备。

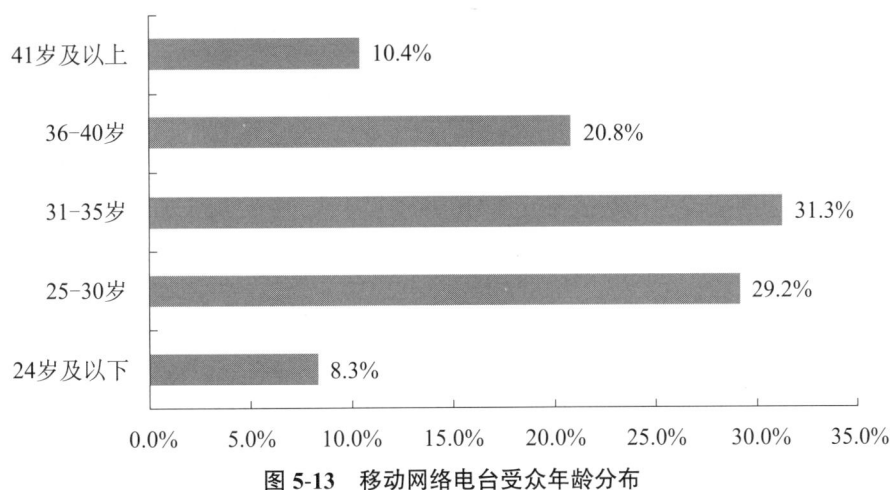

图 5-13　移动网络电台受众年龄分布

数据来源：iiMedia Research 艾媒咨询 2016 年

　　但正如前文所述，车载广播和移动网络电台存在一定程度的交叉覆盖，这说明车内收听包括多种收听方式，日益成为一种复合型的收听场景。一种是收听传统意义上的车载广播，即汽车本身自带的 AM/FM 收音机；另一种是通过把智能手机或播放器连接到车载音响系统收听广播。连接方式有多种，通过网络电台的后装硬件或 AUX 音频线连接都可以实现手机和车机的连接；还有一种收听方式是通过车机预装的网络电台终端收听，这需要车辆具有互联网联网功能（通过手机热点、移动 Wi-Fi 或内置网卡）。

（二）移动网络电台市场群雄逐鹿

在苹果手机应用商店上搜索"广播"，有 1 700 多个结果，而搜索"电台"则可以获得 2 100 多个结果。从传播内容分类，国内移动网络电台主要分为综合性电台、听书电台和音乐电台。其中，综合性电台的传播内容涵盖范围广泛，既有点播类的音乐、新闻、相声评书小品、财经证券、笑话、综艺娱乐、百科知识、有声小说、影视原音、广播剧、教育培训、儿童故事、健康养生等内容，也有各类直播节目，甚至把传统电台的节目也纳入其中。

表 5-1　国内移动网络电台市场的内容分类

类型		代表性移动网络电台
综合电台		喜马拉雅、蜻蜓、考拉、多听、优听、凤凰、企鹅……
专业型音频平台	直播台	荔枝
	社区台	阿基米德
	音乐台	豆瓣、酷狗、虾米、酷我、QQ、多米、百度、咪咕……
	听书台	懒人听书、氧气听书、有声小说……

国内移动网络电台市场发端于 2010 年前后，从 2010 年到 2012 年是摸索阶段。上线较早的移动网络电台是豆瓣 FM，成立于 2009 年 11 月，该台以音乐为切口，以类似传统电台的播出方式，融合了基于大数据的用户偏好推荐，在移动网络电台市场开拓之初占据了一定的份额。

此后，虾米音乐（阿里旗下音乐品牌）、酷我音乐、QQ 音乐、百度音乐、咪咕音乐、乐视音乐、网易云音乐等音乐电台纷纷上线，使音乐类电台成为网络电台中较为成熟的版块，忠实用户较多。根据中国互联网络信息中心（CNNIC）2016 年 8 月 3 日发布的数据显示，截至 2016 年 6 月，网络音乐用户规模达到 5.02 亿，较 2015 年年底增加 77 万，占网民总体的 70.8%。其中手机网络音乐用户规模达到 4.43 亿，较 2015 年年底增加 2 707 万，占手机网民的 67.6%。

调查显示，听音乐、听电台是车主最大的需求，甚至高于导航的使用。互联网巨头的加入，使网络音乐电台竞争更为激烈。百度、阿里、腾讯等互

联网公司均在车联网领域有深度布局，网络音乐电台作为车联网内容布局的
一部分，战略目标清晰明确。而基于母公司的资源优势，这些电台将迅速从
传统广播中分得一杯羹。

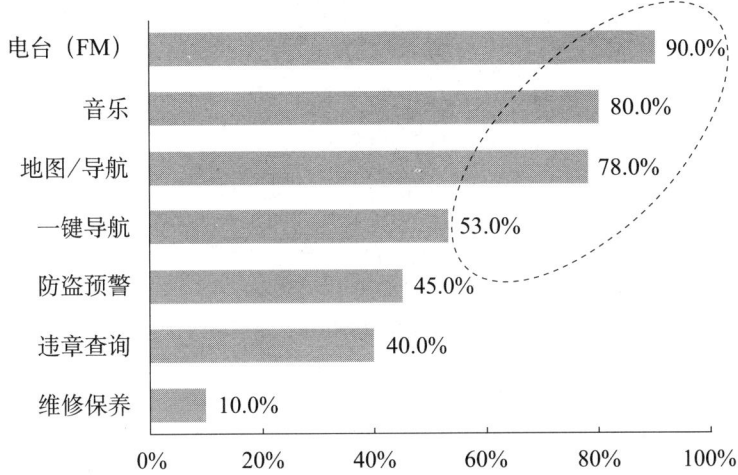

图 5-14　2015 年车主 TSP[①] **服务功能使用率分析，以使用率 50% 作为分水岭定义高频服务**

数据来源：易观智库：2016 中国移动电台市场年度综合报告

蜻蜓 FM（2011 年 9 月）和凤凰 FM（2012 年 4 月）这两个聚合型、综
合性的移动网络电台，也在这一阶段上线，音频价值逐渐凸显。从 2013 年到
2014 年，随着智能手机和移动互联技术的升级，喜马拉雅 FM、考拉 FM、荔
枝 FM、多听 FM 陆续上线，移动网络电台市场开始进入快速发展阶段。这些
移动音频终端凭借后发的技术优势和多元的融资渠道，迅速发展壮大，受众规
模也在不断增长。

2015 年开始，随着市场培育、用户培育的逐渐成熟，大量资本进入移动音
频市场，几大平台竞争格局初步形成，市场蛋糕也逐渐做大（参见下图）。

---

① TSP（Telematics Service Provider）汽车远程服务提供商，在 Telematics 产业链居于核心
地位，上接汽车、车载设备制造商、网络运营商，下接内容提供商。Telematics 服务集合
了位置服务、Gis 服务和通信服务等现代计算机技术，为车主和个人提供导航、娱乐、资
讯、安防、SNS、远程保养等服务。Telematics 是远距离通信的电信（Telecommunications）
与信息科学（Informatics）的合成词，意即通过内置在汽车、火车等运输工具上的计算机
系统和无线通信技术将交通工具接入互联网，从而提供驾驶、生活所必需的各种信息。

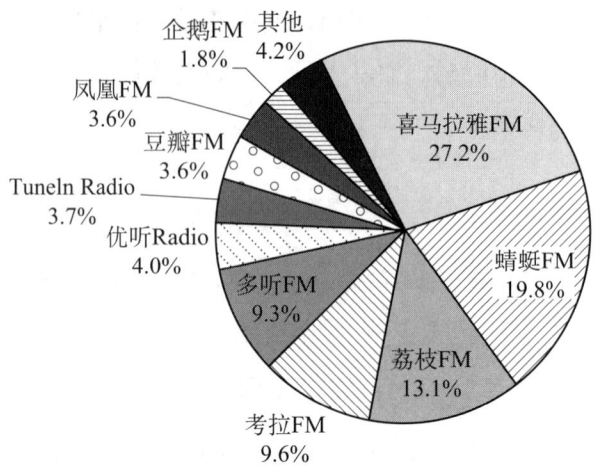

图 5-15 2016 年一季度移动网络电台市场份额情况

数据来源：赛立信媒介研究

（单位：万元）

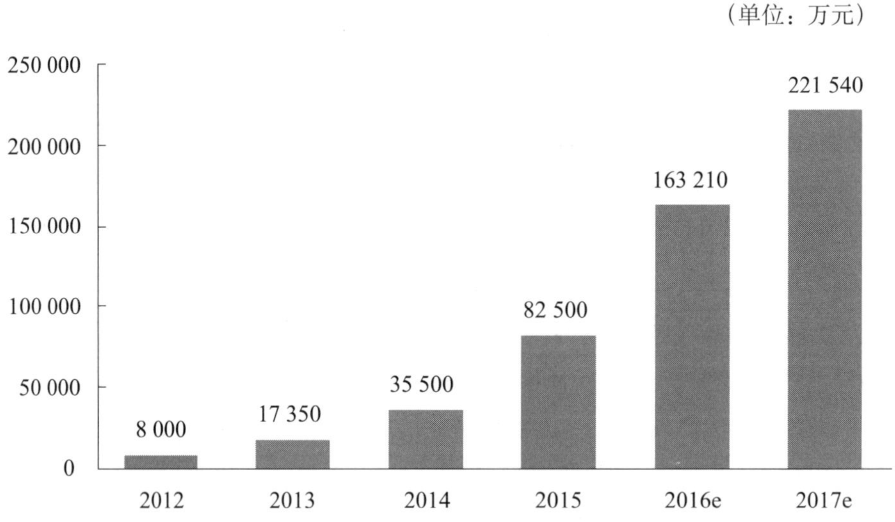

图 5-16 中国移动网络电台市场规模增长情况及预测

数据来源：赛立信媒介研究 2016 年

这一阶段，移动网络电台开始逐渐打造差异化内容，版权成为兵家必争之地。围绕差异化内容的打造，几大终端在不同制作模式上深耕，具体可分为：用户生产内容（UGC）、专业生产内容（PGC）和专业用户生产内容（PUGC）。用户生产内容（UGC），可带来多样化、丰富的节目资源，呈现出去专业化、去广播化、时尚个性的特征，但质量参差不齐，影响用户体验。PGC 具有专业性和高品质的特征，有专业的内容制作团队，在编辑、录制、后期合成等环节有严格把关，是目前音频市场的主要价值所在。所以主流移动网络电台都力图在 UGC 和 PGC 之间寻找平衡点。以目前三家代表性的移动网络电台为例：蜻蜓 FM 坚持 PUGC，有严格的主播认证审核机制，为了加强粉丝对主播的黏性，比较注重主播周边的开发，形成粉丝效应。喜马拉雅 FM 则 UGC 与 PGC 并重，在加强自有主播培养的同时，也在加强对优质版权内容的购买。而荔枝 FM 作为音频自媒体平台，以 UGC 为主。表 5-2 是对目前市场上几家主流移动网络电台的内容定位、版权情况和产业战略布局的归纳分析。

从表 5-2 可知，版权之外，布局车联网、智能收听硬件、智能家居等成为当前各电台终端发展的重点，其中车联网是重中之重。依托车联网，移动网络电台有望成为汽车生活服务的音频入口，在提供个性化电台内容的同时，还将提供交通路况信息资讯及 LBS 服务，从而实现产业链条的完整布局。正如考拉 FM 创始人俞清木所言："当你想听音乐的时候，考拉 FM 会给你播放你喜欢的王菲的歌。当你想去北京机场时，考拉 FM 会给你开启导航，让你更精准地躲避拥堵路段。当你开车油耗殆尽时，考拉 FM 会告诉你前方 1 公里范围的加油

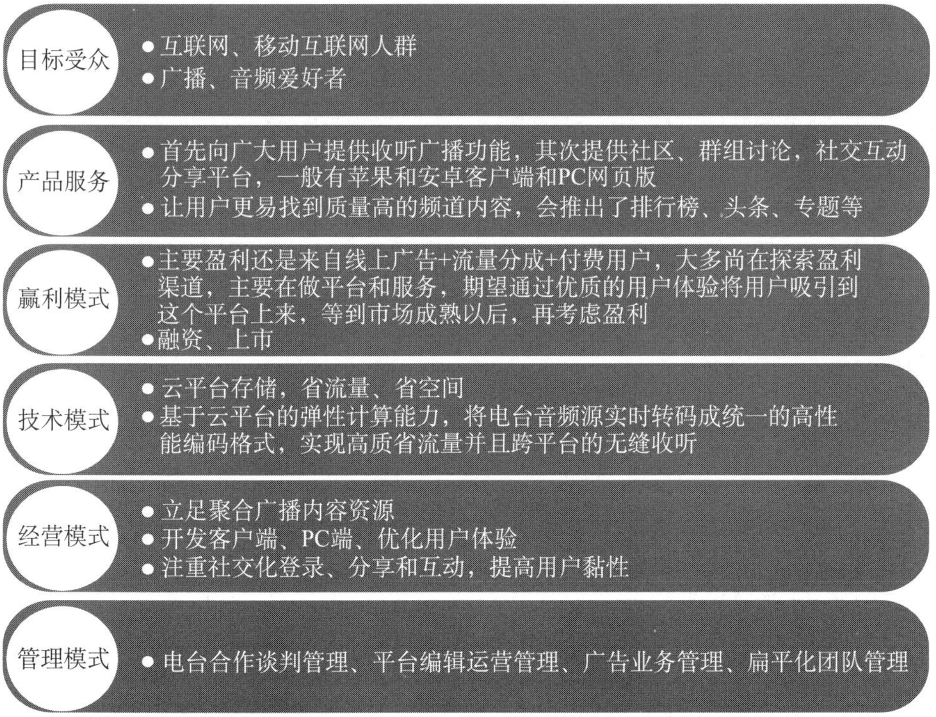

目标受众	● 互联网、移动互联网人群 ● 广播、音频爱好者
产品服务	● 首先向广大用户提供收听广播功能，其次提供社区、群组讨论，社交互动分享平台，一般有苹果和安卓客户端和PC网页版 ● 让用户更易找到质量高的频道内容，会推出了排行榜、头条、专题等
赢利模式	● 主要盈利还是来自线上广告+流量分成+付费用户，大多尚在探索盈利渠道，主要在做平台和服务，期望通过优质的用户体验将用户吸引到这个平台上来，等到市场成熟以后，再考虑盈利 ● 融资、上市
技术模式	● 云平台存储，省流量，省空间 ● 基于云平台的弹性计算能力，将电台音频源实时转码成统一的高性能编码格式，实现高质省流量并且跨平台的无缝收听
经营模式	● 立足聚合广播内容资源 ● 开发客户端、PC端、优化用户体验 ● 注重社交化登录、分享和互动，提高用户黏性
管理模式	● 电台合作谈判管理、平台编辑运营管理、广告业务管理、扁平化团队管理

图 5-17　聚合型音频平台产业模式分析 [①] 。

---

① 　孟伟等.互联网＋时代音频媒体产业重构原理［M］.北京：中国广播影视出版社，2015：21.

表5-2 主流移动网络电台内容和产业布局分析

电台	内容定位	版权	融资	盈利模式	产业布局
喜马拉雅FM "听我想听" 听 喜马拉雅FM 2012年11月网页版上线；2013年2月手机版上线。2016年一季度市场份额为27.2%。	用户生产内容（UGC）+专业生产内容（PGC）+版权购买，制作主体包括：草根主播、认证主播、专业媒体、商业品牌。力图打通产业上下游，形成完整的音频生态链。	力图打造声音帝国，与阅文集团及国内9家图书公司签署战略协议，拥有1000多万册有声小说声改编权。	2014年A轮融资1150万美元。同年完成B轮融资6000万美元融资。2016年6月C轮融资6000万元。	视觉+听觉的智能算法精准广告营销；粉丝经济；内容订阅；版权分销；智能硬件销售。	延伸收听场景，在软硬件、前装后装布局有声互联网。车联网：与智歌科技打造车载娱乐新体验。与比亚迪、奇瑞、北汽、上汽、宝马、福特等50多个汽车品牌合作预装软件。生活类：与阿里、华为、小米、飞利浦、亚马逊、海尔等300个硬件智能品牌合作，辐射不同场景和不同年龄用户需求。自有硬件作品：随车听、故事机、听书宝、舒兑宝智能童话故事机、3D降噪耳机。
蜻蜓FM "倾听世界的声音" FM	坚持专业用户生产内容，主播认证审核机制严格，平台以优质主播居多。以PUGC战略，吸引专业内容制作者流入，创建专业孵化团队。通过全球播	合并了有声小说版权商央广之声，获得了大量的优质的有声小说资源。与国内正版有声频版权供商鸿达以大战略合作。与数字化内容版权方掌阅阅科技、朗锐数媒独家发行公司（金庸汉语有声作品全球独家发行公司）及有声书制作方酷听听书战略合作，从版权购买、录制到互联网作，录制到互联网	2013年启动A轮融资。2015年1月，完成C轮融资。2016年2月完成D轮融资，成为移动	网络广告；社群粉丝经济；版权分销；用户付费订阅；运营商业务：推出针对运营商用户的听内容包，实现	与手机品牌合作：2015年9月，在联想商务手机"P1"中内置蜻蜓FM。与可穿戴设备合作：三星手表已经预装蜻蜓FM软件。前装市场：与超过50余家整车和TSP厂商合作；

续表

电台	内容定位	版权	融资	盈利模式	产业布局
2011 年 9 月 ios 版上线，2012 年 3 月安卓版上线。2016 年一季度市场份额为 19.8%。	主竞技大赛挖掘优质播主，并提供资金、工作室等资源支持。	平台发布、三方提供资源、制作、发行有声书，推进有声书的付费模式实践。传统电台（央广、CRI、校园电台等）内容的二次网络播出。与纸媒、网媒合作"声媒体"节目（钱江晚报社、知乎日报社、FT 中文网、彭博商业周刊杂志社、财新网、东方财富网、上海证券报社等）。	音频行业里首家融资到 D 轮的公司。其融资过后的估值达到 25 亿元。	用户对听书的付费订阅服务。2015 年，在运营商合作方面的收入规模达到 1 亿元。	后装市场：联合汽车品牌、电台、主播、车主，发力 OBD①、后视镜、车机②等后装硬件。智能家居：音响、冰箱、电灯成为智能音频终端，通过语音控制。飞利浦、海尔、安桥、DOSS、SONOS 等品牌推出的蓝牙和 Wi-Fi 音响将搭载蜻蜓 FM。
荔枝 FM "人人都是主播" 2013 年开始在微信公众号上推送播客	定位"电台自媒体"为主，强调用户产生内容的手机轻电台应用。最初并无独立 App，而是基于微信公众平台的 H5 网页，凭借着"微信收听电台"的卖点，借助于社交力量快速获得粉丝。UGC 模式让每个主播都成为推广员，形成一种滚雪球的循环效应。同时吸引明星官方电台入驻。	音频自媒体平台，以 UGC 内容为主。	2015 年 1 月，获得小米科技，顺为资本，经纬创投，晨兴资本四家机构的 2 000 万美元 C 轮融资。	广告、电商、版权、订阅、社群电商、粉丝经济、手机周边装。粉丝经济：明星官方电台的入驻，在带来流量的同时，也在深挖粉丝经济。目前正在尝试明星主播粉丝会员制收费，还会帮助主播进行周边开发和电商业务。发展路径：电台—社区—电商。推出社区功能，将粉丝分类，话题等分类，从而为电商转型铺路。从社区出发，每个主播都可以集结自己的小圈子，借助粉丝经济，自由音乐人和歌手都可以入驻。	电台—社区—电商，分化出不同圈子，便于社群管理和彼此互动。

① OBD 是英文 On-Board Diagnostics 的缩写，中文翻译为"车载自动诊断系统"。这个系统将从发动机等运行状况随时监控汽车是否尾气超标，一旦超标，会马上发出警示。根据提示，维修人员能迅速准确地确定故障的性质和部位。

② 车机是安装在汽车里的车载信息娱乐产品的简称，车机在功能上要能够实现人与车、车与外界（车与车）的信息通讯。车机大多装在中控台内，有的车机主机和屏幕是一起的，有的车机主机和屏幕是分离的。

续表

电台	内容定位	版权	融资	盈利模式	产业布局
内容，2013年10月获取100万微信种子用户，随后App版上线。2016年一季度市场份额为13.1%。					内容，直接从线上发行专辑唱片，甚至是其他音乐类衍生品，受众更为精准。分析认为，荔枝FM将弃Podcast（播客）转而走上类iTunes Store模式。（iTunes Store支持付费下载，按每首歌0.99美元，或每张专辑9.99美元的价格收费）小米投资后，预计荔枝FM还将在手机软件预装领域发力。
考拉FM "倾心陪伴，听我不同" 2013年6月上线。2016年一季度市场份额为9.6%。	1. 播出模式上："回归传统"，提供给用户的是一种类似传统广播的收听体验，通过掌握用户收听习惯，自动推送个性化节目。 2. 内容定位逐渐摆脱"段子频道"，以"原创+广播+直播"打造个性化广播电台。原创：成立节目制作团队，注重PGC内容制作。广播：以推荐引擎推荐互联	围绕车主需求布局PGC、音乐版权和娱乐节目。PGC：自主内容团队负责制作新闻资讯，段子脱口秀等节目。还与全国500多位DJ合作，启动音频红人扶持和网红IP孵化模式，成为著名自媒体人和脱口秀红人的传播阵地。通过与传统广播合作以及原创自制，围绕社会、财经、娱乐、体育等领域提供全国和本地新闻。还汇聚了郎咸平、张召忠、朱名南、赵楚等各家的新闻解读和观点评论，拥有iTunes华语播客Top100排行榜上一半节目的版权。娱乐节目：打造品牌娱乐节目，提供时长在2—6分钟的搞笑段子类节	考拉FM的母公司车语传媒曾于2010年完成A轮融资，投资机构为贝塔斯曼、君联资本、DCM；其后再次获得车语联、君联资本、DCM、贝塔斯曼的B轮2亿元投资。2016年6月21日宣布获得君联资本等投资方1.7亿元的	网络广告；版权分销；智能硬件销售；车联网产业链；粉丝经济：广告、打赏、周边衍生；音频广告投放平台：包括企业发布会、论坛活动、娱乐活动现场等。	重点布局车联网娱乐生态： 1. 打造车联网音频服务。注重车载场景的互动娱乐性，接入各大车联网平台，与包括比亚迪DS6、捷豹路虎等多个汽车品牌实现前装、后装市场合作； 2. 与近50家TSP服务商、智能硬件生产商、方案服务商定制合作； 3. 车载智能音响——考拉宝已开始投入生产。智能硬件还包括：多功能智能空气宝、智能运动耳机、车载智能后视镜、儿童智能机器人、老人智能收音机； 4. 与百度CarLife、阿里YunOS、腾讯车联开放平台合作，植入车载娱乐系统中；

续表

电台	内容定位	版权	融资	盈利模式	产业布局
	网音频内容：直播；推出私密直播，直播预约提醒，直播聊天室。	目；另外，还提供相声名家、评书表演艺术家的经典作品，满足车主用户在车载场景下对娱乐的不同需求。	新一轮融资。		5. 建立实时分账系统：分账系统分三个端口来进行——主播生产（内容生产），主机厂、平台（考拉FM），将拿出一定的广告费用给主播，剩下的一部分与主机厂进行分成。最终目标是汽车生活服务的音频入口，在提供个性化电台内容的同时，还将提供交通路况信息资讯及LBS①服务。
多听FM "重新定义网络电台" 2013年3月上线。2016年一季度市场份额为9.3%。	内容主要来源于：1. 与国内大型的版权机构合作，通过授权的方式来获得音频的播放权限。2. PGC：与个人主播合作，由他们提供自己制作的音频。3. UGC：用户自己上传音频。	重点推第二种方式，把主播和平台进行深度捆绑，投入资源去捧红"潜力股"；对于优质的节目内容，平台除了支付一定版权费以外，还会根据广告等其他收入进行分成，主播获得的比例最高可以达到40%，以此增加平台的黏性。	2012年6月获得奇虎360投资；2013年7月，完成A轮千万人民币融资；2014年10月，完成B轮1 000万美元融资。	插播广告；植入广告；点播付费。	打造"优质内容＋智能硬件＋场景应用＋连接服务"音频生态链。推出音频行业首个软硬件结合的音频终端——车听宝，做车载电台。多听FM亦通过智能硬件伴侣的形式进入车载环境，主攻汽车娱乐市场。与滴滴、优步、PP租车、汽车之家合作，切入车载系统。未来希望通过场景化推送，实现电台"以人为中心的场景应用"。

① LBS：基于位置的服务，指通过电信移动运营商的无线电通讯网络或外部定位方式，获取移动终端用户的位置信息，在GIS平台的支持下，为用户提供相应服务的一种增值业务。

续表

电台	内容定位	版权	融资	盈利模式	产业布局
豆瓣 FM "与喜欢的音乐不 期而遇" 2009 年 11 月上线。 2016 年一季度市场 份额为 3.6%。	PGC 音乐电台。 完全采用传统电台模式播出纯音乐内容。 采用个性化推荐技术作为核心的算法，通过用户的收听习惯，从而"熟悉每个用户的脾气"，推送个性化歌曲，逐渐形成用户的"专属电台"。 2014 年 10 月，豆瓣 FM 推出 4.0 版本，增加音乐搜索功能。	与华纳、环球、Sony Music、EMI、艾回、源泉、金牌大风等唱片公司合作，获得音乐版权。		2014 年 1 月，豆瓣 FM 旗下"豆瓣音乐人"推出"金羊毛计划"，对版权独立的音乐人开放，播放音乐按次向用户收费，豆瓣 FM 旗下"豆瓣音乐人"提供广告收入分成的方案。"豆瓣音乐人"目前已有数万音乐人入驻。 以播放量为标准向音乐人提供广告收入分成的方案。"豆瓣音乐人"目前已有数万音乐人入驻。	

除此之外，豆瓣 FM 的商业模式还包括：以广告为主，会员付费服务，厂商合作分成。

注：表中6家电台占全国移动网络电台市场份额约75%。表中资料来源于相关电台官网资料、公开新闻报道等。市场份额数据来源：赛立信媒介研究2016年

站。我们可以给每一家经销商定制电台，可以把优惠政策、新车消息放在上面，可以提醒车主保养维修车辆。每个车主可以根据自己的需要定制自己的服务"①。

（三）移动网络电台优劣势分析

1.优势：丰富性、个性化、伴侣化

丰富性。在传统电台时代，由于广播信号发射的地域性，一个地区可以收听到的广播频率数量是有限的。以北京为例，包括中央电台、北京电台、国际电台和周边河北省电台，北京市域范围内总共可以收听到的广播频率有30多个，这个数字在全国范围内也是较多的。在移动网络电台时代，一家电台就囊括了几百家传统广播电台的频率，再加上海量的互联网UGC和PGC内容，音频内容的丰富程度是传统电台无法比拟的。调查显示，受众选择移动网络电台的首要因素就是"内容丰富"。

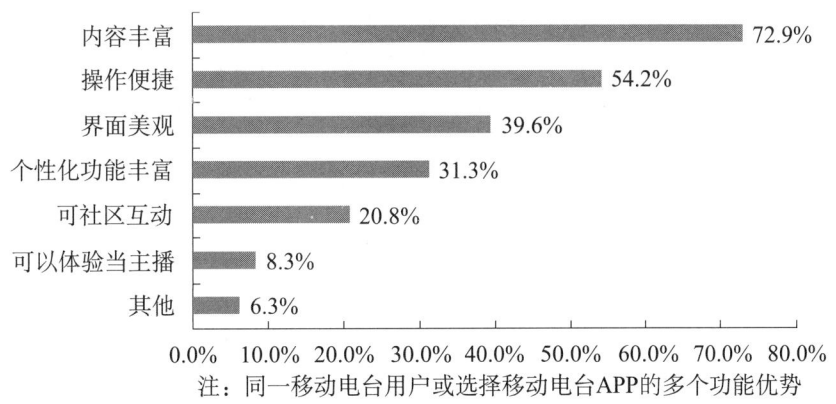

注：同一移动电台用户或选择移动电台APP的多个功能优势

图5-18　2015年中国手机用户选择移动电台App因素分析

数据来源：艾媒咨询2015年

从受众收听行为分析，移动网络电台中最受欢迎的内容是有声书、相声和脱口秀（段子）、新闻资讯、情感生活等类别。

---

① 李明阳.俞清木与他的考拉FM打造车内声音指纹的野心与布局［EB/OL］.（2017-01-13）［2017-01-20］.http://auto.sohu.com/20170113/n478604224.shtml。

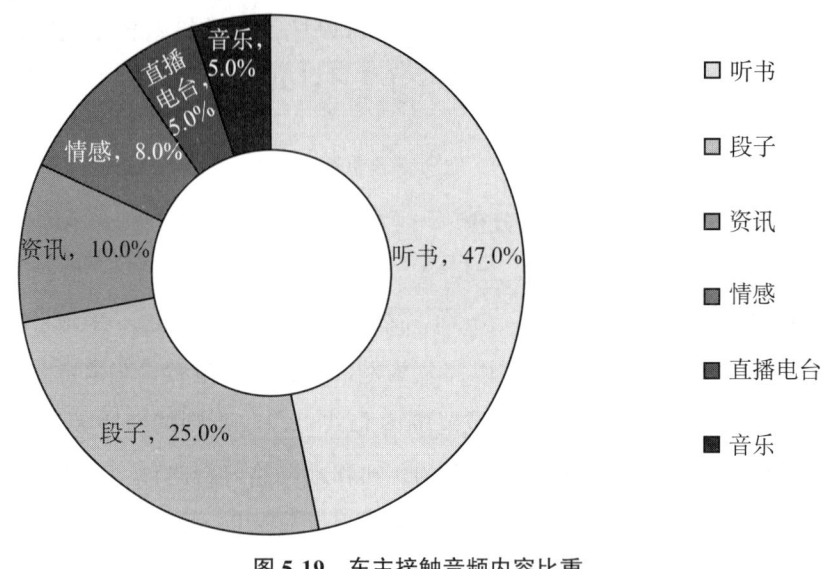

图 5-19 车主接触音频内容比重

数据来源：易观智库：2016 中国移动电台市场年度综合报告

这部分内容被称为**"头部内容"**。头部内容属优质的精品内容，具有带头、带动效应，影响力超强，具有病毒式的传播力，能引发粉丝自发传播。在头部内容的基础上，网络音频领域应打造"爆款"，吸引听众，聚集人气。逻辑思维、晓说、郭德纲相声等内容可以称之为音频领域的"爆款"。

当然，网络电台大部分内容属于**"长尾内容"**。长尾（The Long Tail）这一概念是由《连线》杂志主编 Chris Anderson（克里斯·安德森）在 2004 年 10 月的《长尾》一文中最早提出，用来描述诸如亚马逊和 Netflix（网飞公司）之类网站的商业和经济模式。我们也可以用淘宝网的商业模式来理解"长尾"的概念，过去大量小众商品的线下销售渠道买家稀少；但淘宝这样的聚合电商平台通过吸引全国乃至全球的商品和消费需求，使小众商品也能赢得大市场。同样，在互联网音频领域，当蜻蜓 FM、喜马拉雅 FM 等音频聚合平台汇集了足够多的内容、吸引了大量的受众群，基于用户对海量、多样性内容的需求，基于消费群体的巨量，长尾内容的效应将得以显现。比如戏曲、经济、历史人文、儿童故事、名校公开课等内容都属此类。

个性化。"在传统媒体面临新媒体的挑战时，越来越多人持这样一种观点：音频媒体未来受到的冲击和危机相对要少得多。因为它适应受众的细分要比电

视和其他传统媒体来得更便捷，细分化更多，所以它面临的危机更少。"① 如果
我们把移动网络电台看成是传统广播技术迭代的产物（这种迭代不是取代，而
是共存式的技术发展进程），那么，当下传播技术和方式对传统广播媒体来说就
不只是挑战，而是带来更大的传播空间；对听众来说，就是更多选择、更适位
和对味的传播体验。

移动网络电台基于网络技术的空间无限性，突破了频率资源的限制，为传
统广播走上细分化提供空间，且成本低廉、效果显著。传统广播受频率资源限
制，虽不断探索"窄播化"，力求满足听众个性化需求，但终究受客观条件所
限，难以实现个性化收听。新媒体广播则可以突破这一限制，可以实现直播、
点播、个性化定制等多种收听方式。这无疑是对音频内容传播的极大解放，同
时也是对听众收听自由度的极大解放，使广播移动性、伴随性的优势得以更好
发挥。

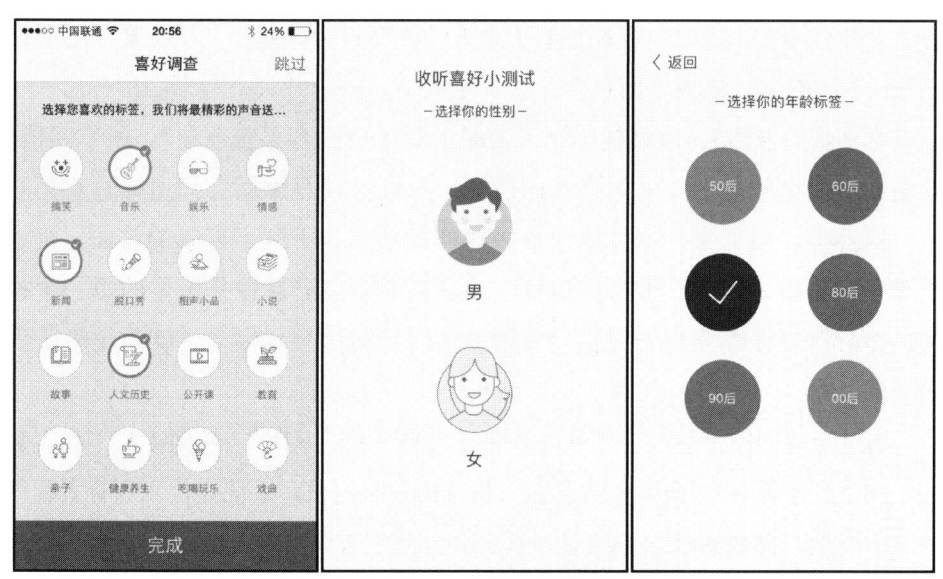

图 5-20　首次使用移动网络电台时会针对用户的喜好、标签进行调查，为精准推送内容做准备

以豆瓣 FM 为例，这家音乐电台可以提供上百个个性化音乐频率，而且还
在不断增加，这些音乐频率以语种、流派、年代、风格、心情、收听场景等方
式进行分类。比如在心情和场景的分类标签下，可选的频率包括：工作学习、
户外、休息、亢奋、舒缓、Easy、咖啡和运动。

---

① 胡正荣.媒介融合与广播发展的机会［J］.中国广播，2009（12）.

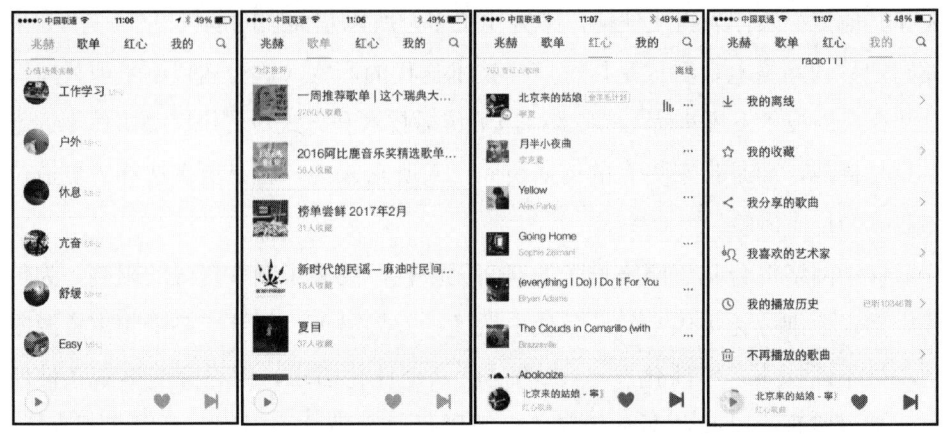

图 5-21 豆瓣 FM 界面，从左至右分别是：可供选择的频率、推荐歌单、
红心赫兹、个人收听记录

　　不同于传统电台，豆瓣 FM 的特点在于：不用节目表，打开就能播放音乐，每个人的豆瓣 FM 播放内容都是基于个人的收听行为、基于其历史播放行为而推荐的。豆瓣 FM 播放界面包括一个音量调节、一个开关、一个心形标志（用于收藏喜欢的歌曲）、垃圾桶标记（随时中断播放丢弃某首歌曲）、跳歌功能、专辑和歌曲名称显示。听到喜欢的歌曲，点红心，豆瓣就会知道你喜欢何种风格的音乐，接下来会给你播放更多这样的歌曲。听到不喜欢的歌曲，扔进垃圾桶，豆瓣 FM 将不再为你播放它。豆瓣 FM 会记录并分析你的每一个操作，即时调整推荐曲目。提供给豆瓣 FM 的反馈信息越多，它就越了解听者的音乐口味。

　　通过上述操作，豆瓣 FM 可以掌握听者的"音乐基因"，从而生成"私人赫兹"和"红心赫兹"。所谓私人赫兹，指根据收听记录，系统会检测到听者喜欢的音乐类型、喜欢的歌手等信息，系统会自动生成属于个人的专属电台，每次打开电台，就会播放大致符合个人需求的音乐。而"红心赫兹"，是听者在每次收听过程中，可以有意识收藏喜欢的歌曲，点成"红心"，红心赫兹只播放这些经过自己挑选的音乐。这些交互功能也会提高用户的使用黏度，收听时间越长，会有越多与自己相关的信息留存。实际上这个电台已经是听者参与"创办"的，已经成为"自己的电台"。

图 5-22　从左至右：1. 豆瓣 FM 播放界面；2. 点击下载标志边上的省略号可以显示多种功能，了解更多歌曲背景信息；3. 点击"词"，可以显示歌词内容

　　通过记录并追踪用户的使用习惯，推送海量的音频内容，提供下载离线收听，让用户参与编辑甚至创作，加上清晰稳定的音质保障，移动网络电台正在成为传统广播电台的有力挑战者，"当我们打开收音机，不得不收听 DJ 的饶舌解说，忍受广告不断的骚扰，这样的日子现在要结束了"[①]。

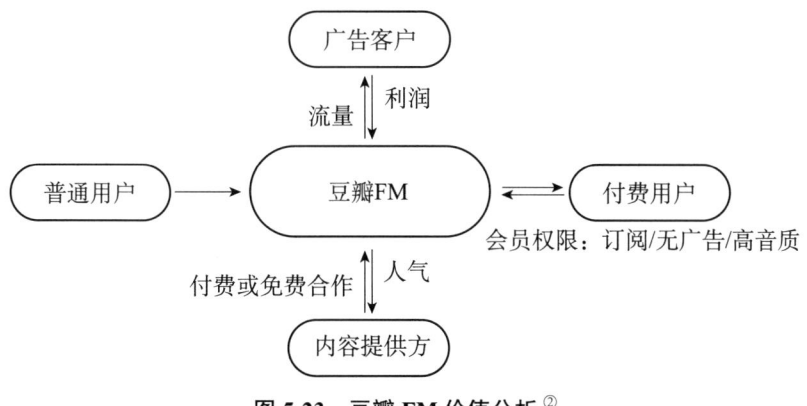

图 5-23　豆瓣 FM 价值分析[②]

---

①　孟伟 . 媒介融合背景下解析英国广播的新发展 .［J］. 中国广播，2011（3）.

②　孟伟等 . 互联网＋时代音频媒体产业重构原理［M］. 北京：中国广播影视出版社，2015：25.

伴侣化。移动收听、伴随收听是广播重要的接触方式，驾车、散步、晨练、工作、学习等场合，都是传统广播主要的收听场景。移动网络电台也在着力进行使用场景的开发。同样是伴随化收听，但两者是有细微差别的。如果传统广播是**"轻伴随"**，网络电台则属于**"伴侣化"**。[①]对于广播这样的"心灵触媒"来说，细微的差别足以带来用户体验的不同。

网络电台伴侣化的实现主要靠三种方式：短音频碎片化传播、个性化内容推送，以及伴随收听场景化定义。其中，个性化内容推送已做讨论，本小节主要讨论碎片化和场景化。

碎片化实际上是基于移动网络电台场景化收听方式所做出的调整。传统广播电台的节目时长一般在半小时到一小时，有的版块节目甚至长达几个小时，但在伴随收听状态下，听众的收听时间是碎片化的，很难长时间完整收听一个节目，基于传统方式编排的节目时长，并不完全适合移动互联网时代的电台受众。而且，伴随收听的状态，容易受到周围事务的干扰，很难长时间保持专注。因此，移动网络电台推送的主要是适合碎片化传播的短音频。下图是听众收听移动网络电台的场景分布：

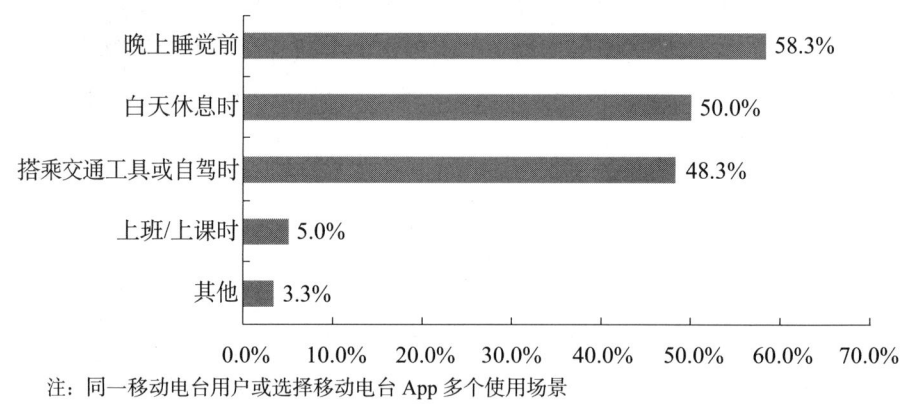

注：同一移动电台用户或选择移动电台 App 多个使用场景

图5-24　2015年中国移动电台用户使用场景分布

数据来源：艾媒咨询2015年

如上图所示，睡前、休息时间和在交通工具中是三个最重要的收听场景。一般来说，电视媒体的主要接触时间也在前两者，但电视和电台的接触行为大相径庭，看电视意味着要坐下来，但静止下来听电台的受众并不多。睡前收听

---

① 伴随和伴侣各有优势，将在下节关于移动网络电台的劣势分析中详细探讨。

可能是在洗漱时，可能是听着节目就进入了梦乡；休息时听电台，可能一边还在翻着杂志，也可能还在整理宿舍内务；更不用说在交通工具内收听时，随时都可能闯入外界的干扰。

喜马拉雅 FM 提供的一份关于该平台最受欢迎的 1 000 个电台的统计数据显示，大部分节目的时长在 30 分钟以下。其中，音乐类、英语类、儿童类，绝大部分节目时长都在 5 分钟以下；综艺娱乐和情感生活类节目，大部分在 20 分钟以内；有声小说、相声评书、最新资讯、历史人文和财经类节目，20—30 分钟时长的节目占比稍高；20—30 分钟时长的节目类型占比最高的财经类节目也不足 60%（见下图）。短节目有利于电台推送，也有利于听者的伴随收听。

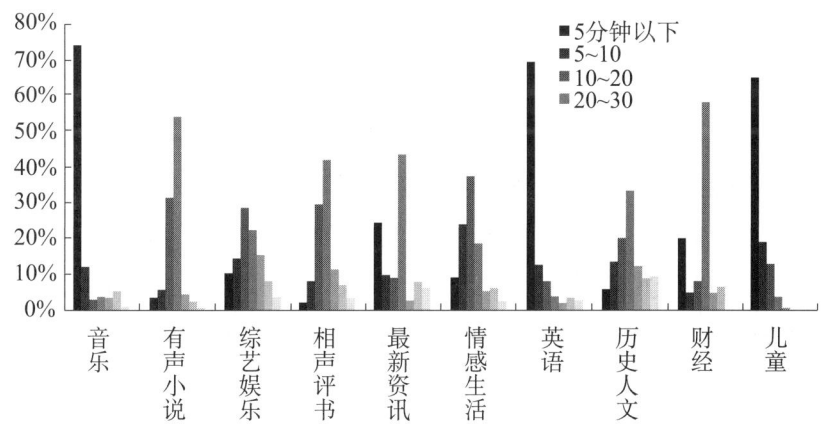

图 5-25　喜马拉雅 FM 不同类型节目的时长分布

数据来源：喜马拉雅 FM 2016 年

虽然节目时长较传统电台大大缩短，但移动网络电台每条音频的播放完成率（**完播率**）并不高，收听不到 25% 就中断的概率较高，基本播完（播放完成 90%）的总体概率只有 55%（如下表所示）。

表 5-3　喜马拉雅 FM 不同类型节目的播放完成率

播放完成率	音乐	有声小说	综艺娱乐	相声评书	最新资讯	情感生活	英语	历史人文	财经	儿童	整体
0%~25%	35%	18	32%	25%	28%	37%	13%	27%	26%	20%	30%
25%~50%	7%	4%	8%	6%	7%	8%	4%	7%	7%	5%	7%
50%~75%	4%	4%	6%	5%	5%	5%	4%	6%	5%	4%	5%
75%~90%	3%	4%	4%	4%	3%	4%	3%	4%	3%	3%	3%
90% 及以上	51%	70%	50%	60%	56%	46%	76%	55%	59%	69%	55%

数据来源：喜马拉雅 FM 2016 年

也就是说，相对于传统媒体的受众，由于选择较多，新媒体受众的耐心显然是不足的。当然，音频节目有其特殊性，不像视频和图文那么直观，受众分配给音频节目的注意力值是较低的，跳进跳出的可能性也较大，如果在前 25% 时间内还不足以吸引听者，被中断的概率就比较高，接近三分之一（30%）。

因此，节目要"短"，但不是越短越好，要根据不同的节目类型设定时长；同时，关键还在于要在短时间内抓住听者的耳朵。

基于上述的认知，上海电台旗下的移动网络电台——阿基米德 FM 推出了**"短音频"**战略，上海上空播出的 290 多档广播节目，每天每档节目剪辑制作出 2—3 条 3—10 分钟的短音频，打上标签、做好分类后，投放到各个网络平台和终端，可在阿基米德 FM 上传收听，也可在社交媒体上传播分享。该台强调，短音频战略构想的核心不是"短"，而是"精"，要把传统广播节目的精华部分先"打捞"出来，从而实现音频产品品牌化、内容精品化、受众细分化。

如前文所述，传统广播电台和移动网络电台的伴随收听正在分化出细微的差异。传统广播频率的直播节目可以凭借**"轻伴随"**定位吸引听众，降低节目"浓度"，随时开机随时切入收听。广播节目应甘当可有可无的背景声，以及"招之即来挥之即去"的好友。此时，广播节目时长的重要性已经退居次席，重要的是听众需要的时候不缺席。

移动网络电台的定位则以点播、推送形成个性化定制，实现**"伴侣化"**播出。点播是基于听众自身强烈收听意愿而进行的主动收听行为；推送是在前期收听喜好调查和收听习惯记录的基础上生成的个性化的内容推介。移动网络电台以其海量音频节目资源、基于大数据和人工智能的算法，使点播和推送更精准对接听众需求，从而达成"伴侣化"的传播状态。伴侣，比朋友的关系更进一步，比简单陪伴更深一层，移动网络电台的听众黏合度正是通过伴侣化的传播得以提升。这是付费订阅的前提，是粉丝经济推行的前提，也是垂直营销形成产业链条的前提。当然，正如一个人不能只有伴侣而没有朋友一样，从这个意义上说，目前网络电台和传统广播在传播方式和某些节目形态上有不同的功能定位。

2.劣势：缺乏同场感、资费高、版权乱、盈利前景不明、车载收听便捷性差

所谓劣势，有些是原生性的问题，有的则是发展过程中的阶段性问题。网络电台目前存在的劣势或问题大多是阶段性的，能否解决、解决的效率和程度，

有赖于技术的发展、自身运行流程上的磨合，以及与外界合作资源的整合。

"伴侣化"传播缺乏同场感。伴侣只可能是个人的，陪伴（伴随）的朋友可以是大家共有的。因为伴侣是根据个人情况"定制"的，而朋友是可以形成"圈"的。广播的魅力，除了声音本身蕴含的听觉的想象力、生动性、艺术性外，还有节目建构的与主持人的情感交流场域、和其他听众精神交往形成的微妙的同场感。

过去我们在探讨传统广播时认为这是"个人化"的媒介，因为很少有人会围拢在一起听广播，绝大多数时候是一个人听广播。进行这一判断时，我们忽略了一个事实：接触广播节目这一行为本身是个人化的，但收听相同节目的人可能是成千上万的。当你戴着耳机听广播时，你会知道还有很多人这一刻都在听，你的精神交往不仅局限于与主持人之间，还在于你不认识但是你知道一定存在的别的听众之间。这种精神的交往和情感的交流，还会带来你作为这个城市、这个社会一份子的存在感。这就是一种微妙的**"同场感"**。

在特定的事件背景下，这种同场感会使广播媒介发挥出其他传播形式难以企及的作用。本书第四章关于广播与突发事件的探讨中提到，在突发事件来临时，广播及时的信息传递可以让听众了解周遭的变化；节目中适时的情感交流对于身处事件中的人来说，可以让他们消除恐惧感、孤独感，产生归属感、激发内心的力量。在特定的媒介接触环境下，广播可能是唯一的信息来源，这种同场感就带着广播媒介独特的原生属性，给听众强烈的心灵触动。

在网络电台迅猛发展的当下，在司机人手一个导航仪，路况信息已经个人化定制的当下，交通广播早晚高峰的直播节目为什么仍然牢牢占据收听率第一的位置？在节目中形成的**交流场**是重要因素。这个交流场中有情感交流，主持人是大家的老朋友，节目一开始，仿佛全城的听众都聚合在这个朋友"家"了；这里有信息交流，路上发现了什么新鲜事、突发事，听众可以发来语音、图片、文字信息和大家共享；很快，记者就赶到现场发回直播报道了。这种同场感——仿佛身处一个热闹的大客厅——是与伴侣之间面对面坐着各端一杯咖啡形成的感受完全不同的。

网络电台也有直播节目，但目前从制作人员的专业性、资源获得的可能性（比如政府资源）、组织投入力度（传统电台一个节目往往是一个多人团队运作）等方面来看，与传统电台还有很大差距。

此外，传统广播有着鲜明的地域化传播特色，一方面是传播技术的局限使然——调频覆盖范围往往只有方圆几十公里，中波也不过几百公里；另一方面是广播媒介的特性使然，地域化传播有助于实现广播的服务性，更有助于实现与听众之间的情感交流，进而营造出空中大客厅的同场感。而网络电台传播范围是无边界的、全球覆盖的，获得受众的可能性越大、范围越广，参与其中的每个人反而越孤独。当然，基于用户位置信息的内容推送已经是网络媒体成熟的功能，网络电台也可以在地域化传播方面发力；还有些内容是超越地域，甚至超越国界的，比如情感、音乐、文学、科技、经济等，地球村内某些语言是共通的，人与人之间的时空距离是可以缩小的。但网上海量的内容选择可能会削弱这种基于位置或兴趣的传播的同场效果。

喜马拉雅 FM 的口号是"听我想听"，蜻蜓 FM 宣称"倾听世界的声音"，荔枝 FM 认为"人人都是主播"，考拉 FM 则希望"倾心陪伴，听我不同"，从这些定位传递出的是网络电台与传统广播截然不同的"海量内容＋个性化定制"的鲜明气质。因此，网络电台与传统广播不是更替的关系。新技术的出现，弥补了既有技术的不足，也弥补了既有传播方式的不足。

流量资费仍是障碍。根据赛立信媒介研究 2015 年城市居民媒体接触习惯调查数据显示，使用手机收听移动网络电台的受众比例为 15.9%，原因是"资费尚可接受"，可见如果网络资费下调，会有更多受众加入。而在使用手机收听移动网络电台的受众中，选择在 Wi-Fi 环境下收听的比例达到 73.1%，在 3G、4G 流量下收听的占比是 54.3%。[①]Wi-Fi 一般在室内或固定环境中安装，只能部分满足移动网络电台伴随性的收听需求。

用 3G、4G 收听电台的流量耗费情况如何呢？蜻蜓 FM 对直播流的码率进行技术压缩，收听一小时的流量消耗在 20M—30M 之间；考拉 FM 可以实现每小时消耗流量 15M—20M；而收听豆瓣 FM 每小时耗费 12M 流量。

目前各通讯运营商的网络流量费有所差别，以 500M 流量包计算，联通、移动和电信的资费分别是 24 元、30 元和 43 元，平均值为 32 元，即每兆流量费为 0.064 元。

以流量耗费较低的豆瓣 FM 为例，以每天收听一小时计，流量费为 0.77 元，一个月的费用为 23 元。从目前可查询到的数据分析，2016 年山西省人均每月

---

① 黄学平，曾慧雯.融媒体语境下广播二次元建构［J］.数据广播，2016（4）.

通讯花费 69 元、哈尔滨市为 105 元，安徽省 2015 年人均每月通讯花费为 65 元，由此估算全国平均花费不会超过百元，收听移动网络电台的花费将占总通讯费的四分之一，占比偏高。与此相对应，有线电视一个月的收视费用一般为十几块钱，两相比较，收听音频内容的花费较高。

各电台终端也采取了一些措施试图降低资费门槛。几乎所有移动网络电台都有离线缓存的功能，离线化应用技术可以实现离线资源缓存、在线上传或同步、本地数据存储三者之间的判定和切换，可以有效减少用户的资费花销。荔枝 FM 联合联通公司推出定向流量套餐，除直播功能外，每月只要花 8 元，就可以在荔枝 FM 客户端随意收听、下载节目。同时，该公司宣称经过技术处理的声音在保持清晰度的同时，流量消耗却很少，一小时只需要 6M 流量。同时，荔枝 FM 的 App 能自动侦测用户是用流量还是在 Wi-Fi 环境下播放，能够自动匹配相应的音质效果。考拉 FM 则表示，为了帮助用户节省流量费用，在产品中特意加入了缓冲功能，在 Wi-Fi 环境下，考拉可以提前缓冲最多两个小时的节目内容，确保用户在断网环境下的收听体验。不过，在传统广播免费的情况下，移动网络电台的流量资费仍是一道障碍。这意味着移动网络电台的用户体验要大大好于传统电台，才有更多听众愿意掏钱收听。

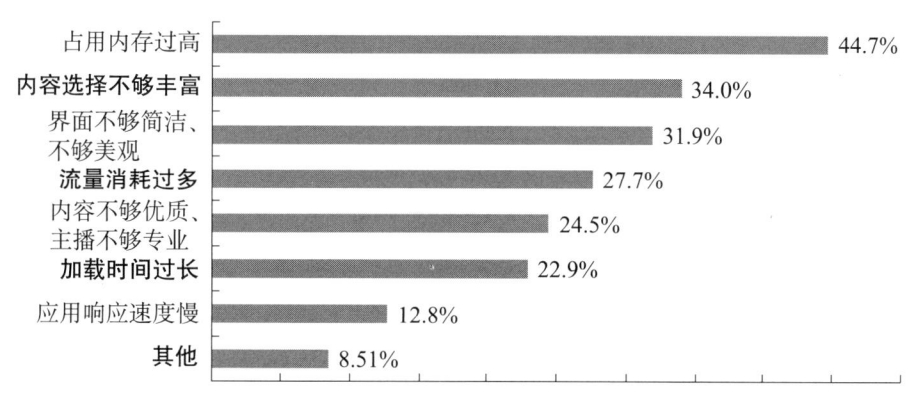

注：同一移动电台用户或选择多个不满因素

图 5-26　2015 年中国移动网络电台用户不满意原因分析

数据来源：艾媒咨询 2015 年

关于电信资费，2017 年 3 月 5 日，在全国两会上，国务院总理李克强在政府工作报告中表示，2017 年将全面取消手机国内长途和漫游费。话音刚落，三大运营商决定 10 月 1 日起正式在全国范围取消手机国内长途和漫游费。此次电信资费下降虽然不涉及网络流量费，但在扩内需、促发展的背景下，降费增速成为政府和民众的共同诉求，预计网络资费也将逐步下调，流量"痛点"或将逐步缓解。

网络电台内容版权混乱。2015 年 4 月 17 日，荔枝 FM、多听 FM 同时被苹果 App Store 下架。荔枝 FM 与多听 FM 将矛头共同指向了喜马拉雅 FM，称喜马拉雅 FM 向苹果进行恶意投诉。随后，喜马拉雅 FM 也遭到了苹果强制下架。在接下来的两个多月内，喜马拉雅 FM 和荔枝 FM 被连续多次下架，其中荔枝 FM 被下架 4 次，喜马拉雅 FM 被下架 3 次。下架的原因，一是被举报有刷榜[①]行为，另一个更重要的原因是内容存在版权问题。

版权问题的背后，是移动网络电台制作模式大同小异、内容高度同质化的现状。UGC、PGC 和 PUGC 模式是目前市场上主要的内容生产模式。市场培育初期，为了占有节目资源，对 UGC 模式的版权审核不严，甚至有所放任，导致版权不明晰，容易引发争议。而不管是 PGC，还是 PUGC，归根到底是希望优质主播入驻、招揽名人加盟，以及占有优质版权内容。但目前音频领域的优质内容少之又少，"做一个好的播客比较难，但是做一个播客太简单了，99.9% 的节目都是草根、没人听、质量不高的，大家都去抢 0.1% 的内容"[②]。郭德纲相声、高晓松的《晓说》、罗振宇的《罗辑思维》、《金星秀》等节目就成为受到各家争抢的 0.1% 的内容。

2015 年版权纷争的开端，就是郭德纲相声的版权问题。喜马拉雅 FM 花费重金购买了郭德纲相声的版权，但其他平台也在传播。而由于国内版权保护尚处于起步阶段，授权混乱，权利不明晰，导致纷争不断。多听 FM 也宣称拥有郭德纲作品的完整版权，多听 FM 创始人赵思铭说："在签给喜马拉雅之前，郭德纲曾经将自己的作品授权给超过十家的分包机构，这些分包商找到了我们，然后签了版权协议"[③]。

版权问题的另一个原因是权利主体对版权不在意。UGC 草根播客带着玩一玩的心态，很难意识到版权保护问题；PUGC 内容在平台投放之初，可能只是想做市场推广，希望更多人听到，把移动网络电台当作推广的渠道，没有签版权协议；还有传统电台主播大量入驻网络电台，制作的节目版权到底属于谁，

---

① 刷榜是指一些软件为了达到快速推广和打击竞争对手的目的，通过破解 App Store 算法或者找刷榜公司，使自己的 App 在榜单上排名靠前，以吸引用户下载。

② 语出自 New Radio 创始人杨樾。FM 版权大战：UGC 模式下好原创太少. ［EB/OL］. （2015-04-27）［2017-01-21］. http://tech.163.com/15/0427/09/AO6SRUCK000915BF.html.

③ 同上。

也存在版权隐患；另外，各平台引入的传统电台直播节目，大多也没有经过授权，大多数传统电台对这种播出行为不置可否，处于灰色地带。

另外，传统电台的版权保护意识刚刚兴起，但行业内缺乏统一认识和行动，无法统一制止网络电台的侵权行为，也是导致侵权泛滥的原因。这样的局面，对于网络电台和传统电台来说都是有害的。以喜马拉雅 FM 为例，该公司试图打造网络电台的"声音淘宝"模式，他们认为"声音是优良的知识载体"，并以此类内容作为付费收听的试点重点推进。但声音出版是建立在版权完整、音频市场定价机制完善的基础上的，否则，大 IP 在几大平台的争夺过程中漫天要价，而且合作不稳定，除此之外的更多节目被压榨，甚至被侵权。长此以往，"声音淘宝"模式将可能遭遇不小的障碍。

移动网络电台盈利模式仍在探索。目前移动网络电台已经初步聚集了内容资源和用户资源，特别是用户资源，从各平台自己公布的数字来看相当可观：喜马拉雅 FM 的用户数超过 1.8 亿，蜻蜓 FM 拥有 1.2 亿用户，考拉累计用户超过 6 000 万，多听 FM 用户达 5 000 万，荔枝 FM 拥有 2 000 万用户……但巨大的用户资源如何转化为收入还有待摸索。

贴片广告是传统电台最主要的收入来源，也是移动网络电台目前相对成熟的创收模式。所不同的是，相比传统电台，网络电台的贴片广告可以增加可视化的内容，点开节目播放之前可铺展开平面广告。启动 App 时也会出现可视化的开屏广告。此外，传统电台的广告投放方式是欠精准的，但网络电台在掌握用户数据的基础上，根据广告客户的需求做到精准投放并非难事。

PGC 内容的**付费收听**和版权分销成为各家发力点。蜻蜓 FM 和喜马拉雅 FM 均已上线付费收听专区，都在首页明显位置以"付费精品"进行重点推荐。其中，喜马拉雅 FM 于 2016 年 6 月宣布上线精品付费专区，主持人马东的付费音频节目《好好说话》同时上线，官方宣称首日销售额突破 500 万。吴晓波、葛剑雄、袁腾飞等 PGC 内容也入驻喜马拉雅 FM。2017 年年初喜马拉雅 FM 结合诗词热点推出的《蒙曼品最美唐诗》，100 集收费 199 喜点（1 喜点 =1 元），平均每集收费近 2 元，评论区不少用户表示是第一次付费购买节目，有几个用户认为价格太贵，但大部分对节目质量表示认可。因此，付费收听能否成功，关键要看内容是否物有所值。主持人马东认为，内容领域就像一座金字塔，头部内容只占 5%，前 20% 的叫优质内容，而剩下的就是普通内容，只有少数头部内容能拿到最高的价值。"做到腰以上的内容可以够本，如果做底部一定会赔钱。"①头部内容的聚合、生产能力直接关系到付费模式的成败；且联想到微信测试付费阅读功能引起的反响，付费收听模式的接受程度如何，还有待市场检验。

另外，在会员制和直播的刺激下，荔枝 FM 等以直播为主推方向的网络电台，正在探索会员制收费，同时协助主播进行周边开发，发展社群电商。

几家电台也纷纷进军电商领域，开发车载后装硬件和音频周边产品，比如耳机、话筒等。甚至有网络电台在卖茶叶、日用品等。

未来，随着车联网时代的到来，基于 LBS（基于移动位置服务）技术的 O2O（线上到线下）商业模式也有望成为网络电台下一个营收点。但 BAT（百度、阿里巴巴、腾讯三大互联网公司）在车联网领域布局的深度和对资源的聚合程度是网络电台无法比拟的，切分蛋糕的难度不小。

此外，通过向粉丝销售衍生品模式、硬件增值、版权分销及出版都可以有所作为，订阅收听内容的模式也将更加重要。

总体而言，在资本助力下，移动网络电台市场内容布局逐渐到位，产业链条正在形成，但盈利模式还在探索之中，商业模式尚未成熟，还处于"烧钱"阶段。变现能力是下一步竞争的关键，投资方不会允许长时间的资源消耗战，行业整合者也会由此出现。业内预计，2019 年移动网络电台市场将进入相对成熟期。

移动网络电台车载收听的便捷性有待加强。在车载端收听网络电台，目前还存在很多现实问题。目前在驾车时收听移动网络电台主要有两种方式，一种是作为车载预装软件，内置在汽车娱乐系统中，以语音或者手动操控；另一种方式是通过后装硬件实现。

在预装软件方面，喜马拉雅 FM、蜻蜓 FM、考拉 FM 等移动音频终端均宣称已经与多个汽车品牌合作预装软件，预装量据称将达到数百万辆，但这些车辆并非短期之内就能投放市场，而是在未来一段时间内逐渐上市。要使这些预装软件真正发挥作用，提高使用频度，需要汽车联网，联网本身并非难事，通过车辆内置网卡、移动 Wi-Fi、手机热点都可以实现，但解决联网后操作的简便性问题却有赖于车联网的真正实现。目前语音控制的识别率还有待提高，如果在车载端使用网络电台无法解放手和眼，开机、寻找电台、点播内容还需要手

---

① 武佳 . 马东说只有做头部内容才能赚钱，然而长尾理论并非处处适用 . ［EB/OL］.（2016-07-07）［2017-01-22］. http://www.tmtpost.com/2407376.html.

动寻找和点击，就会影响汽车驾驶本身，从而影响使用体验。

　　这一问题也存在于后装硬件中。目前喜马拉雅 FM 推出了汽车后装硬件——随车听，多听 FM 也推出了相似的产品——车听宝，考拉 FM 也在准备推出"考拉宝"。这几款产品的共同特点是，在开启使用时都需要使用者进行手机、网络电台硬件和车机 [①] 三者之间的互联。手机终端既是内容源，也是"发射源"，通过蓝牙或 Wi-Fi 连接，把用户手机里的内容传送到汽车里。比如喜马拉雅 FM 的随车听，使用时需要操作四个步骤：1. 把随车听插入点烟器或 USB 口；2. 打开手机蓝牙与随车听配对；3. 把随车听的发射频率和汽车收音机频率调至 87.5；4. 打开网络电台 App 播放节目。实际上，这类硬件仍然是以手机为中心操作的，对于驾车人群来说，这些步骤是相对繁琐的，花费的时间虽不至于很长，却很容易耗费使用者的耐心。有使用者表示，还不如用手机蓝牙和车载蓝牙配对来得方便；甚至不如直接用一条 Aux 音频线连接手机和车机。因此，仍以手机为中心的后装硬件只能是车联网到来前暂时的"替代品"，或者是车联网时代非智能存量汽车收听网络电台的简易解决方案，必然被市场淘汰。

图 5-27　喜马拉雅 FM 随车听青春版 Pro

图片来源：喜马拉雅 FM 官网

---

① "车机"是安装在汽车内的车载信息娱乐产品的简称，车机大多安装在中控台内。随着科技的发展，车机从早期的包含 CD、DVD、导航、收音机等功能，逐渐向智能化、信息化发展，成为车联网的重要载体。

传统广播电台之所以至今仍是车内收听的主流方式，主要是因为方便，第一次使用时存储好电台频率，之后只需要按一下开关、点一下频率就好。在城市堵车严重，交通状况复杂的行车过程中，不给驾车人群增加麻烦就是最好的陪伴。虽然传统电台节目的不可选择性、无法回放、广告插播造成的干扰等问题已经成为听众的"痛点"，但在车联网到来之前，传统广播仍然是车内收听的第一选择。

不过，车联网到来的脚步声已经越来越近。车联网从概念到实际应用的落地，将改变这一现状，也将改变车内信息娱乐系统的生态。

三、车联网与车载收听市场

（一）车联网将带来四方面变革

正如前文所述，车联网不是"汽车联网"，不是把车辆连上网络那么简单。**车联网**（IOV：Internet of Vehicles）概念引申自物联网（IOT：Internet of Things），根据车联网产业技术创新战略联盟的定义，车联网是以车内网、车际网和车载移动互联网为基础，按照约定的通信协议和数据交互标准，在车与X（X：车、路、行人及互联网等）之间，进行无线通讯和信息交换的大系统网络，是能够实现智能化交通管理、智能动态信息服务和车辆智能化控制的一体化网络，是物联网技术在交通系统领域的典型应用。

从实际用途看，汽车作为一个智能移动终端接入互联网后可以带来四个方面的改变：

一是对娱乐系统、导航系统等功能的替代，以联网的网络电台和地图服务替代过去的CD、FM、MP3和GPS导航。

二是依托车联网生态，成为生活服务的入口。实现这个功能，需要把车联网与LBS服务和O2O业务结合起来。一方面通过接入汽车行车电脑，获取汽车油量、车灯状态、雨刷情况等数据，根据这些数据，提供基于位置的服务（LBS），形成O2O的消费入口。

三是作为物联网的分支，车联网将成为城市智能交通的有效组成部分，为政府管理交通、缓解拥堵、驾乘安全等方面提供有力保障。

四是实现无人驾驶，人工智能成为汽车的"脑袋"和"眼睛"，大大提高安全系数；同时未来有可能改变汽车定位，共享型的公共交通工具的定位将可能替代"私家车"的用途，汽车以"服务"存在，通过数据中心的统一控制和运筹分配，用更少的汽车提供更快捷的服务。

（二）国内车联网发展：操作系统成切入点

2010 年 6 月 29 日在上海世博会"直达 2030"可持续交通系列论坛的第二场论坛"车联网——网联城市智能交通"上，通用汽车公司在国内首次提出"车联网"概念。在此之前，通用公司已于 2009 年年底在国内推出汽车安全信息服务系统——安吉星（On Star）；几乎同时丰田雷克萨斯也推出了 G-BOOK 平台化服务。这些产品利用无线技术和全球卫星定位系统向用户提供无线服务，获得导航、位置和 POI[①] 查询功能。这些服务产品初具车联网的部分简单功能，成为车联网的初始应用。此后，在相关政策的支持下，车联网逐渐在国内推进。

表 5-4　中国政府发布的车联网政策一览表

时间	主体	内容
2010 年 7 月	交通运输部	提出要推进车联网建设，同年，汽车移动物联网（即车联网）被列为国家重大专项第三专项中的重要项目。
2010 年 7 月 27 日	工信部	第九届中国信息港论坛"车联网"产业链合作研讨会在北京召开，研讨会发布了最新的"车联网"的技术及应用状况，总结了"车联网"发展现状及趋势，解析了"车联网"的热点及难点问题，推进了"车联网"产业链上下游的交流与合作，对促进汽车产业经济发展模式转型具有极其重要的现实意义。
2010 年 10 月	国务院	在"863 计划"中提出两项涉及车联网的关键技术：智能车、路协同关键技术研究，以及大城市区域交通协同联动控制关键技术研究。
2011 年 5 月	交通运输部	发布实施了《道路运输车辆卫星定位系统车载终端技术要求》，规定"两客一危"车辆必须安装车载终端产品。同年发布的《物联网"十二五"规划》也明确提出物联网将率先在智慧交通、智能物流领域部署。
2012 年 7 月 31 日	交通运输部	由中国交通运输协会主办的第三届节能运输大会在北京开幕，交通运输部在大会上发布了《交通运输行业智能交通发展战略（2012—2020）》，为未来中国智能交通发展指明了方向。

---

① POI 查询功能：指用户通过一点通语音连接服务中心查询周边兴趣点，服务中心协助用户查询，需要时导航至兴趣点。

时间	主体	内容
2013 年 2 月	国务院	发布《关于推进物联网有序健康发展的指导意见》，提出在工业、农业、交通能源等领域实现物联网示范应用。
2013 年 10 月	国务院	发布《国家卫星导航产业中长期发展规划》，指出：适应车辆、个人应用领域的卫星导航大众市场需求，以位置服务为主线，创新商业和服务模式，构建位置信息综合服务体系。
2014 年 7 月	交通运输部、公安部、国家安监总局	三部门联合制定的《道路运输车辆动态监督管理办法》实施。进一步加强了安全管理的信息化进程，对卫星导航运营商提出了更高、更新、更实用的要求。
2015 年 7 月	国务院	发布《关于积极推进"互联网+"行动的指导意见》，提出将出台《车联网发展创新行动计划（2015—2020）》，推动车联网技术研发、标准制定，组织开展车联网试点、基于 5G 技术的车联网示范。

从网络技术上看，车联网有三层体系：

第一层（端系统）：端系统是汽车的智能传感器，负责采集与获取车辆的智能信息，感知行车状态与环境；是具有车内通信、车间通信、车网通信的泛在通信终端；同时还是让汽车具备 IOV 寻址和网络可信标识等能力的设备。

第二层（管系统）：解决车与车（V2V）、车与路（V2R）、车与网（V2I）、车与人（V2H）等的互联互通，实现车辆自组网及多种异构网络之间的通信与漫游，在功能和性能上保障实时性、可服务性与网络泛在性，同时它是公网与专网的统一体。

第三层（云系统）：车联网是一个云架构的车辆运行信息平台，它的生态链包含了 ITS[①]、物流、客货运、危特车辆、汽修汽配、汽车租赁、企事业车辆管理、汽车制造商、4S 店、车管、保险、紧急救援、移动互联网等，是多源海量信息的汇聚，因此需要虚拟化、安全认证、实时交互、海量存储等云计算功能，其应用系统也是围绕车辆的数据汇聚、计算、调度、监控、管理与应用的复合体系。

其中，作为端、管、云三要素中的"端"，指的是车载终端，这是车联网的入口，也是车内信息的中枢，而广大车主获取车联网服务也要靠这个终端。因

---

① 智能交通系统（Intelligent Transport System）简称 ITS。

其重要性，车载终端显示屏已经成为电视屏幕、手机屏幕、电脑屏幕之外的第四屏，各大企业对车联网的布局，在很大程度上是在争夺对车载终端屏幕的主导权，因此也被称为**"决战第四屏"**。

第四屏争夺战最重要的领域就是车载终端操作系统。由于缺乏标准化的终端操作系统，制约着车联网，难有突破。车载操作系统分为前装和后装，前装市场的操作系统以 QNX 和 Wince 为主，后装市场以 Wince 为主。这些操作系统虽然技术成熟、安全性高，但一方面成本高昂且操作体验欠佳，和用户不断提高的要求相比，已经明显"老化"，很难满足现在人们对人机交互体验的要求；另一方面，由于车载传统操作系统是封闭的、非智能的，很难形成网络生态。

在这一背景下，一些科技公司相继推出更"亲民"的车载操作系统。目前苹果公司已经联合全球十多家汽车厂商，在车载终端中预装 CarPlay 操作系统，这样苹果手机连接到车载终端上之后，手机屏幕就会投射到车载终端屏幕上，司机在驾车过程中可以通过 Siri 语音对车载终端进行控制（见下图）。

图 5-28　大众汽车预装 CarPlay 系统后与苹果手机实现投射连接

图片来源：中关村在线

除了苹果公司，目前，无论传统车企、零部件企业、科技公司，还是跨界造车的新兴企业，都在开发自己的车载终端系统，或者采用市场上一些主流的车联网解决方案，除了较早推出通用的 On Star 和丰田的 G-BOOK，还有福特的 SYNC、宝马的 iDrive、谷歌的 Android Auto、百度推出的 CarLife、阿里巴巴推出的 YunOS、腾讯的 MyCar、乐视的 ecolink 等系统（见下表）。

表 5-5　国内主要互联网科技企业在车联网领域的布局情况（据公开报道和资料整理）

公司	战略定位	产品内容
百度	百度布局车联网较早，层次清晰。主要以手机为核心推进车载操作系统，兼顾 O2O 业务，并已规划无人驾驶的远期目标。	2014 年 4 月，百度发布了智能互联车载产品"CarNet"，CarNet 可接合用户的智能手机与车载系统，实现"人、车、手机"之间的互联互通。驾驶者还可围绕百度地图的 LBS 平台，通过语音完成路线规划、导航等功能，并基于地理位置获得周边美食、美景等相关生活服务信息。 2015 年 1 月，百度从 CarNet 进化到 CarLife。CarLife 功能类似于苹果的 CarPlay，但适配性更好，Linux、QNX、Android，CarLife 均可适配。在用户端，语音识别技术、实时路况数据均已接入，初步形成车联网生态系统，未来将接入更多 O2O 业务，成为新的盈利增长点。目前已经覆盖多个汽车品牌。CarLife 同时与飞歌、华为、路畅等车机厂商合作预装系统。 2015 年 8 月，推出了第三方车服务生活平台 MyCar，一方面把车联网与 LBS 服务和 O2O 业务结合起来，形成生活服务入口布局。另一方面，可以直接接入汽车的行车电脑，获取汽车油量、尾灯和汽车状态灯、雨刷情况等汽车状态数据。掌控数据之后，就可以提供位置服务、智能提醒、车辆管家、数据分析、云托管等服务。相比 CarLife，MyCar 需要与车辆深度结合，车企是否会向百度开放数据，以支持其拓展 O2O 业务的新领域，还需进一步观察。
阿里	通过高德车载导航切入，以车为核心，逐渐平移到无人驾驶远期目标。	2004 年 11 月，推出智驾盒子。这款产品与百度的 MyCar 功能类似，也是向下读取行车电脑信息，实时监控；向上扩展 O2O，打造消费入口。 2015 年 3 月，开始与上汽合作，上汽自主品牌新产品将集成阿里巴巴的 YunOS 操作系统，并将阿里通信、高德导航、阿里云计算、虾米音乐等应用软件资源和上汽集团的整车与零部件开发、汽车服务贸易等软硬件整合。 2015 年 4 月成立汽车事业部，并推出了 YunOS 车载系统。 2015 年 11 月，发布了"一个高德"战略，专注于"导航互联网化"，以导航作为车联网的基石和起点，以此实现车与车、车与人、车与路、车主与车主的互联。

续表

公司	战略定位	产品内容
腾讯	布局稍晚，处于一个追赶者的位置。从社交切入驾车场景，逐渐向汽车渗透。	2015 年 9 月推出"腾讯车联开放平台"，并发布了"车联 ROM""车联 App"，以及通过微信、QQ 连接汽车的"MyCar"服务。 MyCar：将车作为信息或社交载体，车主可以在微信端或者 QQ 端获得汽车"好友"的信息，并可互相"沟通"，如发送位置、音乐等信息到车机上。在信息方面，植入腾讯新闻、腾讯视频、QQ 音乐、腾讯体育、企鹅 FM 等资源。 车联 App：连接到车机的软件。类似于苹果的 CarPlay，是把手机连接到车机，在车机屏幕上做一个手机投影。 车联 ROM：预装到车机的软件。基于安卓的一个 ROM 系统，集成了腾讯音乐以及社交应用。 腾讯力图通过将自身的应用生态嫁接到车联网平台，以社交娱乐的基因，提前布局卡位，掌握车联网的主导权。注重与产业链上下游的方案商、车机制造商、渠道商等伙伴的合作的开放性，意图确立行业开放标准和协议，以便引入更多第三方内容和应用。
乐视	借鉴乐视超级电视生态模式，打造"平台＋内容＋终端＋应用"的垂直整合生态模式。	2015 年 1 月，成立乐视超级汽车公司，推出超级汽车"SEE"计划，同时发布基于 LeCloud 的 LeUI（用户界面）系统。 同年 2 月发布乐视造车计划的首个产品——LeUI Auto，这是一款汽车内使用的操作系统，可以安装在平板电脑、车载导航仪和车载中控系统内，系统包含地图、影音、电话、车况四项主要功能及一个应用入口。 2015 年 11 月，发布 Ecolink 乐视生态互联系统，与百度 CarLife 功能类似，能够兼容 iOS 与 Android 两套系统，可以直接把手机屏幕映射在车机上，通过一根 USB 线与手机连接。还可以实现"反控"，即从车机屏幕上直接操作手机。 2017 年 1 月，乐视与合作伙伴 Faraday Future 推出 FF91 智能汽车，运用了面部识别、自动驾驶等新科技。 前装市场与北汽、比亚迪和东风合作，有三款车型将搭载 Ecolink。后装市场与航盛电子、华阳通用和德赛西威三家车机商合作。 乐视试图打造双重优势，一是物理硬件层面的智能互联网电动汽车（即乐视超级汽车），重新组建汽车系统；二是拥有包括平台（LeCloud）、内容（后排娱乐）、终端（Ecolink）在内的完整生态系统，即基于用户打造从资本投资结构开始到平台、内容、终端设备再到应用技术的完整价值链闭环。

车联网是多方跨界的产物，在前装产业链上的参与者就涉及多个行业。汽车厂商、科技公司、网络运营商等都积极加入，并且期望占据主导地位。因此，

车联网破局的关键将是对参与者资源的整合和标准的统一，在资源对接、功能应用和用户体验等方面取得实质性突破。比如，行车数据的开放问题，这是实现车内通信的关键，掌握这些数据后，就可以实现对车辆状况的判断，从而实现远程诊断、后续服务。通过获取关于发动机、变速箱、安全气囊、刹车系统、ABS、空调等方面的数据，车主可实现对车辆的远程控制；还可实时查看发动机的温度、机油情况，从而判断车辆是否需要保养，车辆存在什么样的故障。一方面通过远程故障的预警，确保司机的安全驾驶；另一方面，通过远程故障的分析，给相关服务商带来商机，有助于产业链的健康发展。[①]

但车企基于安全性的担忧，以及商业利益上的考虑，对于开放行车数据持保守态度。上汽集团信息系统部执行总监张新权表示："一些涉及汽车本身安全问题的系统，比如 CAN 总线（Controller Area Network，即控制器局域网络）、ECU（Electronic Control Unit，俗称行车电脑）等一些汽车核心控制系统，整车厂都会非常非常小心，不仅是上汽，任何整车厂都不会开放的，这是整车厂在汽车安全方面的最后一道防火墙"[②]。

当然，车企也完全可以基于这些核心数据开发自己的车联网操作系统，但如果车企都要搭建基于自身车型的车联网，不同品牌之间就难以形成互联。各家的车联网产品在硬件和软件方面都各不相同，没有统一标准，无法产生商业模式。"也就是说，现在的车载产品更多的是在解决车与人、车与网的关系。车与车、车与道路之间的问题还有待长远的研发和规划。"[③] 国内车联网目前仍以便捷性和娱乐性为诉求，将智能手机部分功能投射到车机终端，并没有实现真正意义上的车联网。目前大多数宣称联网的车型，均只实现了多媒体系统的联网，只具备简单车况实时监测、云导航以及云端多媒体等功能。而车联网发展的目标和意义远不止此。"某汽车杂志的主编这样看待车联网的发展现状，'如果将整个车联网的长度划分为 100 份的话，如今的车联网生态仅经历了其中的不到 5 份'。国内车联网的确尚在萌芽阶段，产业链上的一众参与者也都在摸着

---

① 吴一凡，周智勇. 国内外车联网市场发展的现状及市场驱动力分析［EB/OL］. 见：http://www.pieeco.com/news/988_1.html.

② 不切入 CAN 总线的车联网都是伪车联网［EB/OL］.（2014-08-05）［2017-01-23］. https://www.huxiu.com/article/39427/1.html.

③ 纪成成：国内车联网八大系统盘点：仍处在萌芽阶段［EB/OL］.（2014-01-14）［2017-01-23］. http://haerbin.auto.sohu.com/20140114/n393475619.shtml.

石头过河，凭着自己的理解打造车联网，他们仍然面对很多的困惑。"①

因此，开放与标准成为车联网发展的突破口。"一旦形成标准，所有车辆处于联网状态中，通过云端的数据分析，可以解决车辆分流和拥堵等问题，车辆也能通过控制系统接收到指令实现自动避让，避免安全事故的发生。这也是车联网诞生的一个初衷。"②

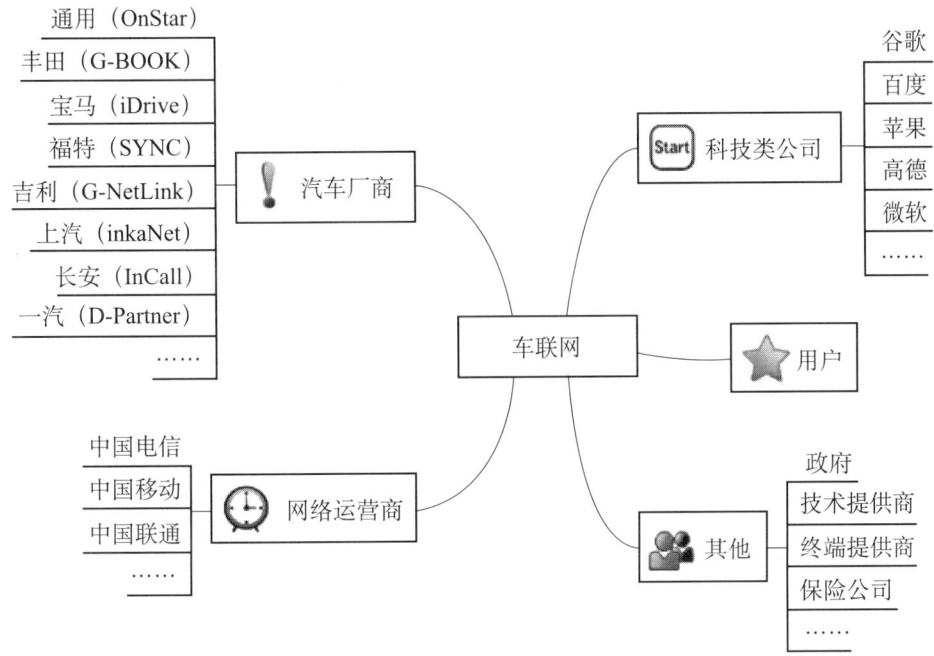

图 5-29　车联网前装产业链上的参与者，也是需要整合的资源提供者

图片来源：搜狐汽车研究院

当然，除了资源整合，网络技术也是推动车联网进一步发展的重要因素。4G 的逐渐普及，使车联网的发展崭露头角，但 4G 只是实现了高速率的第一步，现有的通信技术在网络覆盖和通讯稳定性方面仍无法满足车联网的要求。因为车联网需要大数据和高速运算能力的支撑，车载终端自身是无法做到的，这就需要依赖网络"云端"的支持，网络的稳定性和高速率就尤为重要，5G 技术将在网络技术方面带来改变。

①　纪成成：国内车联网八大系统盘点：仍处在萌芽阶段［EB/OL］.（2014-01-14）［2017-01-23］. http://haerbin.auto.sohu.com/20140114/n393475619.shtml.

②　同上。

我国的 5G 发展规划如下：2016 年启动 5G 的标准研究，预计在 2018 年第一个版本的标准将完成，然后根据产品的成熟度，在 2020 年左右确定商业应用的起步时间。目前在北京市怀柔区建设了全球最大的 5G 试验外场，试验网由国内外行业龙头企业参与。如果能按期推进，我们将很快迎来车联网乃至物联网的突破。

（三）车联网与车载收听市场

据 IHS[①] 发布的数据显示，从 2015 年到 2022 年，全球车载信息娱乐系统使用情况将呈现逐年增长趋势，增长点为智能屏互联系统和车载导航。未来几年，这两类车载信息娱乐系统的市场份额将逐年扩大，并在 2019 年双双超过汽车音响的市场，形成智能屏互联系统第一、车载导航第二、汽车音响第三的市场格局。尼尔森网联 CEO 张余认为："车载终端智能化和智能手机车载化趋势明显，今后对车载流量入口的争夺会越发激烈"[②]。

车载屏成为争夺流量入口的关键领域。而音频作为车内场景的重要传播介质，受到众多车企和操作系统供应商的重视。一方面，解放手和眼的自动语音操控是车联网的必备操控方式，否则车联网众多功能的实现无从谈起；另一方面，伴随接触的音频媒介几乎是车内娱乐的最重要方式。因此，在车联网的布局中，音频内容是标准配置。

百度 CarLife 使手机功能几乎完全延展至汽车，在手机端下载百度 CarLife，并通过数据线连接安装了相应软件的车机后，中控屏幕就会进入 CarLife 主界面。目前 CarLife 包含三个主要功能：电话、音乐和地图。手机中的通讯录、本地音乐、本地地图等都将同步至汽车端，因此可以利用百度 CarLife 在汽车中接打电话、听音乐和使用百度地图的各种功能。在音乐方面，百度 CarLife 引入了百度旗下的百度音乐，以及第三方音频应用喜马拉雅 FM、网易云音乐等，并对 CarLife 的音乐界面进行改版，特别优化了音乐播放品质，让车主可以更加安全地在车上使用优质的音乐服务。如果在线听音乐，将使用手机的数据流量；如果手机里有下载的音乐，那么就可以直接同步到

---

① 美国 IHS 公司是信息、产品、解决方案和服务供应商，为能源、电子、航空航天、国防、电信、建筑和汽车六大核心行业中的政府机构与公司企业服务。

② 阿基米德高峰论坛——紧握未来广播的价值和趋势［EB/OL］.（2016-10-26）［2017-01-18］. http://sh.qq.com/a/20161026/039293.htm.

汽车音响播放。

图 5-30 百度 CarLife 的音乐播放界面同时可以显示导航功能 ①

而乐视虽然为 Ecolink 接入了大量的视频资源，但看视频在车内场景并没有优势，主要是为"后排娱乐"所需；因此，乐视同时也接入了第三方音频资源，比如多听 FM、蜻蜓 FM、考拉 FM 等。乐视车联会为 Ecolink 用户每个月提供 6GB 的流量。

在乐视 LeUI Auto Lite（乐视简版车载操作系统）中，用户使用频次最高的四项功能排列在屏幕左侧，分别是地图、娱乐、电话、车况，最下方是其他应用的统一入口。娱乐功能中，目前主要包含四大块：本地音视频、酷我音乐、豆瓣音乐和乐视影视，能够直接在线收听音乐，观看乐视影视资源。

阿里巴巴则在 2016 年 7 月与上汽集团合作推出荣威 RX5，该车型号称是全球首款量产"互联网汽车"。荣威 RX5 还能实现语音开启关闭天窗、播放音乐、开启导航、天气查询等操作。其核心就在于阿里集团所开发的 YunOS 车机系统。启动车辆后中控屏幕会直接显示系统主界面，整个系统的 UI 设计更加类似于手机的操作系统，可以通过车辆内部的 4G 网卡或者 Wi-Fi 实现网络连接，收听在线电台广播，并实现 YunOS 版本和地图等数据的更新。

---

① 崔娜. 体验百度 CarLife：像玩手机一样开汽车？［EB/OL］.（2015-01-29）［2017-01-25］. http://auto.sohu.com/20150129/n408160507.shtml.

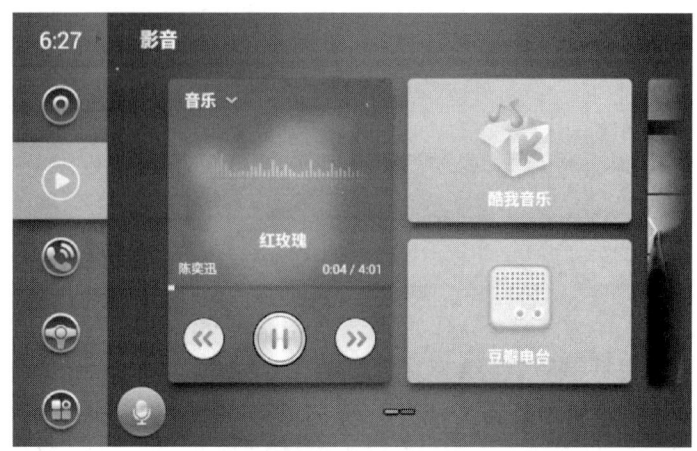

图 5-31　LeUI Auto Lite 系统娱乐功能主界面 [①]

　　YunOS 装载了高德导航、虾米音乐、蜻蜓 FM 等应用，还有其他部分手机 App 也可以实现与汽车联网互通。同时，这款车软件下载和新功能升级产生的数据流量是终生免费的。除此之外，诸如影音娱乐服务产生的流量是收费的。不过，官方提供了首年 2.4G 的免费音乐流量包。

图 5-32　荣威 RX5 中控屏幕的娱乐界面 [②]

　　如前文所述，车载端收听广播，最关键是要方便，这样才能不让司机分心，

①　乐视超级汽车现雏形，车云独家体验 LeUI Auto Lite［EB/OL］.（2015-01-20）［2017-01-25］. http://www.cheyun.com/content/1276.

②　侬好斑马 荣威 RX5 智能互联系统深度体验［EB/OL］.（2016-10-31）［2017-01-25］. http://www.autohome.com.cn/dealer/201610/81204792.html.

从而最大程度保障行车安全。至于提升内容方面的体验，应该是在便利性基础上要做的工作。

在个性化选择方面，网络电台已经远远超越传统广播；就内容本身的丰富程度来说，也比传统电台提升很多。因此，网络电台在车载端的收听只是需要一个"触点"，这个触点就是便利性。目前国内车联网发展虽然仅处于第一层次的发端，也就是以便捷性和娱乐性为诉求，逐步实现对娱乐系统、导航系统等功能的替代，但对于网络电台来说，需要的恰恰就是"便利性"推动。

据研究机构 SA（Strategy Analytics）相关研究数据显示，未来 5 年，中国乘用车销量复合年增长率将稳定在 3.2%—3.4% 之间，到 2021 年中国乘用车销量预计将达 3 140 万辆，其中约有 2 420 万辆搭载有嵌入式车联网解决方案，占总销量的 77%，2025 年这一比例将高达 80%。[①] 而喜马拉雅 FM、蜻蜓 FM 等主要网络电台均宣称已经和一些车企达成了几百万辆的软件预装合作协议。未来几年，随着这些预装车型逐渐上市，网络电台将形成一定的收听规模。

这意味着，网络电台车载收听市场将从此打开大门。类似于"车听宝"这样的过渡性的网络电台后装硬件也将逐渐淘汰。车载收听作为音频媒体最重要的一个市场领域，将呈现此消彼长的市场格局：传统电台在车载端的收听规模将逐渐缩小，直至与网络电台形成一个市场平衡。未来传统广播仍有市场，但市场还有多大，将取决于传统广播适应市场转型的力度有多大。

当然，便利性的获得还有赖于语音交互系统的成熟。语音交互目前还存在一定的障碍，语音输入的识别度和精准度影响指令的响应速度和执行效果；而语音交互的智能水平不高，很难处理复杂的语音指令，也影响人机对话的体验；另外，由于处理语音指令需要大数据的支撑，云端服务器的响应需要较好的网络环境，高速运行的车辆容易出现网络断点，也会影响语音指令的反馈。

（五）自动驾驶技术与音频媒介

远期，随着自动驾驶技术的成熟，音频媒介的车载收听也会出现一些变化。

SA 预测，到 2020 年，中国拥有驾驶员辅助系统和可进行部分自动驾驶的乘用车配售率将达 50%；2025 年，将出现更高级别的自动驾驶汽车，配售率大

---

① 专家聚焦：车联网关键技术未来发展趋势［EB/OL］.（2017-03-17）［2017-03-20］. https://sanwen8.cn/p/78dNosl.html.

约在 10%—20% 之间；到 2030 年，中国车联网和自动驾驶汽车的法律标准将制定完成，届时将出现可进行完全自动驾驶的汽车，配售率接近 10%。另据调研公司 IHS 的数据显示，2030 年，全球范围内达到四级自动驾驶和五级自动驾驶水平的汽车数量将双双超过 200 万辆。到 2035 年，这两类自动驾驶汽车的总量将超过 2 000 万辆。[①]

表 5-6 自动驾驶分级图示 [②]

自动驾驶分级 NHTSA	SAE	称呼 (SAE)	SAE 定义	主体 驾驶操作	周边监控	支援	系统作用性
0	0	无自动化	由人类驾驶者全权操作汽车，在行驶过程中可以得到警告和保护系统的辅助。	人类驾驶者	人类驾驶者	人类驾驶者	无
1	1	驾驶支援	通过驾驶环境对方向盘和加减速中的一项操作提供驾驶支援，其他的驾驶动作都由人类驾驶员进行操作。	人类驾驶者系统			部分
2	2	部分自动化	通过驾驶环境对方向盘和加速中的多项操作提供驾驶支援，其他的驾驶动作都由人类驾驶员进行操作。				
3	3	有条件自动化	由无人驾驶系统完成所有的驾驶操作，根据系统请求，人类驾驶者提供适当的应答。	系统	系统	系统	
4	4	高度自动化	由无人驾驶系统完成所有的驾驶操作，根据系统请求，人类驾驶者不一定需要对所有的系统请求作出应答，限定道路和环境条件等。				
	5	完全自动化	由无人驾驶系统完成所有的驾驶操作。人类驾驶者在可能的情况下接管，在所有的道路和环境条件下驾驶。				全域

① 专家聚焦：车联网关键技术未来发展趋势［EB/OL］.（2017-03-17）［2017-03-20］. https://sanwen8.cn/p/78dNosl.html.

② 朱玉龙. 一篇文章读懂 NHTSA 自动驾驶分级［EB/OL］.（2016-04-28）［2017-03-20］. http://www.cheyun.com/content/10421. NHTSA 是美国高速公路安全管理局的简称；SAE，即 SAE International，国际自动机工程师学会。

　　五级自动驾驶的实现，意味着车联网发展的完善与成熟，意味着可以解放司机的手、眼和大脑，视觉媒体在车载场景的市场份额将有所提升，甚至音频媒体和视觉媒体将"机会均等"，但实际影响有待观察。此外，人类的生理特性可能将给予音频媒体更多机会。

　　车载场景是高速运行状态下的物理空间，为了保证肌体的舒适和平衡，乘客有两个器官会自动处于紧张运转状态：调节平衡的内耳前庭和感知速度的视觉器官。如果这两个器官在给大脑传递信息的时候出现不一致，就会导致人体的不适，这种不适往往表现为晕车。这两个器官传递的信息之所以会出现矛盾，在于内耳前庭只能感知加速度，在匀速行驶状态下人体主要靠视觉感受运动，视觉系统通过视网膜、视觉神经把运动信息传递给大脑。车内相对静止状态的人体，对于内耳前庭来说就是"不动"的；但视觉会告诉大脑，人体是在"动"的。这种信息的短暂混乱会导致大脑的误判，从而诱导人体产生头晕、恶心、呕吐的不适反应。此外，车内空间密闭，卫生状况、车内异味、通风状况、噪音等因素也会引发不适感。

　　不同的个体，内耳前庭的敏感度是不一样的，大脑对于矛盾信息的反应也会有所差异，所以不是所有人都有晕车反应。但如果在车内看书、看手机、看视频，即使原本不会晕车，也可能诱发不适症状。因为在接触这些媒介时，需要长时间专注于这些体积相对较小的静止物体上，就会加剧视觉器官与调节平衡的内耳前庭的信息冲突，导致晕车感的产生。[1] 当然，人类的适应能力是很强的，对音频媒体来说，更适合的角色仍是伴随。手、眼和大脑"自由"之后，可消遣、可接触到的信息会随之翻倍，收听节目的耐心也会相应下降，频繁跳进跳出不可避免，节目完播率预计也会有所变化。如何制作出更贴近需求的内容，以及如何在短时间内抓住听者的注意力，是永恒的课题。

　　综上，无人驾驶的车内收听场景，音频将从绝对主导回归合理位置，继续发挥伴随性功能。这就是音频媒体，弹性而长线，不完全占有听者，不完全占有场景，成为主角的机会很少，但又无时无刻存在。

---

[1]　相关内容综合参考自：甘仲霖等.与晕车有关的汽车内环境因素研究［J］.泸州医学院学报，2003（4）；黄高廷，黄俏庭.晕车的原因及防治［J］.内蒙古中医药，2014（21）；晕车的生理解释是什么？为什么坐车时看手机更容易晕车？［EB/OL］.（2016-08-19）［2017-03-21］.https://www.zhihu.com/question/27183599。

四、人工智能与语音交互

自动驾驶技术是人工智能的实际应用之一。在探讨自动驾驶技术之于音频媒介的影响后，我们有必要深入地了解一下人工智能。未来人工智能的交互方式主要包括体感交互和语音交互，其中，语音将是主要的交互工具。语音交互因此将成为物联网的入口工具，成为我们获取信息、获得服务的渠道。

（一）为什么是语音？

科技界普遍认为，PC 时代，浏览器成了互联网的流量入口，人类通过键盘和鼠标与信息进行交互；到了移动互联网时代，以 App Store 为代表的各类应用商店成为流量入口，人类通过触摸屏上的 GUI[①] 来操作 App 和信息进行交互；目前 IOT（Internet of Things，物联网）成为新兴的科技浪潮，人工智能助手可能会成为入口，正像键盘鼠标之于网站、触摸屏之于 App，语音之于人工智能助手也是关键性的交互工具。

表 5-7　人机交互的进阶

阶段	交互入口	交互工具
PC 时代	浏览器 / 门户网站	鼠标、键盘
移动互联网时代	应用商店 / 应用	触摸屏
人工智能时代	智能机器人（智能秘书）	语音 / 体感

为什么是语音？

说话是人类最熟悉和熟练的信息交流方式，婴儿也是先学说话再学写字；说话是最简便和较少占用时间的沟通方式，你可以一边做其他事情，一边说话，两不耽误。人工智能时代，当机器具有了"超级大脑"，具有与人沟通的智力水平、语言能力，它就成为每个人工作生活中的"秘书"。给秘书交代任务、提出需求，你是愿意用键盘、用触屏，还是愿意说出来"告诉 TA"？对大多数人来说，答案应该都是后者。也就是说，人工智能发展的终极目标，是为人服务的，是为了

---

① GUI：Graphical User Interface，图形用户界面，是指采用图形方式显示的计算机操作用户界面。

解放人类的，所谓"一切归于简"，就是要让人类摆脱高昂的沟通成本，化繁为简。自然，人机交互方式也需要不断进阶到更高、但又更为简单朴素的方式。

想象一下，忙碌的早上，你一边洗漱，一边交代"秘书"：打开广播听新闻，然后查一下室外温度，再看看上班路上会不会堵车，应该走什么路线避免拥堵……如果要出差，也可以告诉"TA"：订一张机票，提前值机，要靠窗位置，别忘了打印行程单……上述一系列事情如果你自己做，至少要半小时，但将来你只要一分钟就可以交代清楚，至于操作过程，你不用管，那是"TA"的事。

而这样的服务，只要会说话，就可以获得，语音交互方式将使技术的门槛降低，孩童、老人、残疾人都可以更便利地获得科技带来的服务。

因此，人机交互的发展轨迹将是：从键盘和鼠标到触摸屏，再到语音交互，不同的交互方式，代表着不同的时代。一个以语音交互技术为核心的全新应用生态链，将对人工智能产业的发展起到极大的促进作用。

正是基于这一判断，全球多家科技界巨头均在语音交互领域倾注力量，目前已经有多款产品面市。比如 Google Now、微软的 Cortana（小娜）、Facebook 的聊天机器人 Message Platform、苹果的 Siri、亚马逊的 Echo、Google Home、科大讯飞的叮咚 DingDong 智能音箱、百度的智能机器人（度秘）、搜狗语音、微信的语音功能等。不少产品致力于打造人工智能助手，成为物联网的总控和大脑，掌握入口话语权，聚合各类功能和应用。

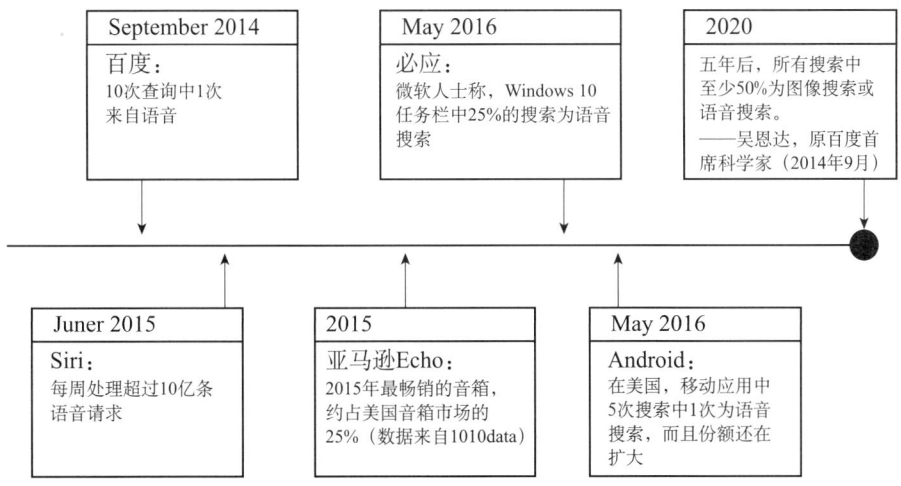

图 5-33　语音搜索份额逐渐上升

数据来源：KPCB INTERNET TRENDS 2016

语音交互应用正在日益变多。语音搜索正在蚕食搜索份额，百度、谷歌的语音搜索在近十年来均取得了数十倍的增长，其中安卓、百度和必应语音搜索比例分别达到 20%、10%、25%；以 Siri 为代表的语音助手正在快速普及，美国用户使用这类工具的比例，已从 2013 年的 30% 增加到 2015 年的 65%。因为语音能够解放双手和眼睛，人们越来越多地在车里、家里和随身使用语音。相关数据显示，从 2014 年到 2016 年年间，全球 API（Application Programming Interface，应用程序编程接口）调用百度语音识别以及文本转语音（TTS，Text To Speech）的每日使用量急速攀升，百度语音在百度产品中使用率快速增长。①

（二）场景化应用将成突破口

目前语音交互尚不成熟，主要受限于技术的发展。智能语音交互技术主要包含三项：语音合成、语音识别和自然语言处理（NLP）。语音合成技术相对成熟，应用也较多，比如在高德导航中，科大讯飞利用林志玲和郭德纲的少量语料，合成出足以乱真的大量导航语音。语音识别方面，目前录音转文字的效率和准确率都有很大提升，科大讯飞和百度都开发了相应的应用。而自然语言处理（NLP）是智能语音交互中最困难的部分，人类的语音需要电脑转换成语言符号，再去识别文字，然后再与人类进行交互。智能家电和智能机器人已经可以进行简单的人机对话，但由于人类语言具有语义的复杂性、表述的模糊性和强调上下文语境的逻辑性，使词义消歧成为 NLP 技术的最大瓶颈。人工智能在这一领域仍然有很大局限性，对一词多义的理解还存在不小的障碍。因为"人天生倾向于用非精确的信息来交互，因为非精确的信息传输量更大，更方便。机器却是需要有精确信息来处理才能让识别和自然语言处理更准确。这是一对天然的矛盾"②。

虽然 NLP 技术仍有待突破，但语音交互仍将是大势所趋。特别是在特定场景和特定人群中，语音交互是相对刚性的需求。比如在车载场景，使用语音交互可以解放手和眼，提升驾车的安全性；而且车内环境较为封闭，更适合人

---

① 超过十分之一的篇幅给语音，互联网女皇为何看好麦克风？［EB/OL］.（2016-06-02）［2017-03-22］. https://www.huxiu.com/article/151082/1.html.

② 宗秀倩.语音助手不灵"对话交互"才是未来？［EB/OL］.（2014-01-06）［2017-03-22］. http://tech.qq.com/a/20140106/002778.htm.

机之间的语音交互。出行安全（行车数据）、出行资讯（导航）、伴随娱乐是驾车群体的刚需，而目前涉及这三方面需求的硬件和软件都还处在相对分离的状态下，司机需要在不同终端（仪表盘、车机屏、手机屏）上接收信息。随着车联网的逐步发展，多终端将整合为一个智能终端，语音是司机与这个智能终端最好的交互方式，将成为司机获取导航信息、娱乐信息、行车信息，以及查询LBS服务信息的关键入口，并将有效地改善行车安全，提升车载媒介的传播价值，使车辆真正成为移动的智能终端。目前，搜狗联合四维图新、飞歌等，推出了全语音交互的车载导航产品，把自身在语音交互方面的技术积累直接用于C端市场。

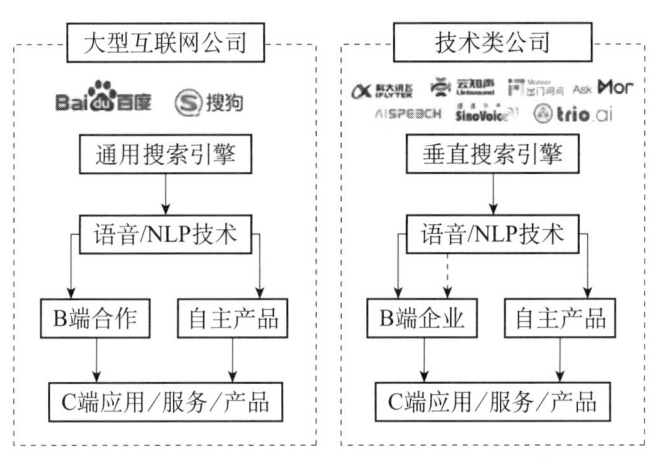

图 5-34　智能语音语义行业业务模式对比[①]

另外，家居场景也是目前人工智能布局的热点。在家居场景下，智能家电可以通过人工智能助手统一控制，开电视、播放音乐、叫醒、开灯、开空调等日常服务都可以实现语音控制。

科大讯飞和京东联合开发的叮咚DingDong音箱已经上市。这款音箱产品通过与百度音乐、喜马拉雅FM等内容提供商合作，连接Wi-Fi后可以听到1千万首音乐、4百万小时有声读物和1千家广播电台；它也是智能家居的控制入口，可以控制21大类、上千种家电设备（前提是这些家电具备联网功能）；还整合了京东、滴滴出行、e袋洗、中通快递等服务商。获得上述服务的方式是通过说话告诉"叮咚"。实际上，这已经是一个音箱形状的物联网智能入口。

---

① 深度解读 | 中国智能语音行业格局与未来发展趋势［EB/OL］.（2017-02-24）［2017-03-25］. http://www.woshipm.com/it/590207.html.

它可以自动实现后台版本升级，通过云端大数据的支持，不断了解用户的偏好、行为，时间越久越能够了解用户的喜好和使用习惯，不断提高语音识别和响应的准确度，将成为一个智能私人家庭助理。

图 5-35　叮咚 DingDong 智能音箱

亚马逊推出的 Echo 也有相似功能。播放音乐、控制家电、网上购物、获得 O2O 服务，均可在这个"音箱"入口实现。其内置的 Amazon Alexa 语音助手具有很强的自然语言识别和理解能力，能够在嘈杂背景中识别语音指令。这款产品面世后获得市场追捧，据 CIRP（国际生产工程科学院）报告估计，"截至 2016 年 11 月，Echo 累计销量超过 510 万台"[1]。与销量同步增长的是 Echo 内置的 Alexa 的技能。由于亚马逊在推出 Alexa 几个月后，就向第三方开发者开放了平台，任意开发者可以为 Alexa 开发应用，"从 2014 年下半年至 2017 年年初，Alexa 平台应用数从最初 20 多个增加到 7 000 多个，并在过去半年内以每月 1 000 个左右的速度增加"[2]。这意味着，Alexa 在变得越来越聪明，学会的技能也越来越多。"你可以（让它代为）支付 Capital One[3] 信用卡账单，你可以要

---

① 深度解读 | 中国智能语音行业格局与未来发展趋势［EB/OL］.（2017-02-24）［2017-03-25］. http://www.woshipm.com/it/590207.html.

② 同上。

③ Capital One：美国十大信用卡中心之一。

求获得 BBC 的新闻简讯，你可以询问 Good Housekeeping^① 如何去除地毯上的红酒污渍。"^②

图 5-36　亚马逊 Echo

当然，上述两款"音箱"产品只是智能家居产品中的一种形态，形态本身可能千变万化，市场会选择出最符合需要的。而且，未来智能家居的控制枢纽也不一定就是类似这样的"音箱"，可能是其他智能中枢设备，但不管是何种形态的产品，以语音交互作为主流入口是毋庸置疑的。

图 5-37　深圳市城市漫步科技有限公司生产的人机交互行智能机器人——城市漫步小 E

---

① Good Housekeeping：《好管家》，美国一份妇女杂志。

② 在智能语音新平台上，亚马逊 Alexa 将独占鳌头［EB/OL］.（2016-12-27）［2017-03-28］. http://www.lieyunwang.com/archives/253830.

上图所示的智能机器人也是一款智能中枢（或称智能秘书），也是立足于家居场景的应用，可以控制家电、房屋警戒、和孩子进行交互等，并逐渐进入娱乐、工作、生活、教育等各种细分场景，满足用户的多元化需求。而且，基于拟人外观设计，这款机器人可以进行更多人性化交互，包括打招呼、跳舞等肢体语言，使其更具有机器"人"的具象。

当然，从键盘、触摸屏过渡到语音交互，需要有语音交互自身的技术完善作为基础，也需要用户习惯的改变，"目前人机交互的最主要终端是手机，不过一旦物联网进一步发展，人机交互突破了手机终端，需要在更多更广泛的领域进行应用的时候，键盘（也包括触摸屏——作者注）输入可能会变得很不方便，相反，语音输入的优势会不言自明"①。语音交互对特定场景中的人群（如驾车人群），以及老人、儿童、残疾人等群体，不仅是一种刚需，也不失为一种福音。语音交互的使用范围会逐渐从这些人群开始普及。

除了前述的 C 端应用，B 端应用则主要针对"垂直行业需求，提升人工效率，比如帮助医生做电子病历录入，或代替部分人力工作，比如回答大部分简单重复的客服问题"②。（见下图）B 端应用主要集中于客服、教育、医疗、旅游等领域。

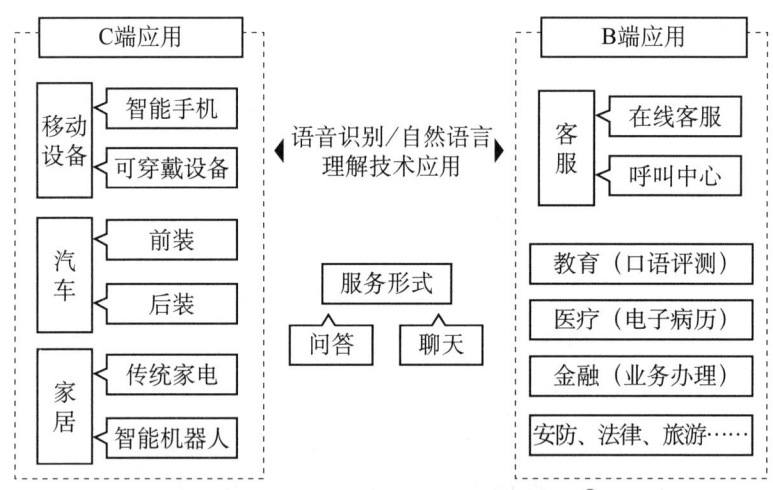

图 5-38　语音识别 /NLP 技术应用领域③

① 百度语音搜索开放日：百度说准备消灭键盘输入［EB/OL］.（2016-03-23）［2017-03-28］.
http://tech.sina.com.cn/i/2016-03-23/doc-ifxqnski7860046.shtml.

② 深度解读｜中国智能语音行业格局与未来发展趋势［EB/OL］.（2017-02-24）［2017-03-28］.
http://www.woshipm.com/it/590207.html. C（Consumer）：消费者；B（Business）：商家。

③ 深度解读｜中国智能语音行业格局与未来发展趋势［EB/OL］.（2017-02-24）［2017-03-28］.
http://www.woshipm.com/it/590207.html.

（三）音频的人工智能机遇：入口级介质

入口是互联网时代信息和服务的获取门户，因其具有决定性的重要价值，成为互联网企业的兵家必争之地，当然，成为入口和可称之为入口的产品少之又少，比如互联网初期的内容门户和浏览器；web1.0时代的搜索引擎（百度、谷歌）；web2.0时代的社交应用，比如微信和微博。

不难看出，上述入口级的互联网产品，在一定程度上决定网友可以获取什么资讯、可以获得什么服务，成为左右流量和流向的"引流器"。就像商场和市场，入口就是消费者最先到达的区域，人流量最大，并由此导向各消费区，该区域的商业价值最高，租金也就最贵。

未来人工智能时代，入口掌握着更多的话语权。在互联网时代，入口是人机交互和人人交互的平台；而人工智能时代，入口不仅是人机交互、人人交互的平台，还是人与智能物体交互，甚至是物与物、机器与机器交互的节点，"是综合互联网、物联网的综合体系，涉及人流和物流的引导权，入口之争也必将更加激烈"[①]。

语音作为入口的交互工具，将实现三类功用：

第一，**作为获取信息资源的介质。**

未来智能助手将汇聚多种媒介形态的海量媒体信息，这些信息深藏"云端"，随时等待调取。调取的方式就是"告诉"智能助手。智能助手就像一个无所不知、无所不能的"包打听"，只要你提出要求，它就可以替你搜集，并以你需要的方式呈现——在伴随状态下，呈现方式就是声音，声音成为媒体融合的一种形态。

也就是说，不同的媒介形态（广播、电视、报纸等）通过人工智能助手在信息层面实现了融合，用户（受众）只需要取用信息就可以，不需要理会搜集的过程、信息的来源，最终呈现出来的是符合要求的准确信息。媒体成为内容提供商，语音成为获取媒体信息的最高效的介质之一。

第二，**作为调取应用软件服务的工具。**

智能助手的功能不只是获取信息，还应具有办理很多事务的能力，比如订机票、叫外卖、约出租、网购等。在移动互联网时代，这些事务的办理可以通

① AI逐鹿：得入口者得天下［EB/OL］.（2017-03-22）［2017-03-29］. http://www.gold678. com/dy/A/759665.

过应用软件实现。未来，智能助手要办理相应事务，仍然需要通过这些应用软件进行。区别在于，当"主人"发出指令后，智能助手操作的过程是不可见的——一切都在类似叮咚音箱或者其他形态的智能终端中进行。那些形形色色的 App 从台前退居幕后，成为服务供应商，随时等待智能助手的调遣；而智能助手则在随时等待"主人"的召唤。此时语音就成为召唤智能助手调取服务的工具。"在这个平台下，各个 App 的独特性被剥去，只剩最纯粹的功能⋯⋯所有的信息只要需要，就可以传递到屏幕上。屏幕更多的作用，就是显示结果，给予你安全感。"[①]

第三，**作为操控有形智能物品的工具。**

科大讯飞和京东联合开发的叮咚音箱已经实现了这一功能，目前已经几十种、上千款智能家电可以通过这款音箱控制，以"说话"控制家电已经走进现实生活。未来智能助手可以控制家居场景中的一切有形智能物品，调控灯光、温度、湿度，开电视、烧热水⋯⋯

（四）人工智能时代音频价值的三个层次

音频媒体与人：这是声音作为音频媒体的功能。只要你需要，只要说出来，人工智能就会为你搜集新闻信息，并利用碎片化时间告诉你，而不影响你做其他事情。在特定状态下（比如伴随状态），各种媒体形态的信息都会以声音呈现，在传播介质这个层面，实现媒体融合。

音频介质与人：这是声音作为交互介质的功能。音频作为入口的交互工具，成为一种底层的介质，成为传递信息的基础，成为最基础的信息单元形态。它既是引导你奔向信息的引路人，也是连接万物的基础介质。声音把你引到数据面前，引到现实的物质面前、视觉面前，引到心灵深处。

音频与人：这是音频作为必需品的功能。所有新媒体形态的出现都是为了更快速、更有效地搭载信息，音频也不例外。广播的出现是为了以更快的速度、更广的范围传播声音信息；在人工智能时代，声音作为交互介质，则是为了提高人机交互的效率，声音成为未来满足高效需求的重要介质。未来人体自身将是一个移动的信息载体，更加一心多用。因为声音，人类的时间被立体化应用

---

① "人工智能"的背后：无屏时代到来，语音交互成主流［EB/OL］.（2017-03-16）［2017-03-29］. www. woshipm. com/it/608337.html.

了。声音是朋友，它不企图占有你，而是无时无刻不围绕着你，陪伴着你。音频将像水和电一样成为生活必需品，无处不在，永不消逝。

从本质上来说，**以人为本的媒介最长远**。

万物互联时代，信息将在所有智能物体上呈现，人和信息的连接将无处不在，无时无刻。这将是一个传统媒介边界消失、格局重塑的时代。即"**万物皆媒介**"。音频作为万物连接的基础介质，将在人与物的交互中扮演重要角色，实现"**万物皆有声**"。将来，智能物品除了可以进行语音交互，还可以流淌音频信息，"**万物皆有声媒介**"，一切智能家电均可能成为"收音机"。而人类从来都是以声音（语音）交流为主，声音传播伴随着人类的进步，科技将放大声音传播的不可替代性。因其基因性的力量，声音将具有永久的生命力。正所谓：技术无止境，以人为本的媒介最长远。

第四节 城市广播的新媒体观：融合发展与创新演进

一、音频媒介的传播演进：网络电台的"补偿"与传统广播的"进化"

网络电台的"补偿"与传统广播的"进化"实际都是声音传播媒介在新的媒介生态下的传播演进，是对音频媒介传播优势的深度发掘。

（一）网络电台的"补偿"

1. 信息传播方式和传播内容的"补位"

21 年前，美国麻省理工大学（MIT）教授尼古拉斯·尼葛洛庞帝在其《数字化生存》一书中最早预言到互联网所能带给世界的改变，它主要表现为以下四种特质：**一是去中心化；二是全球化；三是和谐化；四是赋予年轻公民权利**。互联网发展到今天，可以说基本上印证了他的预言。网约车打入出租车市场、共享自行车搅局公租自行车市场、网络电视盒子与有线电视竞争都说明网络技术赋权带来的变化。在广播领域也一样。过去广播的频率资源、牌照资源、体制限制是铁板一块，现在这个局面已经被打破了，体制的保护、资源的垄断优势逐渐丧失。

开放、交互、分享成为 web2.0 时代的主要特征，用户主导生成内容成为互联网的主流产品模式，数字科技的发展降低了人们参与交流的门槛，技术创造了人们可以自由交往的虚拟环境。

网络电台基于新的技术平台形成了新的声音传播形态，与传统广播相比，网络电台具有多种优势，而最大优势是个性化。网络电台拥有海量的音频节目资源，以自主点播、个性化推荐、场景化设定和接触便利性形成针对每个用户的专属电台。它还以个性化和定制的唯一性实现伴侣化的传播状态，这种"一对一"的传播深度黏合了大批用户。

保罗·莱文森认为："人在媒介演化过程中进行着理性选择：任何一种后继的媒介都是一种补救措施，都是对过去的某一种先天不足的功能的补救和补偿。换言之，人类的技术越来越完美。"① 这一**"补偿性媒介"**理论无疑正在网络电台的传播实践中得到检验。

网络电台的优势"补位"，为音频媒介吸引了更多受众群体，特别是年轻群体重新被吸引到"声音"面前，为音频媒介的发展奠定受众基础。

而在网络电台自主点播和订阅功能的基础上，**知识分享类节目和有声书**市场正在形成音频媒介新的赢利点和媒介价值支撑点。电视在某种程度上是娱乐的媒介，音频媒介因其伴随化的传播方式，是契合当下用户需求的**知识分享型媒介**。这一点在移动互联时代，价值得以凸显。移动互联网的商业模式在很大程度上是在对场景化传播的深度整合基础上实现的。在当下用户越来越一心多用、时间日趋碎片化的背景下，知识的学习也变得零散，呈现出"化整为零"再到"化零为整"的过程；而在社会发展日新月异，科技进步飞速变化，竞争越来越激烈的背景下，**知识焦虑**成为普遍的社会情绪。网络电台适时推出点播收费节目，这些节目主要集中于知识分享型和有声书类，契合了当下的社会心态和信息接收方式，市场反馈良好。传统广播曾经试图建立的音频节目版权市场，在互联网知识收费风潮和网络电台推动下，已经初步开始形成。这将使音频媒介获得内容的直接反哺，从而获得更大发展空间。当然，网络电台应对所有音频节目版权一视同仁，付费收听内容因为可以直接带来收益，成为版权保护相对完善的领域；以此为突破口，其他节目的版权保护问题期

---

① 保罗·莱文森．手机——挡不住的呼唤．[M]．何道宽，译．北京：中国人民大学出版社，2004：7．

待获得推进。

未来，在媒介融合的趋势下，媒介形态日益消融，提供内容是包括广播在内的传播媒介的存在方式之一，应建立完善的版权市场，使内容生产反哺媒介母体，实现可持续发展。

2. 音频媒介产业运营方式上的"补位"

互联网冲击和重构着任何一个与之结合的行业，并衍生出众多新的业态和新的运营方式，也带来很多新的价值点。在信息传播领域，互联网颠覆了内容生产模式、传播渠道和经营方式。在报纸广告断崖式下降和电视营收平稳下滑的背后，是传统媒体受众注意力"二次售卖"经营模式的逐渐消解，从内容到广告的传统媒体运营闭环被打破。广播的广告收入虽然没有出现下降，但相对过去动辄两位数的增长已经不可同日而语。当然，广播广告保持相对平稳与广播人发掘广播优势，持续更新观念，利用新的技术手段给传统广播赋能不无关系。

尤其是网络电台的兴起给传统广播带来巨大压力的同时，也给传统广播带来新的参照系：同样是音频媒体，网络电台的经营模式能带来什么启发？"互联网的本质属性可以归纳为互联、开放等特点，开放性平台是互联网的核心应用功能，互联网企业也将其产业逻辑移植到传媒产业的转型中，联结了信息、受众与服务。互联网企业的产业逻辑可以简单概括为：将受众变为用户、将接收信息变为使用信息，达到全民使用的无边界效果。在互联网产业逻辑的理念下，媒介从提供'内容'转向提供'产品'，其中包含三个层次：（1）内容产品；（2）关系产品；（3）服务产品。在媒介产品中包含关系产品，可以满足人们互动、社交愿望，维系人们的社会关系；包含服务产品，可以促使媒介具有更强的延伸能力。"[①]网络电台是有着互联网基因的音频媒介，自带互联网属性，因此带来很多开创性的音频媒介的运营方式。基于大数据的广告投放模式，使广告达到人群更精准；其开放性平台还吸引品牌企业入驻，直接成为内容生产者，直接面对用户传播信息；社交功能使粉丝与平台深度黏合，使粉丝经济、粉丝周边产品开发进入经营范畴；硬件开发、电子商务、付费收听模式也是新的营收点。虽然网络电台的盈利模式尚未完全确立，烧钱模式还在继续，但上述新的运营模式对于传统广播来说，既是一种冲击，也是有益的启发。

---

① 彭逸林，霍凤. 互联网的产业逻辑与新媒体的赋权——从阿里巴巴入股第一财经谈起［J］. 中国广播，2016（8）.

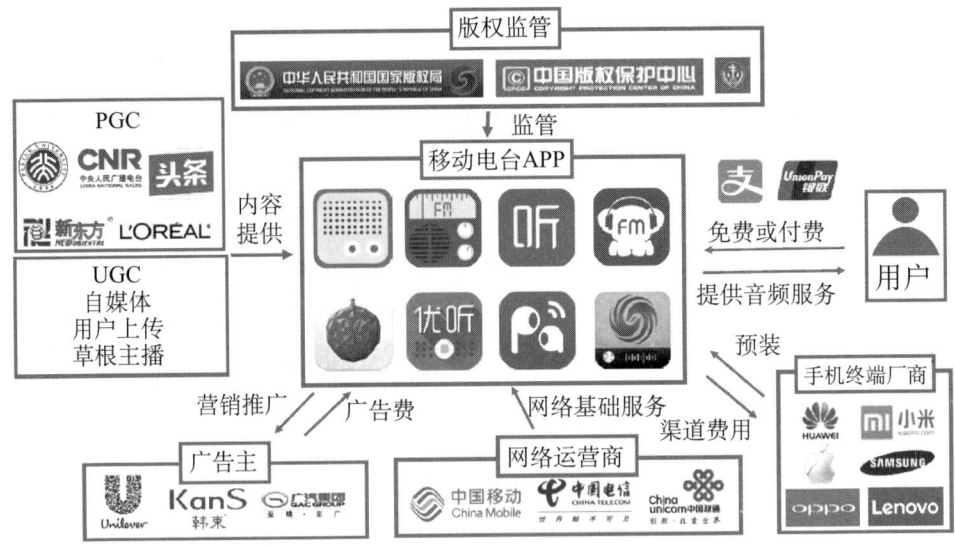

图 5-39　网络电台产业链分析

图片来源：艾媒咨询

（二）传统广播的"进化"

罗杰·菲德勒提出的"媒介进化论"认为："新媒体不会自发地、孤立地出现——它们都是从旧媒介的形态变化中逐渐脱胎出来的。当较新的传播形式出现时，比较旧的形式通常不会消亡——他们会继续演进和适应。"[1]

在传统媒体中，广播的传播方式是与移动互联网特质相对契合的。

广播的伴随优势。"伴随性"收听的表现是收听节目的同时在进行其他事务。随着广播收听工具的便捷化，加上城市生活丰富而快捷，广播伴随性收听特点将会越来越明显。特别是车载收听给广播注入了诸多活力。移动收听、场景化传播、强互动等特性，契合了移动互联网的特质，使广播在与新媒体融合时具有先天优势，也使广播收听市场在其他传统媒体断崖式下降的背景下，还能保持相对平稳。

声音传播的本地化。广播作为贴近性较强的媒体，听众选择的频率也偏向贴近性较强的本地电台。本地电台提供的本地新闻、生活服务资讯，以及由共同生活环境、社会关系引发的共同情感诉求，都容易在电台中获得共鸣。

声音的想象空间。广播的传播符号是声音，这个符号单一却充满可塑性，

---

① 罗杰·菲德勒.媒介形态变化——认识新媒介［M］.明安香，译.北京：华夏出版社，2000：19.

特别是优质的声音，更能够带给听众绝妙的听觉享受，帮助他们张开想象的翅膀，唤起记忆、构建画面、引发联想、激发情感、触动思考，进而增强广播作品的叙事张力。声音传播是相对小众的，但这个小众市场的忠实度是很高的。

而根据央视市场研究（CTR）的最新监测数据显示，2013—2016 年，广播周到达率相对平稳，周收听时长虽有起伏，但处于有升有降的状态。同期电视和报纸的到达率和接触时长都稳步下滑。

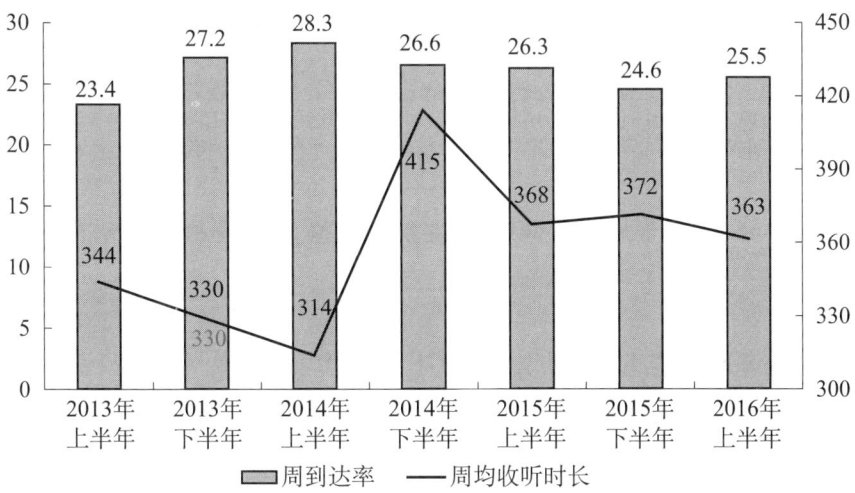

图 5-40　2013 年上半年—2016 年上半年广播媒体周到达率和周收听时长

数据来源：央视市场研究 CTR 2016

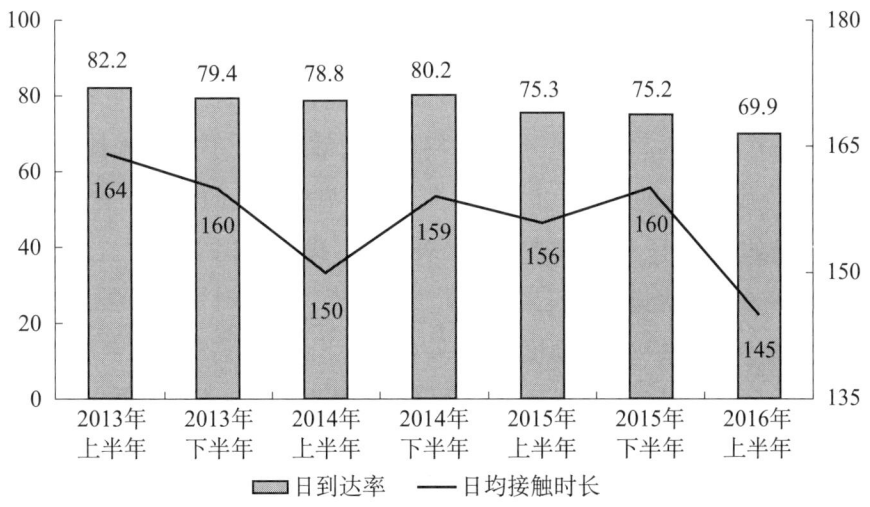

图 5-41　2013 年上半年—2016 年上半年报纸媒体日到达率和日均接触时长

数据来源：央视市场研究 CTR 2016

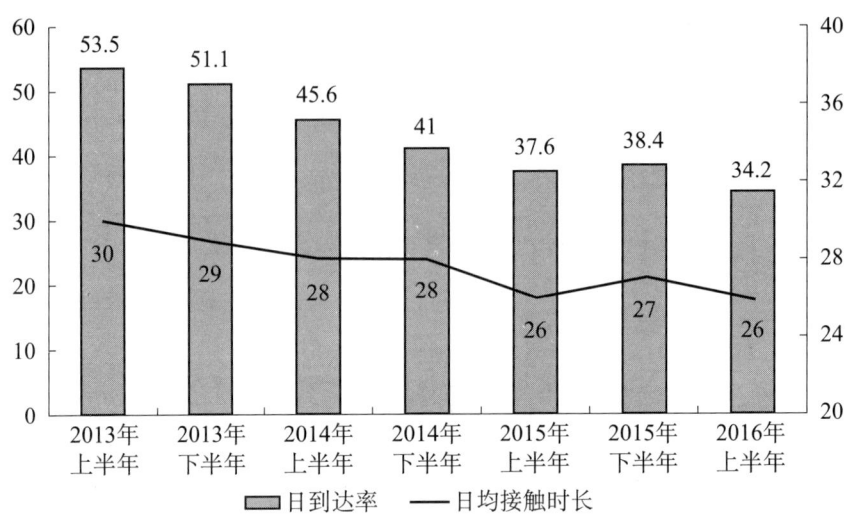

图 5-42　2013 年上半年—2016 年上半年电视媒体日到达率和日均接触时长

数据来源：央视市场研究 CTR 2016

与移动互联网某些特质的契合，不代表广播可以高枕无忧，只说明广播可以在移动互联时代做得更好。而且这一传播特性给予了广播相对其他传统媒体更充足的转型时间。

实际上，虽然收听市场相对平稳，但传统广播已经危机四伏。广播市场的竞争正在从传统广播频率间的竞争，演变为广播频率和移动终端的同步竞争。而因为广播收听的地域化特性，过去传统广播并未形成全国性的市场，竞争是不充分的。网络电台的加入，使传统广播真正面临危机。

上世纪八九十年代，随着电视的普及，广播曾经出现过一次低谷，广播以专业化、窄播化传播重新赢得市场，特别是汽车的普及，广播出现长达 20 年的黄金时期（大致为 1995 年—2015 年）。这次，广播市场的调整是更深层次的，传统广播将如何应对？首先要在平静的表面下，找到内里的痛点。

痛点一是**渠道优势逐渐丧失**。一方面，在资讯爆炸时代，听众由过去资讯短缺时代的**"强关联"**到**"弱接触"**，听众黏性下降，既有的与听众的链接方式逐渐失灵；另一方面，广播优质内容受渠道所限，不能形成多平台分发、推广，后续的传播效果很有限，不能形成较强的社会影响力。

痛点二是**优质内容有限**。在网络时代，受众获取信息是"超市货架般的挑选模式"。节目有没有亮点、能否在很短时间内抓住听众，决定节目能否实现有效传播。声音的价值和内涵有没有被充分发掘，节目编排是否符合听觉规律，是传统广播需要研究的问题。

痛点三是**经营方式亟待破局**。现在大部分广播电台的主要经营方式还是贴片广告，在广告主广告投放精准度要求越来越高的情况下，这种广告方式势必要有所变化。精准投放的前提是掌握用户信息，做精准用户画像。如果还是过往的面目模糊的听众群像，是难以实现经营转向的。这就需要把听众转化为"用户"，实现"引流"，为下一步广告经营铺路。

痛点四是事业单位的**组织模式、管理机制**不适应现代媒介竞争的需要。传统广播人才济济，但机制束缚下，难以人尽其才。

因此，传统广播的"进化"将主要集中于**渠道建设、内容升级、经营转向和内外部机制变革**等方面。

2016 年 10 月，中国广播电影电视社会组织联合会（原中国广播电视协会）组织评选了中国广播创新融合十佳案例和优秀案例，我们可以从这些案例中，一窥中国广播业在新的媒介生态背景下所做的尝试。

表 5-8　2016 中国广播创新融合十佳案例、创新案例分析

2016 中国广播创新融合十佳案例		
台名	案例名称	方向和功能
中央人民广播电台	中国广播云平台	**采编平台**：通过建设基于云端的采编系统，再造广播新闻采编流程，打造全媒体新闻采编链，有效整合了互联网热点新闻、中央电台 400 热线线索库、新华社通稿库，建立全国广播资源共享机制，实现了地方电台与中央电台采编流程的对接统一。
北京人民广播电台	节目团队运营模式创新	**机制创新 + 垂直营销**：依托线上广播节目的资源和影响力，发展线下的多元化产业，使节目衍生出一批成熟的产业项目。目前已成立 7 个团队，涉及汽车、文化、教育、旅游等领域，2016 年实现创收三千多万元。
贵州广播电视台	互联网 + 智慧交通云平台	**服务升级带动内容升级**：通过智能收音机采集大量实时路况，组成城市路况信息大数据平台；在特殊情况下，智能收音机可立即成为应急广播。打造推出可视化路况云平台、贵阳市道路停车智能终端。初期着眼于出租车市场，对每辆车进行标准化改造，安装车载智能系统，可以提供远程电子化管理、服务满意度评价、银行卡快捷支付以及收听数据的收集和分析等多项功能。未来，还将向私家车领域延伸，提供节目订制、交通订制等服务。

续表

2016 中国广播创新融合十佳案例		
台名	案例名称	方向和功能
湖北广播电视台	"长江云"融媒体新闻平台	**采编平台＋内容发布平台＋服务平台＋垂直营销平台**：为"3+2+N"的架构，即："3 个平台"：全省新媒体产品生产汇聚平台、全省媒体融合云平台、全省新媒体管理平台；"2 个入口"："智慧湖北"入口、世界看湖北入口；"N 个产品"：建设和支撑省市县三级党政机关、群团组织、新闻媒体、公共服务部门、高校和企事业单位的 N 个新媒体产品。能够大规模低成本快速定制移动客户端，发布省市县各级新闻和政务信息，聚合微博微信账号，提供公共服务入口。实现全省"两微一端"内容生产的共享互通，形成湖北省新媒体内容的"云稿库"，打造湖北省信息生产和汇聚的"中央厨房"。广播记者开始以文字、图片、音频、视频全方位立体呈现采访信息。
湖南广播电视台	电台节目共享平台	**广播联盟资源共享平台**：通过技术和内容的输出，提供优质节目 IP、运营音频版权，向全国广播频率拓展业务，吸引广播频率加盟。
江苏省广播电视总台	"微 啵 云"跨媒体交互运营平台	**广播集成播控平台**：将各个广播节目的微信公众账号归口管理，实现多个微信账号从后台互通到内容互通、账号互通、粉丝聚合，并开辟了互动营销功能、大数据分析功能、音／视频直播点播功能、广告投放等多种功能。
南京人民广播电台	"在 南 京"融媒体服务项目	**内容发布平台＋服务平台＋垂直营销平台**：打造"本地生活圈"，实现"看新闻、听广播、享优惠、逛社区"等多种功能。同 100 多家企业建立合作关系，打造企业产品专区。2015 年，平台交易额已破 1 亿元，日交易量近 1 千单，注册用户量近 40 万。
山东广播电视台	广电淘项目	**内容发布平台＋垂直营销平台**：电商和 O2O 整合平台。用户可以通过手机客户端实现一边听节目，一边查看产品详细信息并进行在线购买。商品管理后台可以实现产品管理、订单管理、代金券管理、广告业务管理、商家和团购业务管理等多种功能，将传统广播广告和电商进行了紧密结合。
上海广播电视台	@Radio 广播全媒体制播平台	**采编平台**：记者可采集资讯并上传到云端，后方编辑主持人可调阅编辑素材并播出。主持人还可以实时与在微博、微信、阿基米德等新媒体平台上的用户进行互动，而听众和用户的反馈、所提供的图、文或音频可通过便捷安全的通道被直播节目所采用。
上海广播电视台	阿 基 米 德 FM	**广播节目垂直社区型平台**：传统广播节目的社区化运营，做广播节目的垂直开发。通过吸引听众到平台与节目互动，实现传统广播听众向互联网平台的引流，实现听众到用户的转变，实现广告的精准智能投放，为传统广播构建了新的商业模式。同时还可以通过后台数据分析用户需求，改进电台节目的内容和形式。

续表

2016 中国广播创新融合优秀案例		
台名	案例名称	方向和功能
中央人民广播电台	《致我们正在消逝的文化印记》跨媒体传播	**内容升级**：2015 年年底推出的特别策划《致我们正在消逝的文化印记》，是以产品理念打造的大型文化报道，将我国传统文化用广播的话语方式记录和呈现，探讨在现代化进程中如何留住中华民族的根和魂，其定位、制作水准、全产业链传播等方面的突破引发广泛关注，获得第二十六届中国新闻奖广播系列报道一等奖。
中央人民广播电台	海阳工作室创新融合	**内容升级 + 垂直营销**：品牌节目《海阳现场秀》已在超过 20 个省市、直辖市电台实现直播和转播。全国潜在听众超过 1 亿，其中日收听达 1000 万人，超过 80% 听众为长期活跃用户。
中国国际广播电台	环球资讯融媒体产品	**专业型音频平台**："环球资讯 +"媒体融合平台为一款以有声新闻与听觉互动为核心的新闻社交应用平台。该 App 通过音视图文多媒体内容直击全球新闻现场，展现各方观点碰撞，实时与用户互动，并集合"挑战""老声音""印记"等一系列特色应用功能，突出声音的魅力，以多种方式玩转声音。
佛山人民广播电台	自助声导游项目	**服务平台**：自助声导游作为一个"互联网 + 旅游"项目，可让游客通过智能手机获取"伴随式"自助导游服务，涵盖近 30 个村镇和旅游景点的旅游、餐饮等信息。通过微信"摇一摇"功能，与旅游经济相结合，自动推荐周边服务。同时支持评论互动，搭建管理部门和游客之间的桥梁。形成本土媒体资源与旅游资源的创新结合。
广东广播电视台	"大爱有声"跨媒体公益行动	**内容升级**：以多媒体广播车为标识，集舞台演出、新闻访谈、节目制作及跨媒体传播为一体，在全省巡回寻找、讲述践行社会主义核心价值观的精彩故事。
河南人民广播电台	戏曲客户端"河南戏"	**专业型音频平台**：集收听、收看、资讯、互动于一体的戏曲应用软件。目前已累积用户 20 多万人，日活用户近 5 万人。"河南电台网络戏曲广播"试播，用户累计 10 万人。
黑龙江广东电视台	"回家的路"爱心手环跨媒体公益活动	**服务平台 + 实体产品**：针对患有阿尔茨海默症或心脑血管等疾病的老人研发的爱心手环，市场定价为每只 283 元，它拥有智能定位、电子围栏和 SOS 紧急求助功能。同时启动爱心捐赠，爱心企业或人士可以为患病的贫困老人捐赠这款爱心手环。
湖南广播电视台	虚拟主持人"嘻芮"项目	**内容升级**：以互联网思维颠覆传统广播节目内容和形态，打造跨平台传播的 IP，形成"广播 + 视频网站 + 音频网站 + 电视 + 微博 + 微信 +H5"的复合传播模式。国内首档机器人脱口秀节目《嘻芮秀》在传统广播播放；国内首档机器人脱口秀网络音频节目《完美的嘻芮》则在音频 App 上投放；同时，嘻芮主持一档网络真人秀——《完美假期》，视频播放量超 8 亿次；嘻芮还进入《超级女声》《奇葩说》等热门节目，在新型内容打造和新型渠道融合领域拓展思路。

续表

2016 中国广播创新融合优秀案例		
台名	案例名称	方向和功能
上海广播电视台	微信公众号"话匣子"	**社交渠道建设：**2014 年年末开通该微信号；2016 年 5 月，开始在微博、今日头条号、腾讯企鹅号、网易、一直播、阿基米德社区等平台上不断发力，构成了优势互补、广泛覆盖的渠道矩阵。它已被"上海发布"推介为上海最值得关注的十大公众号之一。
浙江省广播电视集团	"全民开赞"融合互动模式	**互动渠道建设＋垂直社区型平台：**它是浙江电台城市之声在 2015 年上线推出的"广播＋互联网"创新项目。它将无形的广播听众转化为有形的用户，并且赋予用户更大的权与利，促使节目内容生产与市场需求真正接轨，同时催生更大的融合研发空间。它变收听为数据，形成广播节目实时评价体系，成为频率管理重要依据；把听众转化为用户、粉丝，实现垂直营销。浙江电台城市之声据此创新节目、活动等形态 30 余个，淘汰节目近 10 个，吸引商业合作项目数十个，在"全民开赞"基础上，新研发的"大显神通""疯狂主播""拍砖计划"等融合项目不断出现。

1. 渠道建设

传统广播建设新媒体渠道就是要寻求内容对接听众的新方式。技术赋权带来的新的传播渠道，使传统媒体的渠道优势逐渐丧失，渐趋失灵。传统广播是集渠道和内容于一身的媒体，既有渠道受众被分流，导致内容的传播效果、媒体影响力逐渐下降。借助新的技术手段优化和强化渠道建设，是实现内容有效传播的前提。"新技术决定了内容聚合的简易性；专业编采人士则决定了内容聚合的高效性。"[①]新技术渠道和专业内容对接可以提高信息传播的效率，更好地满足用户需求。

技术是为内容服务的，应用新技术的目的，是为了让需求和内容更好对接，也是为了让内容生产者更好地了解用户的需求。这意味着技术在传播中的应用被划分为至少三个层次：第一，发现需求：找到目标用户，挖掘用户的信息消费需求和消费喜好；第二，满足需求：提高信息的生产和传播效率；第三，提升体验：提升用户的信息接触体验。

传统广播的新媒体渠道包括聚合型音频平台、专业型音频平台、社区型平台、服务型平台、社交平台等。

---

① 栾轶玫. 从传统广播到"播客"广播——广播传播理念的变化路径［J］. 中国广播电视学刊，2005（9）.

（1）聚合型音频平台

这是指集合多种音频内容（新闻、文艺、音乐等）、多种播出形式（直播、点播、推送等）、多种功能（收听音频、互动、打赏等）、多介质传播（以音频为主，辅以少量图文信息的传播方式）的一种网络电台形式，其"聚合"指这种音频平台传播形式多样、功能完备、内容丰富。喜马拉雅 FM、蜻蜓 FM 是典型的聚合型音频平台。国内一些传统广播电台也在开发类似平台，比如北京电台开发的 2014 年上线的听听 FM。

图 5-43　北京电台旗下的听听 FM 首页、相声小品专区（截图时间：2017 年 4 月 1 日）

聚合型音频平台首先要有丰富内容，如果单靠上传某一电台的音频节目，一方面资源极其有限，丰富性不够；另一方面传统电台的节目内容和形态并不一定适合网络平台播出。聚合性音频平台需要大量互联网原创性内容，这其中包括 UGC 和 PUGC 内容。但鼓励内容创造、版权购买的投入是巨大的。而且，推广 App 的营销投入、技术后台的搭建成本，都是巨额投资。因此，如果没有雄厚的资金实力，没有灵活的体制机制保障，传统电台要成功运营一个聚合型音频平台难度不小。喜马拉雅 FM 经过三轮融资，总共获得近 5 亿元投资；蜻蜓、考拉等电台均获得几亿元融资。北京电台靠一己之力运营的听听 FM，目前处在维持状态。

传统广播要在网络电台的围猎中以聚合型音频平台闯出一条路，最佳策略是联合全国有实力、有影响力的电台，聚合力量、汇合资源；同时，引入社会资本，以市场手段发展壮大，否则难有胜算。

（2）专业型音频平台

专业型音频平台指侧重某一专业领域的音频应用平台，比如音乐、戏曲、新闻等类别的音频 App。音乐网络电台自不用说，这是国内最早出现的网络电台形式。伴随着传统广播电台的转型，戏曲和新闻等音频 App 也逐渐出现、增多。比如，河南电台的戏曲客户端"河南戏"、国际电台的"环球资讯＋"新闻客户端、中央电台旗下的几个手机客户端，都属于专业型音频平台。

图 5-44　左图：央广网手机 wap 站点；右图：中国广播手机客户端

（截图时间：2017 年 2 月 18 日）

中央电台旗下有多个专业型音频平台，包括经济之声、音乐之声、中国之声都有基于各自频率资源开发的 App。在全台层面，则开发了央广网手机 wap 站点、中国广播手机客户端和央广新闻手机客户端。其中，中国广播手机客户端以直接引入传统广播的直播流为主，央广网手机 wap 站点和央广新闻手机客户端则主打新闻。但央广新闻手机客户端和中国之声手机客户端几乎没有区隔，两者都以"央广新闻"作为主打，在新闻内容的整合、开发上乏善可陈（见下图）。

图 5-45　左图：中国之声手机客户端；右图：央广新闻手机客户端

（截图时间：**2017 年 2 月 18 日**）

专业型音频平台关键是做出自己的特色，以自身最优势内容切入市场竞争，从而获得关注。比如，河南电台的戏曲客户端"河南戏"就是在新技术渠道中将优势内容进行特色化传播。

（3）社区型平台

这是与聚合型、专业型音频平台差异化的平台战略，主打传统广播节目的社区化运营，做广播节目的垂直开发。通过吸引听众到平台与节目互动，实现传统广播听众向互联网平台的引流，实现听众到用户的转变，为下一步商业开发做铺垫。同时还可以通过后台数据分析用户需求，改进电台节目的内容和形式。

上海电台开发的阿基米德 FM 就是这样的互动平台，通过广播节目的网络社区转化，聚集忠实听众，实现广告的精准智能投放，为传统广播构建新的商业模式。该平台 2014 年 10 月上线，目前已经有包括上海、广东、广西、浙江、江苏、湖北、贵州、新疆等全国百家广播电台的节目入驻。

图 5-46　阿基米德 FM 首页和节目社区页

阿基米德 FM 主要做的是传统广播节目的移动互联网社群部落的延伸开发，成为一个社区型的移动社交音频平台。其主要功能包括：提供传统广播节目的直播流收听；节目点播收听；设置"音像馆"投放节目短音频；开发节目与听众的互动社区；为节目提供传统广播播出时段之外的网络直播空间——"菠菜直播"，从而增强传统广播节目之外的互动性和粉丝黏合度。阿基米德 FM CEO 王海滨接受访问时认为①，每档广播节目就是有相同喜好人群的社区，比如上海 SMG 旗下 293 档广播节目就等于 293 类人群或者 293 类喜好。从 293 档广播节目出发，是可以构建一个个小型群落的。为了打造这个社群，阿基米德 FM 前台终端主打的社区功能，可提供投票、秒杀、派发福利、打赏、献花、点赞等功能；后台可提供包括实时收听率分析的数据，从而使节目更具针对性、更符合听众需求。

---

① 阿基米德 FM CEO 王海滨接受本书作者面访的时间：2017 年 3 月 10 日，地点：上海长宁区虹桥路 1376 号广播大厦。

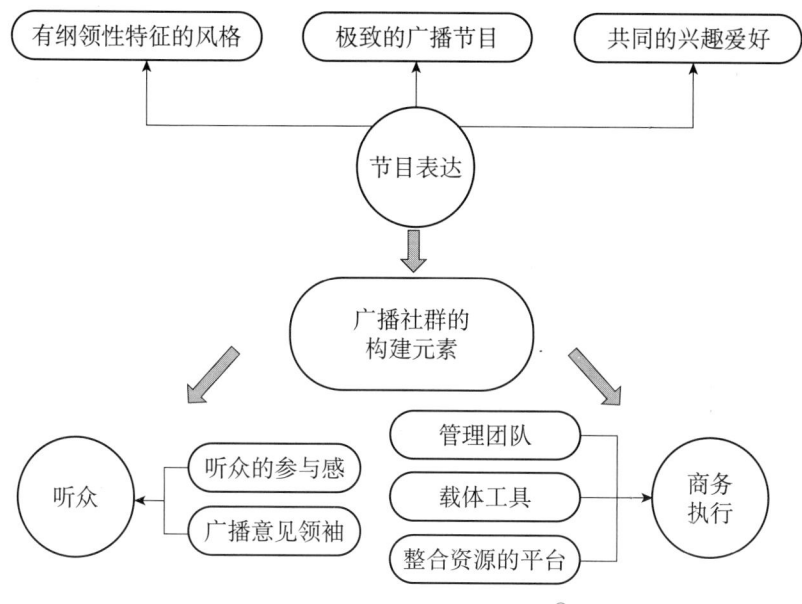

图 5-47　广播社群构建的元素[①]

　　除了阿基米德 FM，江苏电台的"大蓝鲸"客户端作为综合性音频客户端也具有很强的社群互动功能。用户可以使用文字、图片、语音以及微视频等多种形式，通过广播直播节目的官方话题帖、盖楼帖、问答帖、对抗帖等多种手段与主持人及时互动；可以在节目社区和大咖社群进行多向持续互动；可以通过视频直播功能，与媒体发布式直播及自媒体"网红"式直播进行互动。"大蓝鲸"客户端作为江苏广播的融合载体和平台，在突显入口功能、拓展多元互动方式的基础上，探索构建与用户关系的新生态。"大蓝鲸"客户端基于节目和主持人特色打造节目社区与大咖社群，以兴趣为纽带聚集人群，在广播节目播出时段之外，创造了全新的窄众化的沟通平台，为用户提供精准的服务。江苏音乐广播《阳光倾城》主持人邓煌的社群"邓煌的小屋"，致力于推广积极健康的生活方式；江苏财经广播《晒晒朋友圈》主持人金利的社群，专注投资理财，聚集了几万用户；江苏文艺广播《梨园漫步》主持人刘璐建立的以戏曲种类区分的诸多社群，汇聚了各地大批戏曲爱好者，在 2016 年"全球网友戏迷大赛"中，参与人数和投票总数均突破百万，为用户转化和流量变现创造了可能。[②]

①　孟伟等．互联网＋时代音频媒体产业重构原理［M］．北京：中国广播影视出版社，2015：142.

②　黄信．江苏广播在入口与互动中创造媒体融合新价值［J］．中国广播，2016（12）.

图 5-48　"大蓝鲸"客户端（截图时间：2017 年 4 月 26 日）

左：首次登录宣传页特色鲜明地标注了其重互动的社区型平台定位；中：首页界面主要把用户导向直播节目互动和社区互动；右：互动社区按主持人名字命名

　　而江苏交通广播网参与开发的"蜗牛车车"、北京交通广播开发的"好司机养成记"、山东经济广播推出的"贝果"等新媒体终端，都是基于传统广播打造的社区型平台，以广播节目延伸线下服务，构建听众社群，开发新的商业价值。比如"蜗牛车车"是一个车友社区，主要提供"社交"和"工具"两项服务，提供路况信息、车友社交、福利派送、行车轨迹等多项服务；还提供用户查交通违章、在线交罚款等服务，并通过支付宝进行在线交易；并联合商户打造线下活动，形成广播 O2O 商业模式。"在新媒体时代，对于广播 O2O 而言，更多体现为 O2O2O（onair to online to offline）模式，即让广播节目与虚拟平台、实体消费的结合。"①

　　山东经济广播推出的"贝果"是一个专做母婴的客户端，提供孕产育儿交流的社区，提供孩子成长的在线记录功能；同时也是山东经济广播《妈咪好宝贝》官方播出平台，可以直接收听《妈咪好宝贝》的直播、点播节目，可以与省内外知名妇产儿科医生及育儿专家实时互动。它通过对广播栏目收听产生的信赖，最终引向电商消费。

---

① 　孟伟等．互联网＋时代音频媒体产业重构原理［M］．北京：中国广播影视出版社，2015：9.

图 5-49　广播 O2O2O 流程模式图 ①

北京交通广播的"好司机养成记"App 利用手机内的各类传感器，对司机的驾驶行为进行实时记录，并将信息与系统平台的数据加以分析和对比，从而识别司机的各类驾驶行为特征，利用大数据算法并结合交通违法等情况，最终以"驾商"（DQ）的数值呈现给用户。这是从公益角度切入，以期形成用户群的聚合，在此基础上开展周边活动，探索新的经营模式。

目前，该项目策划了京城司机"驾商"比拼"北京大 PK"、2017 上海国际汽车工业展览会期间进行的"百团大战"活动（根据汽车品牌划分战队，战队排名将由本队所有车主的平均"驾商"决定），以及亲友组团自驾 PK、最美自驾线路有奖分享、休闲娱乐目的地"驾商换优惠"等激励活动。

图 5-50　"好司机养成记"App 主界面

---

① 孟伟等.互联网＋时代音频媒体产业重构原理［M］.北京：中国广播影视出版社，2015：9.

（4）社交平台

手机客户端是移动互联时代最重要的传播平台，社交媒体则是这个时代最重要的流量入口之一。微信这样的社交平台，既是内容的传播平台，也可以成为垂直营销的根据地。

但在上千万个微信公众号中，传统电台如何脱颖而出？在一个巨大的内容买方市场中，如何能赢得受众的青睐和信任？促成用户的参与，恐怕才是主动传播的核心，简单来说就是增加内容与用户之间的相关度，如此才能形成良性闭环，使其成为传播链条上的志愿者。

2017 年全国两会期间多个现象级的微信 H5 产品，从形式到内容都让人耳目一新，参与性、互动性和内容的贴近性是其成功的关键。

图 5-51　左图：中央电台 2017 年两会期间推出的 H5 作品：《主播王小艺的

朋友圈》；中图和右图：人民日报社同期推出的 H5 作品：《两会喊你加入群聊》

H5：中国之声：
主播王小艺的
朋友圈 1

H5：中国之声：
主播王小艺的
朋友圈 2

H5：中国之声：
主播王小艺的
朋友圈 3

H5：人民日报：
两会喊你加入群聊

微信公众平台是运营者通过公众号为用户提供资讯和服务的平台，为了更好地实现相应服务，微信系统开放了应用程序调用接口，从而可以通过微信实现更多功能。广播电台的微信公众账号和微信服务号可以以此实现多种功能拓展和垂直业务的定制开发。

2012 年 8 月上线的浙江交通之声微信公众号"FM93 交通之声"，是全国首批上线的微信公众号，目前粉丝百万，头条平均阅读量 15 万以上，单条平均阅读量 6 万左右，微信平台年广告收入超千万。

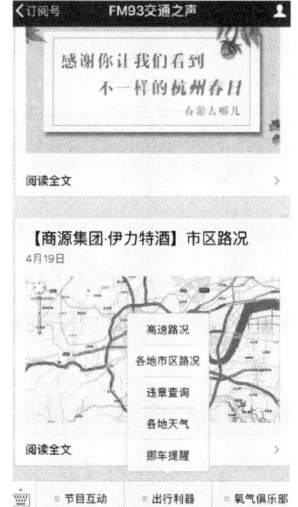

图 5-52　浙江交通之声微信公众号"FM93 交通之声"的资讯推送和菜单服务

（截图时间：2017 年 4 月 19 日）

"FM93 交通之声"目前已经发展成为一个综合服务入口，除了每天三次资讯推送，总共 20 条左右的新闻；其下部菜单中（见图 5-52），还提供十余项服务，包括节目互动、出行信息查询、网购电商等，在把听众向订阅用户转化的基础上，为用户提供全方位专门服务，成为驾车人群的助手；再把一部分忠实用户转化为客户，为他们提供针对性的实体商品、旅游出行等相关服务，成功实现从信息聚合到人群聚合，再到消费商品的节目（频率）垂直营销的闭环。

2. 内容升级：找到与听众共通的话语场

在建立传统渠道和新媒体渠道的互联互通机制后，广播媒体最关键的问题仍是提供优质内容，并在优质内容的基础上进行运营，建立起与听众的新链接。"大量自媒体的迅速崛起，正是因为渠道已经极度发达，传播在技术上不仅成本极低而且几乎没有门槛，他们只需专注内容生产。这才是'内容为王'的真正含义，在互联网的下半场，要通过内容才能建立起与用户（受众、消费者）的链接。"[①]

对广播媒体来说，内容升级，就是要继续深入挖掘声音传播的优势，尊重声音传播规律，重视听众的收听体验；在节目中加入新媒体思维，对节目内容和产品结构进行调整，构建具有新媒体思维的内容产品、社交产品和服务产品。通过社交化传播、圈层化营销，开发垂直服务的产品和品牌，使节目获得生存的土壤；发挥广播相较于网络电台的独特优势，放大同场价值。

（1）遵循声音传播规律，做更专业的广播

广播产品或者音频产品最核心的要素是"声音"，广播的魅力和生命力，就在于对声音艺术、声音传播规律的挖掘。在资讯爆发时代，听众的挑剔程度是前所未有的，耐心也是有限的。传统广播电台雷打不动的整点、半点广告模式，很大程度上是在驱赶听众；动辄超过半分钟，甚至一分钟的片花，是在考验听众的忍耐度；一些音响报道剪辑粗糙，是对听众感受的无视；有的音乐节目是在主持人密集的话语里"插播"音乐，而且常常音乐未播完就切入广告。这些都是值得我们改进的方面。传统广播线性播出的模式，省却了收听网络电台点播内容的选择过程，节约了选择时间，而且"每个人都对不期而遇的美好抱有

---

① 刘思聪，龙小略. 过度迷恋装备，是一种媒体融合焦虑症 [EB/OL]. (2017-03-23)
[2017-03-24]. 微信公众号：龙小略.

好奇心，对未知的精彩抱有期待，并且收听直播时会产生某种时间流动的质感。因此，线性模式依然有独特魅力"①。但让听众希望"不期而遇"的是美好，而非干扰；否则，听众宁愿多花时间和金钱（网络电台的流量费）成本去选择更优质的声音内容。

当前传统广播的大部分内容只能满足听众的"基本型需求"，少部分节目可以满足"期望型需求"，极个别节目可以满足"魅力型需求"；甚至有一些节目连"基本型需求"都无法满足，导致听众满意度下降，甚至听众流失。如果广播媒体"运营和内容依然停留在满足用户显而易见的基本型需求层面，就无法获得真正的竞争力，实现转型升级。只有下力气去挖掘和满足用户的期望型需求，并不断向魅力型需求发起冲击，才有可能与用户实现'强联系'，重新占据一席之地"②。

2016年中央电台推出的系列报道《致我们正在消逝的文化印记》就是挖掘声音传播魅力的典型代表。该系列报道以人文视角呈现文化流变，以"广播纪录片"的形式雕刻文化印记，力求通过呈现传统文化中经典符号的时代变迁，展现传统文化的强大生命力，呼唤加强对传统文化的保护。系列报道分为"职业季""习俗季""戏曲季""声音季""古村季""地名季""方言季""工匠季"等十个部分。每一季五

广播专题：致我们正在消逝的文化印记之方言季（三篇）：神谕陕西、粤语铿锵、徽州韵味

---

① 曹毅. 互联网下的广播新形态［J］. 中国广播，2016（3）.

② 张婷. 广播媒体从传统到融合，还差一个用户管理的距离. 北京人民广播电台研究中心官方微信"V传媒". 文中对"基本型需求""期望型需求"和"魅力型需求"的解释如下：根据东京理工大学教授狩野纪昭（Noriaki Kano）的KANO模型，通过认可度高低和需求实现高低两个维度，可以将用户需求划分为基本型需求、期望型需求和魅力型需求三个层次。基本型需求是用户对产品/服务的基本要求，当其不满足用户需求时，用户非常不满；当其满足用户需求时，用户也可能不会因此表现出满意。对于基本型需求，即使超过了用户的期望，用户充其量达到满意，不会对此表现出更多的好感；反之，稍有疏忽，未达到用户的期望，用户满意度就会一落千丈。对于用户而言，这些需求是必须满足的，理所当然的。期望型需求是指用户的满意状况与需求满足程度成正比的需求，它没有基本型需求那样苛刻，其要求产品/服务比较优秀，但并不是"必须"的产品属性或服务行为。提供的产品/服务水平超出用户期望越多，用户的满意状况越好，反之亦然。在市场调查中，用户谈论的通常是期望型需求。魅力型需求是指不会被用户过分期望的需求，但魅力型需求一旦被满足，用户会表现出非常高的满意度。对于魅力型需求，随着满足用户需求程度的增加，用户满意度也急剧上升；反之，即使在期望不满足时，用户也不会因此表现出明显的不满意。这要求企业提供给用户一些完全出乎意料的产品属性或服务行为，满足用户没有明确表达的需求，从而提高用户的忠诚度。

集，关注一个典型的文化领域，既包括了具象的文化现象，也包括了抽象的文化元素。

图 5-53 《致我们正在消失的文化印记》系列报道富含人文色彩

《致我们正在消逝的文化印记》以小切口展现文化保护、传承的大主题，通过大量的音响呈现画面、呈现故事、呈现细节，每篇报道的开篇即通过生动音响把听众带入情境之中。创作者把报道的价值与意义隐含在生动的音响中、鲜活的人物形象中，"以音响为核心的含蓄、内敛的风格，产生了触碰内心的意境。这种开放式的、不着痕迹、不把话说尽的思想传递，引起了听众的强烈共鸣"①。

广播专题：致我们正在消逝的文化印记之方言季：上海的腔调

类似《致我们正在消逝的文化印记》这样的作品，是网络自媒体、网络音频 UGC 所无法替代的。这一方面是专业实力的彰显，另一方面也体现了媒体的社会责任。在众声喧哗的时代，泥沙俱下，人们对于高品质的内容，是更为渴求的。

当前自媒体信息传播进入了读秒时代，往往因此丧失了真实和客观，导致大量乌龙新闻、反转新闻出现，让许多人"前一秒为之或喜悦或愤慨，下一秒就可能完全变了态度"。让全社会在传言甚至谣言中分辨事实、拼凑真相，成本是巨大的；没有理性引导的"观点市场"，价值观也是混乱的，对社会的良性运

---

① 高岩：获奖者说 | 高岩：音频产品的"魅力"从何而来［EB/OL］.（2017-03-22）［2017-03-30］. http://news.xinhuanet.com/zgjx/2017/03/22/c_136147469.htm.

转也是有害的。

自媒体风光无限的背后，是模糊的信息，是信息发布者模糊的身份，甚至真与假、好与坏的界限也是模糊不清的。其根本原因在于：技术本身只能赋权，却未能解决如何管理和限制权力的问题，造成了"自媒体"社交式传播不负责、非理性的特点。

但从另一方面说，国内自媒体之所以繁荣，之所那么多媒体人转型"内容创业"，与国内传统媒体的"不专业"是有关的，我们在专业性上还有很大空间。

如果公众不能从传统媒体获得客观与真实，他们就会转向网络。同样，如果广播电台的话语风格还在装着、端着，无法与听众在一个话语体系上沟通，那听众就会选择网络电台。因此，并非新媒体冲击了专业媒体，而是我们的专业主义理念、机制尚未确立就迎来自媒体的大潮，自然不堪一击。

所以说并非社交媒体、新闻客户端、网络电台、电视盒子抢了报纸、广播和电视的市场，而是传统媒体自身做得不够专业。技术赋权本身，可以给所谓新媒体赋权，也可以给传统媒体赋能。也就是说，在新的形势下，传统广播要更"专业"，要与新技术结合，给声音传播赋予新的能力，以适应新的媒介生态。"传统媒体仍具有权威性、中心性以及传播学意义上的社会地位授予功能，对内容的专业性提取而形成的权威性依旧是传统纸媒的优势，但问题的关键在于，传统媒体的这些核心价值只有嵌入互联网的体系当中才能保有和实现它的价值及影响力。"[1]

怎么嵌入互联网体系中，从而将自己的专业价值最大化，反过来也使广播媒体越来越"专业"呢？前述的平台战略是以新的渠道使广播与听众形成新的链接方式，是在传播渠道上的"嵌入"；在内容生产上，它主要有三个策略选项。

首先，推行广播节目的**产品化策略**。《致我们正在消逝的文化印记》是以产品思维打造广播节目的代表。该系列报道策划人、中央电台中国之声副总监高岩在受访时表示[2]，这组系列报道是按照高品质广播声音产品来打造的，因为他

---

① 喻国明.互联网逻辑与传媒产业发展关键［J］.南方电视学刊，2014（3）.

② 受访时间：2017年3月30日，受访地点：北京，受访方式：电话。

们意识到"音频节目的产品化特征在强化，对节目类型丰富性和节目质量的要求不断提升。音频产品的生产必然随着平台的转移、收听方式的改变而面临变革"。这组系列报道引入了季播的概念，每集报道不超过 10 分钟，既可以在传统广播的线性直播流节目中播出，在中央电台下属各频率中进行推介重点播出；也适合在多平台分发，比如微信公号、今日头条等客户端文章的图文加音频的推送、网络电台的点击收听等。实现一次生产，多元素呈现，多渠道分发，多方式传播。①

图 5-54　《致我们正在消逝的文化印记》报道产品的多平台分发（图左：央广网专区；图右：蜻蜓 FM 专题页面）

　　第二，实现线性直播流的**"碎片化"传播**。传统广播要适应当下受众碎片化接收、场景化接触的媒介生态现状，需要对直播流节目进行适当调整。节目既要"统"也要"分"。所谓"统"，指的是要保证直播流的整体节目完整性，

---

① 但在分发推广过程中，没有实现产品化交易。几大网络电台拿走了全部音频，但没有支付版权费。其他传统电台播出，也没有支付费用。主要原因是音频产品的交易市场没有形成，没有定价机制。所以，最终都是免费拿走播出，"就当实现社会效益了"。

不要人为制造结束感和割裂感，避免听众流失；保证时间线性的流畅感，给听众听觉上的顺畅感，正常节目状态下，节奏适当，不觉得急迫，也不觉得拖沓，信息流缓缓而出，不紧不慢。所谓"分"，是指在线性直播中宜推行大版块小单元的模式，大版块保证了统一性，小单元则照顾了听众碎片化接收的习惯，保证了节奏，也照顾了听众随时进入随时离开的状态；同时，要做好听觉"路标"，给听众"指路"。适当回顾重点、提要亮点、预告新闻点，方便随时可能进入和跳出线性直播流的听众，让其听觉不迷路，听有所获。

第三，**增加社交元素**，提供广播新"玩法"。"在一个个体被激活的背景下，整个社会传播的渠道正在发生革命性的重组，而社会传播的'最后一公里'是由手机以及由手机编织起来的社会关系所构成。任何一种传播内容，最终都必须有效地切入社会关系渠道，完成社会传播的'最后一公里'。"[①]在播出前，可对 UGC 内容进行挑选整合，供直播流备用；在播出过程中，让听众通过多种互动方式参与进来，包括提供信息、参加游戏等互动环节。传统广播除了在既有的微信、微博上发起互动，也有必要开发自有的能提供多种互动功能的客户端，整合音频流、视频流、UGC 内容、互动入口、活动策划、后续服务等功能。对传统广播来说，节目播完传播也就结束了。但对新广播来说，内容发布只是传播和服务的开始，后续的需求了解、服务跟进、垂直活动策划才是更具市场价值的领域。利用互动渠道的互动社交功能让听众成为节目内容的后续传播者和广播品牌的后续宣传者。要从"内容为王"到"**'内容+'为王**"，"强调以内容服务用户，在用户服务中进一步做好内容"[②]。

（2）放大广播的**同场价值**，与网络电台打差异化竞争

本章第三节关于"移动网络电台优劣势分析"的内容中，曾经对传统广播的同场感和网络电台的"伴侣化"传播进行过阐释。

网络电台以点播、推送形成个性化定制，实现"伴侣化"，伴侣是唯一的，让你牵挂的，高黏性的，是基于网络电台的个人化定制实现的一种传播状态。传统广播直播节目的收听状态则是"随时进入，随时离开"，这是不同于网络电

---

① 语出自喻国明教授。陈旭. 把准移动音频之"脉"[J]. 中国广播电视学刊，2017（2）.
② 黎斌. 媒体融合新思维：从"内容为王"到"'内容+'为王"[J]. 中国广播电视学刊，2017（1）.

台"重度伴随"的"轻伴随"状态，是招之即来挥之即去的挚友。收听网络电台的个人化与收听传统广播的同场感相较，有如在家和在酒吧的不同；传统广播聚合听众形成社群的功能可以很容易形成"大家帮助大家"的同场互动效应。而基于传统广播专业媒体的属性，信息提供、社会瞭望、快速应急等功能的实现，使同场价值得以进一步提升。

同场是指同一个"时空场"，时间场：直播节目此时此刻的陪伴；空间场：基于广播的地域化传播，听者容易产生作为这个城市一份子的存在感。因此广播的同场感是时空双维度上"与你同在"。

广播同场价值的有四个层次：

同场情感：归属诉求，精神抚慰，直入人心。指地域化传播带来的归属感，以及与同处相似场域的其他群体成员的精神交往感受。能带来精神上的满足感、个体的存在感，以及特殊状态下的精神力量。深夜谈话节目是此类节目的代表。

同场娱乐：审美诉求，分享作品，欢聚一堂。一个人看演出录影带和一群人看现场表演，感受是完全不同的。环境的感染、分享的体验本身，是很多人到现场看演出所追求的元素。比如广播点播类节目，听众可以点播歌曲、相声等文艺作品。在相关作品随手可得的当下，点播类节目正因为满足了听众的分享需求而得以存在。

同场信息：生活诉求，提供资讯，即时瞭望。同场信息是对新闻要素"贴近性"（或称接近性）的放大，是在时空双维度上的高关联度：提供此时此地的"与你有关"的信息，让听众定位自己的坐标，了解周遭的情况，判断可能的变化。对伴随收听的听众、移动收听的群体来说，这些信息具有必听性，属于"刚需型信息"。比如路面突发状况就是典型的同场信息。当前的手机新闻客户端、社交媒体（比如微博），甚至地图导航，都可以及时推送基于位置定位的信息，这也是同场信息的一种形态。广播同场信息的特殊价值在于：相比于社交媒体、地图导航，广播作为专业媒体，报道的信息更权威、更准确；相比于新闻客户端，广播的听觉接收对于驾车等移动人群来说，具有先天的渠道优势。

2013年7月24日7时35分，北京市东城区光明楼中街一座公交车站附近的蛋糕店内发生燃气爆炸事故，由于蛋糕店旁边另有早点摊，当时不少人在上班路上买早点，伤亡惨重。造成21人伤亡，其中2人死亡，4人受重伤，15人轻伤。北京新闻广播记者刘慧8点04分在现场及时发回报道。

广播消息：光明楼蛋糕店爆炸记者刘慧现场连线报道

图 5-55　2013 年 7 月 24 日北京市东城区光明楼中街金凤呈祥蛋糕店爆炸现场

图片来源：中国新闻网

2013年10月11日2点59分，北京市石景山苹果园东口喜隆多商场一楼的麦当劳着火蔓延至整座大楼，大火共扑救9个小时，致2名消防员牺牲。过火面积约1 500平方米。北京新闻广播记者陈少阳、左天驰分别从火灾现场和消防部门了解信息，并在各新闻节目中及时发回连续报道。

连续报道：石景山喜隆多商场火灾记者陈少阳连续报道

连续报道：石景山喜隆多商场火灾记者左天驰连续报道

即时应急：生命诉求，紧急救援，广播救灾。同场信息的极端状态就是广播应急传播。"即时"是指同步反应，甚至是提前预警的应急状态，比"及时"的状态更要敏锐与快捷。

图 5-56　2013 年 10 月 11 日北京市石景山苹果园东口喜隆多商场火灾现场

图片来源：千龙网

本书第四章第三节关于广播与突发事件的探讨中，对广播在突发事件中的作用进行过专门论述。在重大突发事件中，断水断电；特别是在灾难现场的人们，在大部分媒体失去作用的情况下，难以接触到外界信息；危机发生的突然性与破坏性越大，人们心中的恐惧感就越强，如果政府不能及时、真实地传递信息，就有可能出现公众情绪的盲动和恐惧，社会秩序出现失控的状况。广播的优势与作用因此得以凸显。广播作为灾难事故中的内向型媒介，其便携性可以为灾区内部的受众提供信息，带来精神激励；这是电视、报纸、网络等灾难事故中的外向型媒介难以企及的。

广播直播：北京"7·21"特大自然灾害《整点快报》20：00 档新闻直播

特别直播：北京"11·04"暴雪特别直播之紧急救援被困车主

2008 年的中国南方的冰雪灾害、汶川大地震，2012 年北京的"7·21"特大自然灾害、"11·04"大暴雪，都体现了广播作为应急媒体的作用，关键时候广播就是生命线，是救人的媒体。

在北京"7·21"特大自然灾害中，北京新闻广播在当天晚上启动了特别直播节目。在此之前，各档整点新闻节目密切关注雨情。20 点档的《整点快报》因为反应及时、报道全面，获得当年中国新闻奖新闻编排一等奖。

在 2008 年的冰雪灾害中，公安部在各地选择了 100 多人为中央电台提供路况信息，随时接受电台连线咨询，给很多司机提供了宝贵的信息；汶川大地震中，中央台中国之声在节目中开设"寻亲小纸条"小栏目，很多人因此得以团聚；2012 年 11 月 4 日北京暴雪，北京新闻广播的直播节目收到一位车主的求救短信：包括年幼孩子在内的一家 3 口已经被堵了 12 个小时，饥寒交迫。在征得车主同意之后，主持人在直播节目中把他的车牌号和具体位置反复播放，很快救援人员就给他们送去了紧急补给物资。

上述紧急情况的及时反应都体现了广播作为应急媒体的作用，关键时候广播就是生命线，是救人的媒体。

2015 年 1 月，中共中央办公厅、国务院办公厅印发了《关于加快构建现代公共文化服务体系的意见》（下简称为《意见》），将应急广播定位为"现代公共文化服务体系"的重要组成部分，将"为全民提供突发事件应急广播服务"列入了《国家基本公共文化服务指导标准（2015—2020）》。《意见》在"提升公共文化服务现代传播能力"方面对应急广播体系建设提出了明确的要求：实施国家和地方应急广播工程，完善应急广播覆盖网络，打造基层政务信息发布、政策宣讲和灾害预警应急指挥平台，保障信息传播高效快捷和安全有序。目前北京、安徽、贵阳、湖南等多个省市已经将当地广播频率纳入应急机制中。

综上，广播的同场价值就是作为一家以声音为传播介质的"新闻媒体"的价值。在新媒体如日中天的当下，其"新闻媒体"的属性蕴含着报道新闻、引导舆论、传播知识、提供娱乐的社会责任；以及作为一种以声音为介质的大众传播媒介所特有的传播功能——与听众同步感受、同步交流、同步播报所实现的传播效果。归根到底，广播电台与网络电台的区别，是**"音频媒体"**与**"声音淘宝"**①的区别，各有优势，各有定位。

3. 经营转向：从听众到用户的垂直开发

在打通新渠道，开发新内容的基础上，用户关系的开拓意味着经营的转向。用户关系需要通过服务和社交来维护。

（1）做强需求节目，垂直延伸服务

网络电台的强需求产品是知识分享类和有声书节目。喜马拉雅 FM 和蜻蜓 FM 希望以此类节目打造付费收听模式，目前已经成为网络电台可能的赢利点。

对广播来说，强需求就是服务。现在很多"互联网+"的创业项目，实际上是基于用户的信息对接的痛点做起来的，比如大众点评、滴滴打车、高德导

---

① 3 月 16 日作者对喜马拉雅 FM 有关人士进行访谈时，对方认为喜马拉雅 FM 是一家"声音淘宝"。

航、墨迹天气等等，他们基于互联网思维，聚拢资源、做好互动，成就了一批行业巨头。这些内容实际上广播电台一直都在做，比如美食节目、修车节目、路况信息、天气预报等节目，只是因为传统电台缺乏互联网思维，没有把资源和互动对接起来，以至于被互联网公司占据先机。

但现在仍然还有做好服务的空间，广播电台长期积累的公信力，国有电台的品牌背书会提升用户的信任度；明星主持人的人格魅力也会增加此类服务的好评度。在信任经济大行其道的当下，服务蕴含着商机，蕴含着从听众到用户引流的机会，以及垂直营销实现流量变现的可能。即：通过强需求内容的传播，吸引听众，形成与听众的关系连接，在此基础上通过新渠道实现广播商业模式的重建。这需要广播"从以内容的制作发布为中心，转变为以用户为中心。从一个播出管道升级为互动平台，从单纯的内容制作机构调整为内容分发平台，随时随地和受众建立联系。强化互动功能，让单一的媒体成为一个个分众群组，由简单的信息传播变成一个活动社区"①。

北京电台的战略是成立节目团队。该台于 2014 年 7 月启动节目团队建设，意图依托线上广播节目的资源和影响力，发展线下的多元化产业，力争通过市场化运作，使每一档节目背后都能衍生出一批成熟的产业项目。

该台第一批 5 个创收型节目团队在 2015 年 2 月签约，2016 年 4 月签约 2 个团队，2017 年 4 月又有 2 个团队获批成立，截至目前总共有 9 个团队。这些节目团队在提升广播节目质量的基础上，开展主题鲜明的特色活动，积极拓展线下渠道，在各自领域深挖潜力。例如，吃喝玩乐大搜索团队微信公号目前拥有粉丝 6.2 万人，电子会员卡超过 2.3 万人，其微店营销目前拥有"蜂蜜礼盒""酸奶套装"等 8 款商品，并成功策划"吃喝在路上"系列美食自驾之旅、"首届全球中餐青年厨师排位赛"等多场大型品牌活动。教育面对面团队每年举办十余场大型中高招系列讲座活动、8—10 场个性化《名嘴探名校》高校探访系列活动，吸引十余万人参与，全年近 30 场地面活动的创收在节目总收入的占比高达 73.12%，闯出了一条活动创收的发展之路。爱车团队全面打造"你好"系列露营大会品牌，共成功举办"你好·繁星""你好·草原""你好·宝贝""你好·雪山""你好·神州"等 5 场大型露营活动，在国内开创了大规模汽车露营

① 陈响园，张权伟. 大数据背景下中国交通广播的"危"与"机"[J]. 现代传播，2014（3）.

大会的先河，微信公众号"爱车一点半"粉丝近 20 万人，日活跃用户上万人，单条点击量峰值达 14 万人次。运动体验团队已举办多期超级体验团训练营，共带领听众参与 30 多场马拉松、攀岩、跑酷等活动，打造国内首家广播媒体"运动体验＋"的运行模式，让更多人参与大众健身。问医生团队已与北京市卫计委、北京市医管局等 5 个机构进行签约，线上广告收入稳定增长，在搜狐健康自媒体平台发布的 200 多篇文章累计访问量达到 1 848 万。

北京电台的节目团队主要是从刚需内容切入，从服务性入手，并把这种服务做到线下，成功实现从内容到营销、从听众到用户、从收听率到营收的转化。2015 年，北京电台首批节目团队共实现创收 3 257.77 万元；2016 年上半年，7 个节目团队共实现收入 2 304.9 万元。

表 5-9　北京电台节目团队建设情况一览

序号	团队名称	所依托的强需求节目	垂直延伸服务
1	问医生团队	问医生：健康咨询类访谈节目	全媒体健康推广、社区健康推广活动
2	教育面对面团队	教育面对面：中高招政策咨询；针对青少年成长和升学、考试、毕业、留学、就业等教育问题与考试政策，进行互动咨询服务	中高招讲座、招生手册、游学、校园开放、微信平台运营
3	爱车团队	1039 交通服务热线：为移动人群提供交通方面，特别是汽车维修方面的服务。"节目的内容是修车，节目的宗旨是服务。"	露营大会品牌系列活动、微信平台运营
4	乐童工作室团队	听听糖耳朵：针对儿童群体的亲子互动节目	少儿培训产品开发
5	运动体验团队	超级体验团：展现赛事体验过程，为赛事提供宣传窗口，为爱好者甄选出品质优良、保障完善的赛事	超级体验团训练营、赛事推广
6	吃喝玩乐大搜索团队	吃喝玩乐大搜索：介绍好吃好玩的信息、旅行攻略、传统养生文化等	吃喝玩乐在路上系列活动、微店、原创品牌的食品开发
7	朱红工作室团队	后转公司化运营，无直接依托节目	剧场演出、演出营销、原创 IP 开发、文化产品投资
8	广播之声（王卓）团队	永恒的魅力：古典音乐类节目，以"古典音乐通俗化"的风格，融入珍贵资料，用音乐感动听众，评论力求打动人心	高雅音乐知识普及、讲座、演出等
9	白杰团队	娱乐最王牌：与音乐相关的文化资讯、明星访谈、演出票务	观影会、线下主题粉丝活动、商业庆典现场秀

为做好这些团队的管理、服务和监督等工作，北京电台在第一批节目团队签约之初就成立了"节目团队协调办公室"，在人事、广告、财务等方面积极协调，与既有制度进行对接，争取创新空间，找到平衡点，破解难点；在创新团队管理模式、人员聘任机制、人才培养模式、考核评价机制、广告经营机制等方面实现突破，给予团队负责人更多的人权与财权，给予团队政策支持，允许团队与电台外部新媒体公司、品牌宣传公司、营销推广公司进行广泛合作，大大拓展节目在新媒体平台的影响力，推动节目与经营的深度融合。

（2）构建用户社会关系，整合用户信息，开展精准营销

传统广播的听众似乎是无形的，尽管广播天天都在播出，但听众面目向来是模糊的：谁在听？年龄层是哪些？文化水平如何？收入水平怎样？有哪些喜好？除非他们会来信，或者会来参加见面会，否则广播人无从知晓他们是怎样的一个群体。受渠道所限，广播听众似乎忽来忽走，难以维系。但通过前述渠道建设、内容垂直开发，听众可以实现向用户的转化。一个节目的听众群就是一个共同兴趣的社群，可以实现清晰的用户画像。一方面可以更准确知晓听众的喜好，实现内容有效推送；另一方面，广告投放可以根据清晰的用户画像、大数据实现更精准的营销，并结合场景，依托网上支付功能，开展深度营销。

在不同节目形成不同社群的情况下，这些社群是分散的，难以形成规模，也就难以形成整合效应。同时，传统广播的节目互动、派发奖品、优秀主持人和优秀节目的评比、节目调查投票等互动过程都是通过不同的方式、平台进行，无法留住用户、归集资源；而广播购物、线下活动组织等经营版块，大都通过各自渠道进行，无法形成统一品牌和形象，也难以形成组合拳。从听众角度看，在便利的网络时代，参加电台节目互动，还要上门取奖品；报名参加活动，还要通过电话和短信，体验如何可想而知，这实在不是与时俱进为听众服务的好方式。以新的便利化的网络渠道连接与服务听众，是广播电台整合渠道建立平台的出发点和主要功能。

一些广播电台意识到这一问题，开发了整合型的技术平台，实现分散运营和统一调配的有机结合。以江苏电台为例，该台在各节目、各频率微信公众号的基础上，搭建微信矩阵平台，整合资源，实现从微信平台向自主平台的过渡和引流；也实现用户资源的汇聚和管理。

2014 年 3 月，江苏电台开始在全台全面推广节目和频率的微信平台，把各个频率和节目作为"神经末梢"，通过"神经末梢"与听众直接接触，感知用户需求、积累用户数量。

2014 年 5 月推出"微啵网"，建立微信"多账号管理系统"，实现全台 64 个微信公众号的统一管理，从后台互通的基础上，实现内容互通和账号互通，粉丝也得以聚合。

2015 年 2 月，该台微信"多账号管理系统"进一步升级，实现了内容的多账号统一推送，由此开始经营微信广告；2015 年 4 月，微信商城试运行，支持微信支付，进行广播电商运营。

2015 年 5 月，江苏广播新媒体与阿里云合作，开发"微啵云"，"微啵网"也由此升级。2015 年 6 月，推出微信运营新系统——"直播互动系统"，主持人可在这一系统中更便利地与听众交流。2015 年 7 月推出"微啵云"客户端，该客户端打通了微信和传统广播两大渠道，以"多账号管理系统"（实现多个微信公众号管理）、"节目内容交互系统"（节目互动功能版块）和"市场营销系统"（广告运营和电商营销版块）三大系统构成。该平台还实现了所有音频节目的同步直播收听及回听，支持视频在线点播。如果说节目的微信公众号是"神经末梢"，"微啵云"相当于是一张大网，每一个神经末梢越活跃，总的平台就会越活跃。[①]

2016 年 10 月，"大蓝鲸"客户端正式上线，该客户端依托"微啵云"系统，既可收听传统广播的直播节目，又具有直播互动、视频直播、音视频节目、社交及服务等多种功能，"力求实现跨平台、跨地域、跨领域的多媒体融合，为用户提供与节目、活动以及产业项目进行互动的入口平台"[②]。一方面，传统广播通过节目互动、组织活动等方式，向"大蓝鲸"这一互联网平台转化"流量"，即把听众转化为互联网用户；另一方面，依托"大蓝鲸"的互动、参与优势，为传统广播留住听众、吸引更多听众提供了条件，听众与传统广播建立新的链接关系。这种双向互动、互为入口的过程是以节目的意识创新、内容创新和形态创新来实现的，无形中改造了传统广播的传播形态；从而"倒逼、推动广播自身做出系统性变革，创新广播动能与价值，从'相加'到'相融'，逐步变成

①　宁黎黎，张涛，王菁. 借船出海，移动先行——"互联网＋"环境下江苏广播媒体融合之路［J］. 中国广播，2016（1）.

②　黄信. 江苏广播在入口与互动中创造媒体融合新价值［J］. 中国广播，2016（12）.

'你就是我，我就是你'，这种创造性的探索'体现了当今广播转型求真务实的特质和风格'"①。

截至目前，上线半年的大蓝鲸客户端下载量已经达到 120 多万；而"微啵云"微信矩阵的粉丝数量已经达到 300 多万。内容吸引、节目互动和活动策划是获得用户的有力方式，再以服务黏住用户，增加用户活跃度，江苏电台"从传统单一的内容传播向'内容＋活动＋服务＋互动＋融媒体'呈现拓展，探索更加融合的运营模式，在创造传播价值的同时创造营销价值"②。

图 5-57 左：江苏电台旗下各频率微信公众号统一在右下角设置大蓝鲸 App 下载入口和"微啵云"微信矩阵入口；右：大蓝鲸 App 中的热门活动专栏

除了搭建技术平台，广播电台还要从以下几方面开发、利用好用户数据：应对用户数据进行分类梳理、细化处理。

---

① 黄信.江苏广播在入口与互动中创造媒体融合新价值［J］.中国广播，2016（12）.

② 本刊记者.国内部分传统广播电台"互联网＋广播"现状调研［J］.中国广播，2016（1）.

表 5-10　广播电台新媒体平台用户资源分类系统

	特征分类	细化标签
细分特征	基本特征	性别、年龄、职业、教育程度等
	行为喜好	收听节目类型、内容、收听时长等
	收听渠道	音频客户端、社交平台、传统广播等
	消费能力	商品类型偏好、金额区间、支付方式等
	群组分类	细化群组
细分群组	横向群组 核心用户	意见领袖、忠实用户、骨干粉丝群组
	外围用户	非忠实粉丝，也可按特征进行分类，为转化积累数据
	纵向群组	根据垂直领域的营销开发的粉丝群，比如亲子群、吃货群、自驾游群、阅读群等……

在细化分类梳理的基础上，以特定内容、活动进一步锁定用户，增加平台黏性；广播媒体也可以由此实现由被动等待听众收听，到主动推送节目、主动寻找听众、主动定位听众的转变。

在用户资料完整、归类清晰的基础上，提高用户数据管理水平，为下一步营销做好准备，充分利用数据资源，提升数据价值。

可通过用户分类，制定相应的营销方案，为客户提供精准的多渠道投放方式，从而有效地改善营销效果。在精准匹配的基础上，营销信息也会成为用户有价值的资讯，提升用户体验。

也可建立数据模型，根据用户新增的情况和流失的情况，了解用户对节目的喜好，作出及时的反应和调整。

4. 机制变革：稳固传统广播的发展根基

传统广播的内外部管理机制固化了内容生产模式，阻滞了内部的创新能力，束缚了生产关系和生产力。实际上，唯有对内外管理机制进行变革，唯有脱胎换骨的革新，才有可能推进渠道建设和内容转型，这是当前传统媒体转型的根本性决定因素。本小节只探讨与内容生产相关的机制，主要涉及内容生产流程重构、节目产品化与生产流程标准化。

广播节目产品化，也需要管理机制和生产流程的标准化，包括以下内容：部门定位标准化、报道流程标准化、节目定位标准化、节目编播标准化和节目版块流畅化。

（1）**部门定位标准化**，就是要理清部门之间的关系，实现相互促进、协调，而不是内耗。

以新闻频率为例，要实现一线业务部门和二线支撑部门之间的顺畅配合；在一线部门内部，供稿部门（采访部门）和用稿部门（各节目）之间也要捋顺沟通机制。

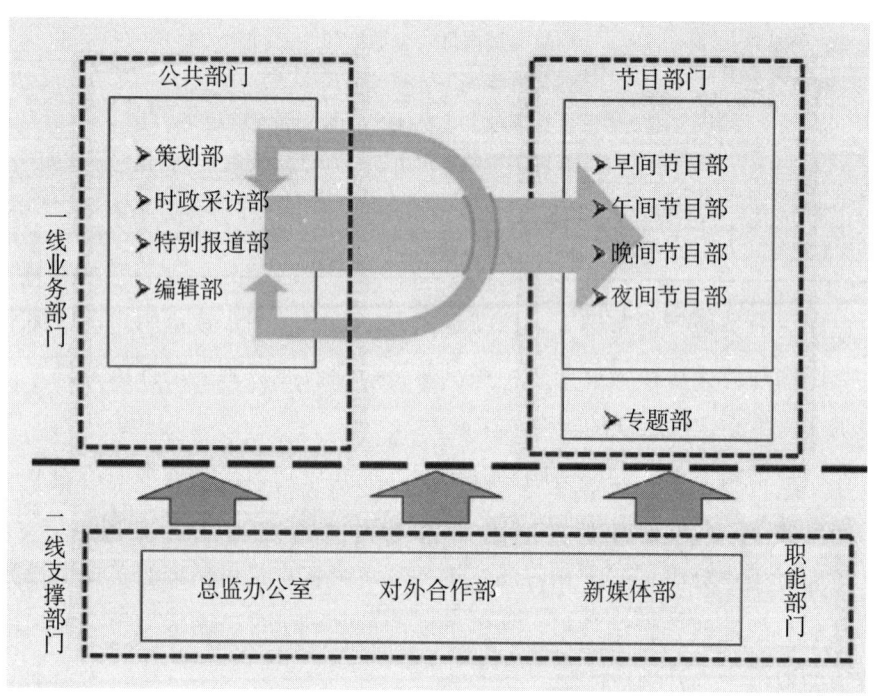

图 5-58　某新闻频率部门架构

策划部作为报道的发起部门和指挥部门，负责搜集预知事件、策划重点报道；编排全天重点关注，组织报道力量、处理突发新闻、撰写重点关注导听、包装节目；节目评估（收听调查、专家评价、好稿评选）；传达宣传通知、撰写简报和总结；协调总编室、技术中心等台内相关部门、协调台外合作单位等。

编辑部主要负责加工一些外来稿源，包括 UGC 内容、驻外记者、通讯员来稿、特约记者稿件等，供节目部门调用。

对外合作部负责品牌推广、合作合办、观察员管理和专家库维护。

采访部和特别报道部（以下简称为"特报部"）的定位也要非常鲜明，采访部主要对接政府部门、协会、企业、社会组织、使馆、外资企业和国际组织，做好时政报道、政策解读和热点事件。特报部主要报道突发事件、热线选题，进行舆论监督。对这两个采访部门的明确定位有助于减少指派选题时的推诿，实现快速反应。公共部门和节目部门也应泾渭分明，由此保证公共部门面向全台服务的公平与均等，保证每个节目的责任明确。

（2）**报道流程标准化**，就是要解决如下问题：策划会应怎么精准确定报道重点？节目定制如何更为明确？

解决这些问题的关键在于报道策划关注点的精准性和策划落实的有效性。

报道策划在新闻频率的重要性是不言而喻的，能有效调动全台报道力量，形成有序、有点有面、有重点、有亮点的报道格局。因此，我们以策划会组织为探讨重点。

不同电台可根据实际情况设计每天一次或者两到三次策划会。两次策划会一般是早晚各一次；三次策划会一般是早中晚各一次。策划会提供当日重点策划，并进行部署。重点策划要求全台节目和记者无条件配合。采访部、特报部、编辑部、各节目负责人参与。

全台性的策划一般由策划部提出，并向全台各节目统一部署，形成全台一盘棋的报道安排。而公共部门的策划也必须拿到策划会上讨论，达成共识。比如，采访部提出一个部门策划后，在策划会上讨论通过，同时决定在哪个节目播出，或者决定是否要上升为全频率统一行动。公共部门的策划必须通过策划会落实，通过讨论，实现与节目对接，从而内化为节目部门的自主需求，并在策划落实过程中双重把关，实现报道高质量播出。

以每天两次策划会为例，早晚策划会应各有侧重，确定标准化流程。

表 5-11　新闻频率策划会标准化流程

晚策划会内容及任务分解			
	会商内容	负责人	支持部门
1	采访部、特报部提供汇总报题	采访部、特报部	各部门
2	采访部、特报部策划报道讨论（如果当天有策划）	采访部、特报部	各部门
3	细化当晚新闻节目重点选题	晚间新闻节目监制	采访部、特报部、编辑部等
4	选定第二天清晨和上午新闻节目的重点选题	晨间重点节目监制上午新闻节目监制	采访部、特报部、编辑部等
5	预定第三天新闻报道选题，提出定制需求	各新闻节目监制	采访部、特报部、编辑部等

早策划会内容及任务分解			
	会商内容	负责人	支持部门
6	晨间新闻节目汇报报道情况，对晨间报道后续情况进行跟进，并提出定制需求	晨间新闻节目监制	采访部、特报部、编辑部等
7	对当天上午新闻选题进行查缺补漏	上午新闻节目监制	采访部、特报部、编辑部等
8	确定下午新闻节目重点选题，提出定制需求	下午新闻节目监制	采访部、特报部、编辑部等
9	确定当天晚间重点选题，提出定制需求	晚间新闻节目监制	采访部、特报部、编辑部等
10	采访部、特报部提供补充报题	采访部、特报部	各部门
11	采访部、特报部策划报道讨论（如果当天有策划）	采访部、特报部	各部门
会商要求	• 总体原则：迅速、高效，会商时间原则上不应超过 40 分钟； • 公共部门报题时应新闻点明确、表述清晰； • 节目部门需求应明确，定制角度表述明确； • 记者调派实行采访部门、各节目部门双轨制；为减少沟通环节，减少转述过程中的信息损耗，各节目可以自行调派记者，记者在时间允许的条件下必须配合节目要求。		

在新的媒介生态背景下，报道流程设计还应加入新媒体平台的内容生产和分发。不少广播电台都在搭建"中央厨房"采编系统，建立统一调配、资源共享、多介质呈现、多平台分发的采编体系，实现从采集、制作、播出、归档到分发的流程再造。

（3）**节目制作标准化**，就是要回答：制造广播产品的最终环节如何更准确地执行要求？

节目制作标准化可以分解为：节目定位标准化、节目编播标准化和节目版块流畅化，这三者是不可分割的。

节目定位标准化：节目的时效定位和内容定位，互相配合，而不是不相往来。

节目编播标准化：在时效和内容定位标准化基础上，进一步细化编播流程、话语表述方式（导语标准化改编，时效点标准化操作），以及配套管理措施。

节目版块流畅化：新闻频率直播化，直播节目整合化，整合节目版块化，最终实现听众收听顺畅化。

以中央电台中国之声为例，各节目对质量要素、采编要求、格式标准等进行了统一要求。同时，要求节目编辑不但严格把握内容定位，甚至要求对导语进行统一改写，形成统一表述方式。

表 5-12　中国之声《央广新闻》标准化操作流程 ①

要素	内容	提要示例（突出 5W）	资源支撑
第一时间	当日事件 最新消息 实时进展 突发事件 （自家当日报道、他媒当日报道）	六月份 CPI 五分钟前刚刚公布……	本台稿件或外台供稿
	股市服务站 （开盘、午盘、收盘）	现在是早上 9 点 35 分，我们来关注今天股市开盘情况……	经济之声提供
	气象服务站 交通服务站	中央气象台发布的最新气象资讯，有请气象分析师……	对外合作部
	全球速读 （太阳永不落，新闻永不落。以时差推进全球视野，各大洲重要国家进入早 9 点或晚 10 点，引入当地记者，浏览当地媒体至少三条焦点新闻：关注中国的、关注当地的、关注世界的）	现在是北京时间下午 4 点，伦敦时间早上 9 点，我们来关注英国媒体此时关注的焦点……	驻外记者 华语媒体 当地华人 （对外合作部）
第一现场	现场报道、现场直播（包括电视信号）	我现在在上海浦东嘉里大酒店三层上海厅，XX 发布会此刻正在进行……	本台稿件或外台供稿
第一人物	新闻人物	《我是范雨素》刷遍朋友圈，还原真实的范雨素	
	以人叙事	马云为何创办湖畔大学	
第一真相	舆论监督（独家、他家）	深圳百余农民工遭遇"尘肺门"	本台稿件或外台供稿
	央广求证（证实、辟谣）	发改委否认月底上调成品油价格	
	事故真相	马航客机失踪三年后再曝踪迹	
	历史解密、内幕揭秘	揭秘中美密谈：中国副总理与基辛格"失踪"	

---

① 资料来源：中国之声内部资料。

续表

要素	内容	提要示例（突出 5W）	资源支撑
第一背景	知识背景	什么是动车防追尾信号系统？	编辑部（网络来源连线）
	影响、成因	日本福岛核泄漏会否影响日本旅游业？	
第一解读	权威解读（官员、专家对某一事件的解读）	国家统计局原总经济师姚景源解读：为何猪肉价格推高 CPI？	采访部
	各方热议（围绕同一事件，媒体公众的解读和评论）	XX 事件：《第一财经》、微博博友如何评价？	编辑部（网络来源连线）
第一评论	观察员	中国之声观察员王健点评："三公经费"公开后，还需接受公众质询	对外合作部

《全球华语广播网》编播标准也非常详尽，该栏目具体节目流程和任务分解如下：

表 5-13 《全球华语广播网》节目流程和任务分解 [①]

时段	内容描述、制作标准		任务分解
12:00—12:03	节目开始曲 + 导听	导听五条，每条两行，65字以内	午间编辑
12:03—12:06	整点 "此时此刻"	最新国际资讯，8—10 条，3 分	编辑部主持人
12:06—12:08	播：广告一（12:05　约 2 分钟）		广告部
12:08—12:15	今日关注（头条）	重大、突发、国际新闻，5—7 分钟	国际编辑协作
12:15—12:20	环球记者播报	驻外记者，新闻快报，5 条，5 分钟	午间编辑
12:20—12:22	播：广告二（12:18　约 2 分钟）		广告部
12:22—12:26	直通纽约	海外华语台、海外观察员热点扫描	薛勇
12:26—12:28	国际天气	关注美国飓风 "艾琳" 的动态、交通……	气象局徐丛林
12:28—12:30	播：广告三（12:28　约 2 分钟）		广告部
时段	内容描述、制作标准		任务分解
12:30—12:32	片花 + 下半时导听	预告下半时，导听 3 条，2分钟	午间编辑

---

① 资料来源：中国之声内部资料。

续表

时段	内容描述、制作标准		任务分解
12:32—12:36	半点"此时此刻"	全球新媒体热议话题，3—5条，4分钟	王健
12:36—12:42	海外镜鉴（次头条）	世界看中国1，6分钟（观点、策略）	国际编辑
12:42—12:45	播：广告四（12:45　约3分钟）		广告部
12:45—12:48	主编读报	世界看中国2，3分钟（各国纸媒评论）	杜平
12:48—12:50	播：广告五（12:52　约2分钟）		广告部
12:50—12:54	时尚趣闻	时尚趣闻，"读"一无二，5分钟	午间编辑
12:54—12:55	结束曲	全球华语广播网，午间环球一小时	午间编辑
12:54—12:59	中国体彩	约4分钟	广告部
12:59—13:00	结尾定点广告		广告部

5. 重构闭环：再造传统广播运营模式

基于从渠道到运营的战略转型，传统广播将"进化"为多渠道传输、多终端接受、多介质传播、多方式运营的新型媒体，形成新的媒体运营闭环。

"闭环"原是指电路设计的一种模式，这种电路系统相对于"开环"控制而言具有反馈环节，可提升精确度和稳定性。互联网商业模式借鉴这一概念，用来说明一种业务模式，在这种业务模式中，商业主体可实现从产品（服务）推出，到实现交易，再反馈（回馈）信息回到主体的过程。我们也借助这一概念对广播电台的运营进行阐述。过去，传统广播电台依靠内容传播实现听众聚集，从而吸引广告的投放，从节目产出到实现收益的过程是确切和可控的，特别是广告时段资源是确定的，广告费的流向是明确的。在传统媒体时代，这就实现了一种虽简单但流程顺畅的运营闭环（见下图）。

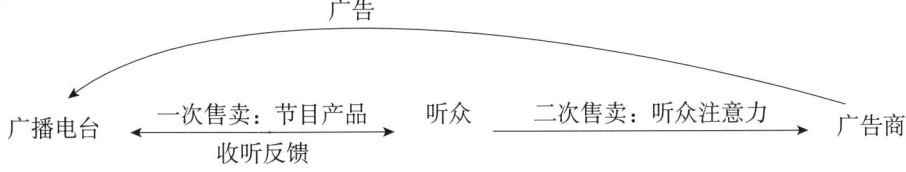

图 5-59　传统广播电台的运营闭环

但这种运营模式链条较短，经营方式也较为单一，抗风险能力较差。一旦遇到媒介环境和经济大环境的变化，就可能导致运营困境。当下正处在这样的变局之中。正如前文所述，一方面，在资讯爆炸时代，听众和广播媒体由过去资讯短缺时代的"强关联"到"弱接触"，听众黏性下降，既有的与听众的链接渠道逐渐失灵；另一方面，广播优质内容受渠道所限，不能形成多平台分发、推广，后续的传播效果有限，不能形成较强的社会影响力。也就是传统运营链条中的"一次售卖"过程发生了梗阻；与此同时，"二次售卖"也发生了问题：原有粗放的售卖受众注意力的广告模式，运营难度越来越高，广告主精准投放的需求越来越强烈，势必要通过新的渠道和内容升级与听众重建链接，从而实现听众到用户的转化，以期重构运营闭环。

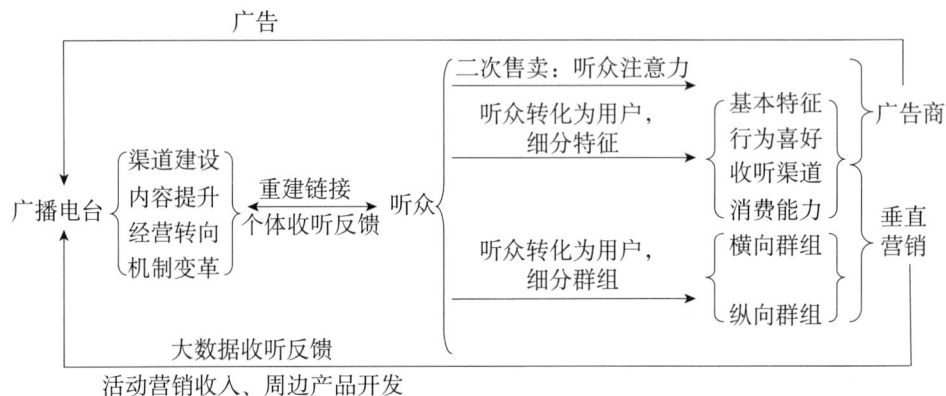

图 5-60　广播电台重构的新型运营闭环

从上图所示的新型运营模式可知，在这种模式下，广播电台的运营方式更为多元，减少了对传统广告收益的依赖，也提升了反馈数据的精确性，广播电台可实现再造运营模式。但在这个大框架之中，还要细化流程。过去广告费的流向是确定的，但在新的经营模式下，垂直营销要依托节目甚至主持人个人展开，节目组和个体成员拥有更多话语权，也拥有更多资源配置权。如果不能形成线上可控的支付模式、透明的资源配置机制，"跑冒滴漏"的情况就会直接影响运营闭环的实现；反之，如果不能形成有效的激励方式，管控方式过于死板，也会影响运营的灵活性。这些都是当前广播电台在重建运营模式时要警惕的问题。

二、音频媒介的未来：以声音为主体的多维传播

我们将从三个层次上探讨音频媒介的未来。从传统广播媒介层面上看：在

新的媒介生态、新的媒介技术背景下,广播媒介将实现多方面重构,重新定位价值,重建运营闭环;从音频媒介的角度看,传统广播和网络电台都只是声音传播的一种形态,并不是相互割裂,甚至你死我活的竞争,信息传播的高效精准是共同目标;从媒介融合角度看,未来音频媒介存在的形态将是多样化的,声音传播具有旺盛的生命力。

(一)广播媒介:多符号呈现、多渠道传输、多终端接收

从移动互联网时代的传播特征来看,场景化传播无疑成为核心。"当我们讲场景时,它其实是一个以人为中心,以智能手机的器官化、社交网络的生活化所形成的对于碎片的一种深度重组。"① 广播在传统媒体中受到冲击较小,在一定程度上是因其伴随性的特点,在一定程度上契合了移动互联网时代场景传播的特性,部分满足了受众场景化信息接触的需求。但传统广播在适应场景化传播的需求方面还有很大空间,仅凭目前声音介质自带的伴随性、便捷性传播特质,很难适应用户需求的变化,也难以真正嵌入移动互联网时代的主流传播体系之中。"移动传播的本质是基于**场景**的服务,即对场景的感知及信息(服务)的适配。换句话说,移动互联网时代争夺的是场景。场景成为继内容、形式、社交之后媒体的另一种核心要素。""构成场景的基本要素应该包括:空间与环境、用户实时状态、用户生活惯性、社交氛围。"② 如何在特定的空间与环境中,根据用户的状态,提供用户所需要的信息,并进一步提供深度整合的延伸服务,同时搭建社群平台,形成社交氛围,增加传播黏性?需要传统广播提供多维的传输渠道和多介质、多符号的传播方式。

在场景化传播的背景下,听众的收听时间更为碎片化,收听行为更为随机,收听空间更为多变。在广播传统播出渠道方面,做好基于时间线性传播的直播节目的"碎片化",以大时段版块节目做好伴随,甘于做背景声;嵌入小单元、设置听觉路标,为随时进入、随时离开的听众提供信息指引。但场景化传播是在**时间、空间双维度上的整合服务**,照应此时此地的用户所需;因此,除了提供基于时间维度的传统直播流,还要提供基于空间维度的点播服务。需要搭建网络客户端给予用户便利。但客户端上的内容不仅仅是把直播流放上,也不应

---

① 吴声. 互联网生活被总结成 24 个场景,请对号入座 [EB/OL]. (2017-03-30) [2017-04-02]. https://www.huxiu.com/article/188208.

② 彭兰. 场景:移动时代媒体的新要素 [J]. 新闻记者,2015 (3).

仅仅是音频介质一种传播方式。

上海电台于 2016 年年底宣布将推行"短音频战略"，该台认为，短音频能适应碎片化时代的受众需求，同时也能够引导更多的移动互联网受众反过来关注传统广播节目。上海新闻广播名牌节目《市民与社会》特别策划的"我的区县我的家"系列访谈，除了线上广播 50 分钟的节目，手机客户端上还推出了时长 3—5 分钟的精选音频内容，配合图片、文字、表情包等进行全网传播。这些碎片化内容点击率超过两千万，同时在半个月的播出时间内，也让广播节目收听率有所上升。

短音频的关键不应只是"短"，还应有亮点。这需要在大块的广播节目中进行内容的提炼、精华信息的打捞，如果仅仅是时间上的切割，传播价值可疑。"真正的短音频产品应该遵循产品品牌化、内容精品化、受众细分化的原则，同时要为短音频打上标签、进行分类，实现网络可搜索、可归类，之后再投送到移动互联网各个平台和终端。"①

互联网平台除了进行内容传输，也应实现节目互动功能、社群聚合功能、社交分享功能、延伸服务功能等，建立媒体与用户之间、用户与用户之间的关系，从而实现场景传播的完整链条。

综上，从传统广播伴随传播到场景传播的转化过程，在传播渠道上除了传统广播，还应有互联网平台；在传播形态上，除了有大版块的直播流，还应有适合分发的短音频；在传播介质上，除了音频，还有适当的文字、图片、视频等。

当然，就传播介质来说，广播之所以存在就是因为它是音频媒介，但这并不意味着广播要固守声音这唯一的传播介质。在以声音介质为主体的前提下，广播可以以更为灵活、更多元的方式存在。

从用户信息接收角度看，伴随性的音频媒介是不可替代的信息来源渠道，行车、工作、家务、学习时，听众接触的是纯声音的广播。而在特定环境下，比如，乘坐地铁、公交车等交通工具时，手和眼睛也闲着时，是否可以提供另一种多元的伴随方式？这种伴随，还有更为现实的意义：伴侣随身。而网络技术已经完全能够实现广播的这种多元拓展，能够满足人们在移动状态下快速上网、收听收看视频节目、上传下载图文数据的需求。因为当听众的手和眼闲着

---

① 孙向彤.我们为什么选择"短音频"战略［N］.光明日报，2016-12-10（6）.

的时候，他们就可能有这种需求。"从受众心理来讲，视觉的吸引力要远远大于单纯的声音或者枯燥的文字。尤其是体育比赛、电影故事等内容，人们在能够很方便地收看图像信号的情况下，是不会选择收听广播的，即便是配有图片等附加信息的所谓'多媒体'广播。"[①]

因此，未来广播需要实现多方面的重构，发生多种化合反应：在广播媒介形态上适应多介质多渠道传播；在生产方式上重新梳理生产流程和产品线，坚守 PGC 品质的基础上，适当引入 UGC，实现广播机构的角色转变，由"内容制作商"到"内容集纳与分销商"；在产品形态上，在一个生产车间制造出多种形态媒介产品，以适应传统收音机之外不同接触终端的呈现形式和呈现要求，满足传统听众之外的不同传播对象的需求；在服务结构上，信息内容服务只是开始，后续社群开发、垂直服务、整合营销也应同步跟进，最终重建音频媒体的商业模式，形成新的运营闭环。

（二）音频媒介：传播演进与优势叠加

报纸、广播、电视刚出现时都属于那个时代的新媒体，是否与时俱进是根本。从这个意义上说，并不存在绝对意义上的传统媒体和新媒体，有的只是信息传播方式的演进，以及从用户角度出发的传播效率的提高。

回顾电子媒体的发展史，可以看到，广播媒体本身具有深厚的持久力，新媒介诞生带来的是传统媒介的变革，而不是消亡。传统媒介将与新媒介共存。传统广播首要坚持的就是以声音为核心的融合。坚守不意味着故步自封，而是在保持自身优势的情况下合理融合。否则，就是在淡化广播的媒介特性。

传统广播在收听的伴随性、便携性、同场价值方面具有优势，不管未来广播如何变化，声音传播这一根本特性是不会变的；广播之所以是广播，即在于声音这一介质。因此，真正符合广播规律的融合方式是：能最大限度地发挥广播声音传播优势，并深入探索广播的移动性、伴随性、贴近性、同场价值等特性；以及把传统广播优势嵌入移动互联网传播体系的创新。

技术赋权本身，可以给所谓新媒体赋权，也可以给传统媒体赋能，广播应主动以**技术赋能**。不要把网络电台和传统广播割裂，它们都只是音频媒介的一种形态，只要有助于服务用户，一切形式均可为我所用。技术是公平的，是服

[①]　肖志涛. 3G 时代广播的突围之路［J］. 新闻战线，2009（4）.

务内容的手段，以及为用户提供服务的手段。

未来可能很多节目形态都将转移到网络，到那时，谁是传统广播？谁是网络电台？除了运营主体的不同，未来在媒介形态上的差别将缩小，所谓网络电台和传统广播的分野不复存在，这本来也不应该存在。

因此，**整合、汇流 ≠ 割裂、否定**；媒介融合的原则是：媒介优势的叠加整合，将传统媒介的优势进行深层开发，不断满足日益变化的受众需求，拥抱新媒体技术，形成与媒介汇流平台的竞争与联手。

（三）融合媒介：边界将日趋模糊

浅层意义上的融合媒介，可以是利用新媒体手段传播信息、链接受众等；或者实现传统媒体与新媒体形态的融合，比如电子报纸、手机报纸、电子杂志、网络电台、网络电视等。而深层意义上的"融合媒介"，应该"是在数字技术与网络传播的推动下，各类型媒介通过新介质真正实现汇聚和融合"①。

从技术层面上来说，媒介大汇流与大融合存在可能。因为在数字时代，不同媒介的介质具有同一性。各种传播介质通过数字化传输，音频、文字、视频被整合进入同一数字化终端，报纸、广播、电视的媒介边缘由此变得模糊，正在向新媒介同一传输渠道转变。而实际上，媒介边界是从硬件到软件的全面"模糊化"。

因此，我们所说的融合，并不是某一种媒介形态——比如广播或者电视——消失了，而是原本不同的媒介终端变得兼容并包了：不同传播介质的媒介，以及所谓传统媒体与新媒体都被兼容进了新形态的终端之中，形成"你中有我，我中有你"的格局。在数字化的今天，只要有一部电脑或者手机，就可以获取文字信息、音频节目与视频内容。数字媒介终端以其兼容并包的特性，正在逐渐改变人们使用媒介的既有方式。

或许有一天，因为媒介终端的高度融合，人们会忘记了这是一台收音机，或者那是一台电视机……不过，人们忘记的不是媒介本身，而是外在的表象；比如，人们不会忘记广播，但是会忘了"收音机"。

随着物联网时代的到来，以及人工智能技术的渗透，将出现"万物皆媒介，

---

① 蔡雯.媒介融合前景下的新闻传播变革——试论"融合新闻"及其挑战［J］.国际新闻界，2006（5）.

万物皆有声"的传播生态。只要你想获知信息，周围一切与云端相连的智能硬件都可以为你呈现；你不再只是从类似广播、电视、电脑这样的硬件中获取信息。从这个意义上说，音频媒介不会死，但是收音机会死。

未来用户会越来越少甚至不接触"收音机"这种媒介硬件，但不接触收音机不等于没有收听音频内容，音频媒介其实已经以更加无处不在的形态，更加无孔不入的方式定义着你我的生活。未来音频媒介存在的形式将更加灵活和多元，这也是声音介质与生俱来的基因，以弹性的方式保持旺盛的生命力。

本章小结

本章通过对新媒体环境下话语规则、舆论环境的研析，对城市广播的应对措施进行探讨。本书认为，城市广播应尊重听众的话语权，同时应在语态上与听众对接；应注重舆论引导的艺术，在复杂的舆论环境中发声。广播新媒体形态方面，通过对网络电台等广播新媒体的研究，探讨城市广播在媒介融合大背景下形态与功能的发展趋向。目前广播新媒体还没有完成理念的突破，即：只是把这些平台当作另一台收音机。广播与新媒体的融合，关键是以"声音"为核心，把声音传播的优势最大化，把音频融入新媒体中，实现广播到"音媒"的转变。

结　语

　　转型期城市广播发展研究是一个开放性的大课题，城市广播发展是一个动态的过程，"总结"起来难免挂一漏万，本书试图提出以下发展趋向和思路：

一、广播传媒形态发展的平衡点：普惠性与个性化

（一）频率资源的专业化、细分化应平衡广播服务的普惠性

　　广播专业化与细分化是广播媒体对当代中国社会在市场改革拉动下所产生的社会整体变迁的反映和回应，也是世界广播业推行多年并行之有效的市场竞争手段。正因为广播业不以节目的综合性与电视抗衡，而以类型化、专业化突出自己的特色，几十年来，广播业才保持了稳步的发展。这印证了杰克·富勒提出的媒介演进理论："每一种媒介都有自身的优势与劣势，它也会将这些强加在所携带的讯息上。新媒介通常并不会消灭旧媒介，它们只是将旧媒介推到它们具有相对优势的领域。"[1]

　　不过"类型化"是商业广播运作中的一种市场策略，是对受众和广告商精准定位基础上的一种商业广播运营模式；一些承担公共服务功能的频率，其专业化和细分化应适度。但国内广播媒体普遍未对商业和公共频率进行明确界定，"一窝蜂"地专业化、细分化，必然导致公共服务功能的弱化。

　　目前在广播专业化、类型化的改革过程中，一些频率的目标受众定位存在"错位"现象，传者的理想目标往往与实际收听人群存在差异。所谓"主流人

---

① 杰克·富勒.信息时代的新闻价值观［M］.展江，译.北京：新华出版社，1999：224.

群、有车一族"获得大多数节目的关注，农民、城市贫民、残障人士等群体被关注的机会较少。但广播的传播特性决定其弱势群体接触的必要性，也就是说，特定的听众群体需要以广播为主要信息源，比如盲人、视力退化的老人、职业司机、没有条件收看电视的农民工等。然而实际情况是，针对这些群体的节目偏少；专门的广播频率更少。由于目前频率资源仍属稀缺资源，因此频率资源分配要符合人口学特征，符合社会需求，使广播服务公平覆盖，实现媒体信息服务的普惠性。

（二）广播传媒形态新趋向：个性化定制化的移动终端

新媒体技术的革新为广播媒体实现普惠性和个性化的服务提供了更多可能。这也是广播媒体在新媒体时代自我革新的必然路径。罗杰·菲德勒认为："新媒体不会自发地、孤立地出现——它们都是从旧媒介的形态变化中逐渐脱胎出来的。当较新的传播形式出现时，比较旧的形式通常不会消亡——它们会继续演进和适应。"[①] 多年的经营使广播拥有大量的移动听众，积累了品牌和内容资源优势，它将逐渐探索与新媒体结合的新形式，打造新兴移动人群贴近性、个性化的资讯平台和娱乐中心；做可定制的、可按照听众自主意愿选择节目的广播，使每位听众都拥有个性化的电台。

借鉴播客和网络广播的理念，改造传统广播的节目制播形式，开发手机应用软件，可以具有点播功能、推送功能、互动功能、听众收听喜好的记忆功能，从而实现个性化、定制化、全天候、全球化（只要有网络，没有接收地点的限制）接触，实现广播的一对一传播。保罗·莱文森认为："人在媒介演化过程中进行着理性选择：任何一种后继的媒介都是一种补救措施，都是对过去的某一种先天不足的功能的补救和补偿。换言之，人类的技术越来越完美。"[②] 这一"补偿性媒介"理论无疑正在被广播媒介所实践。

在深层理念上，新形态的广播是在把听众当作用户来经营，提供交互式的深度服务，蕴含着传统广播经营方式转变的契机，实现听众接收无广告、高品质内容时的收费模式。

---

① 罗杰·菲德勒.媒介形态变化——认识新媒介［M］.明安香，译.北京：华夏出版社，2000：19.

② 保罗·莱文森.手机——挡不住的呼唤［M］.何道宽，译.北京：中国人民大学出版社，2004：7.

在坚持声音传播的基础上，新媒体广播还可以探索适度视觉化。除音频内容外，增加文字、图片、视频内容，但可视化内容只是"绿叶"，新媒体广播传播是以音频为主体的多符号呈现，可视化内容应服务于声音内容。因此，与新媒体技术结合的新广播形态其实是以"声音"为核心的多媒体形态，广播也将从传统的"话匣子"变身为综合信息平台——"音媒"。

二、广播传媒功能拓展的立足点：开放、平等与人本

（一）共同打造话语平台，实现传受场域无缝对接

在新媒体时代，受众使用媒介的状态和习惯逐渐改变。声音传播存在多种形态：传统广播、网络广播（音频 App）、播客……广播受众进入主动选择、深层参与、多渠道互动、多终端收听选择时代。广播以开放的时间版面、包容性的节目内容，把听众互动纳入广播节目的制播环节，让听众参与广播产品的制造环节，成为顺应形势的明智之举。

媒介不再是观点的垄断者，受众通过新媒体获得了发表并且广泛传播言论的途径，实现了意见的汇聚、交流与分享，出现人际传播大众化、大众传播人际化趋势。随着互动方式的增多，广播媒体大众传播人际化色彩尤为明显。通过为听众提供深度参与节目的平台和途径，实现传播与交流的同步。从传者主导转变为与受众共同打造传播平台，形成开放、平等、互动的社会话语空间。

这样，作为传统媒体的广播，在传播形态和语态上与听众的话语场域将逐步实现同构：节目形态是双方共建的，叙述方式是彼此乐见的，传播的价值观念是传受双方共同接受的。通过传受场域的无缝对接，实现广播传播效果和传播影响力的提升。

（二）开发"神经中枢"价值，实现转型期广播功能

麦克卢汉认为："电视对广播的影响之一，是使它从娱乐媒介转变为社会的中枢神经系统。"他同时认为："广播改变了人与人的关系""广播有力量将心灵与社会变成合二为一的共鸣箱"①。转型期广播要发挥自身的功能，主要路径即

---

① 麦克卢汉.理解媒介——论人的延伸［M］.何道宽，译.北京：商务印书馆，2000：369、372.

开发**"社会中枢神经系统"**的深层价值。

广播通过信息流通促进社会互动而构建社会关系，从而成为现代社会中的构建性力量。在种种不平衡现象中，它将作为构建性因素发挥作用。

广播的贴近性使其拥有了更多最基层的受众，这赋予了广播更多融合社会、引领和谐的责任，可以在阶层互动、维护弱势群体利益方面发挥更大作用：成为利益表达的有效渠道，实现弱势群体话语与精英话语的整合，促进矛盾的转化和解决。

同时，广播作为一种信息传播和交流沟通功能突出的媒介，具有直达心灵的传播能力，往往能给听者以内心的抚慰，给弱者以力量，帮助都市人群（包括众多弱势者）获得身份的认同感、归属感。

广播还可以与听众一起构建本地的"议事厅"，使广播频率成为公众议论大事小情、关注自身利益、关切社会发展、关心政府履职的公共论坛。

此外，广播应密切关注城市化进程中城乡差距、流动人口权益等问题，促进城市化的质量提升，以履行媒体监测社会、推动社会发展的应有之职。广播不应只是"城市人的广播"，应以更高的视角、更广阔的视野审视这些问题，为民众福祉、城市融合、政府决策、社会发展提供更多信息，提出更多建议。

（三）深入社会肌理，建立多元的广播传播系统

广播媒介向来注重为本地听众提供贴近性的本土化信息服务，这方面尚有挖掘空间。立足本土，须深入城市肌理，有赖于建立多元的广播传播系统，社区广播应是这一系统的重要组成部分。在英国、日本、泰国等国家，社区电台一般为非盈利性质，由社区志愿者管理和运营，在几公里范围内，为特定区域提供服务，以增进社区内部居民之间的相互了解，提供新的平台以促进社区不同人群的对话，给少数族群以表达自我的渠道等。同时，交通天气、音乐文化、活动组织、商店促销、招聘求职、防灾应急、停水停电、心理咨询等本地化内容也通过社区广播精准传递。

在国内，像北京这样的大城市，天通苑、回龙观、通州、大兴、房山等大型社区和新兴城区，已经日益萌生出社区文化的样态，也有内部沟通、协调处理社区事务的需求，兴办社区广播的土壤已经具备。但在现有条件下，北京尚无建立小型社区广播的政策条件，如有以公共定位的广播频率逐渐深入社区，

将有望成为市民依赖的社区服务平台。

未来多元的广播传播格局若能发展，将使广播深入社会的毛细血管、神经系统，使广播"神经中枢"的传媒价值得以充分发挥，使广播从关注社会的"面"到关注具体的"点"，从关注"群体"到关注"个体"，既关注"事"也关注"人"，实现以人性传播塑造人本传媒。

三、广播传播格局突破的关键点：公共性与市场化

（一）广播二元性矛盾与"双轨"运行机制

在现有传媒体制的制约下，广播二元性矛盾逐渐凸显。要从根本上解决矛盾，应建立市场和公共双轨运行的广播管理机制，即市场化广播频率以商业模式运作，而公共广播不以广告为生存来源，主要依靠公共资金投入。传播资源是社会的公共资源，应为全体社会成员所共享，在广播二元性矛盾日益加剧的今天，这一理念的实现有待政策体制层面的突破。

在上海，经过改革和调整，已经出现了公共广播频率的端倪：上海人民广播电台（990新闻广播）[①]脱离市场化的运作，不对广告经营进行考核，广告经营由上海东方广播公司负责。虽然其生存仍然依靠商业广告，但在当前传媒体制下仍不失为实现广播公平服务的有益探索。

（二）凸显公共服务属性，发挥城市广播应急功能

在广播的公共服务属性上，应重点发挥其应急功能。在重大突发事件中，往往断水断电，特别是在灾难现场的人们，在大部分媒体失去作用的情况下，难以接触到外界信息。广播的优势与作用因此得以突显。因广播报道的机动性、快捷性，它可以迅速发回第一现场的新闻报道；广播收听的灵活性使身处灾难现场的人们能够方便收听。

因此，广播媒体应该成为政府信息发布的主渠道之一；在此基础上，把广播媒体作为特殊情况下动员和调度的平台；还可以推行应急广播机制，日常播出常态节目，突发事件发生时成为应急处置的信息渠道。同时，应在平时引导

---

① 目前，990新闻广播的呼号为"上海人民广播电台"；上海电台意图以"人民台"这一带有公共服务色彩的名称，为990新闻频率的公共化探路。

公众接触广播媒体，告知公众在紧急状态下如何获取信息。

另外，由于城乡差距的客观存在，以及自然条件的限制，使紧急状态下城乡结合部、远郊区县往往成为应急救援的薄弱环节，所以需要在这些地区布局更为牢固耐用、稳定持续的信息传播渠道。广播应是一个统筹城乡发展的媒介概念，但上世纪 90 年代开始的专业化改革，却是以牺牲农民的广播近用权为代价的。从频率覆盖到内容定位，无不主要针对城市听众。但灾害往往更多发生在农村，农民更需要通达的信息传播渠道，为应急救灾做好准备。政府应积极介入，出台扶持政策，构筑城乡一体化的广播传播网络。

（三）广播产业拓展有待政策破局

在经历事业单位企业化管理、广播电视集团化等发展阶段后，广播媒体在新媒体的冲击下进入发展的瓶颈期，特别是广告等经营收入止步不前甚至有所下滑。整合优质资源谋求突破与扩张成为发展必然，这需要更深层次的行业重组，需要跨区域的资源互补。

但条块分割的广电管理体制阻碍着国内不同地区广播媒体合作的实现。区域分割、行政壁垒的存在使各地方电台多年处于单打独斗的状态，难以形成跨区域的品牌，难以实现集约化、规模化的发展；广播产业链迟迟难以步入发展轨道。

同时，"事业单位企业化管理"的运行模式，以及深层的二元性矛盾，也是制约广播产业升级的关键因素。只有公共服务与市场主体实现剥离，才能为在市场层面上实现各区域广播资源的整合创造条件，从而打造出完整的产业链。这是广播传媒产业赢得市场竞争的客观要求，也是广播媒体谋求突破与壮大的基础。

上述结论是基于本书研究的粗浅归纳。中国社会转型是一个长期的过程，城市广播将会随着社会转型的深入不断调整自我发展的定位与方向，本研究也有待继续深入。本书虽试图探索出一般性规律，但由于研究时间紧，研究者的视野和能力也有限，谬误之处难免，望方家不吝指正。

后　记

　　2017 年 5 月 20 日，我终于改完了最后一稿，并将稿子交付中国传媒大学出版社的编辑曾婧娴女士。

　　这个课题，是我博士论文选题的后续研究。我 2007 年进入中国传媒大学读博，到今天拿出这本书稿，正好 10 年。10 年的光阴里，我对广播的感悟、对声音的理解、对广播一线实践的总结、对学术的追寻，都汇聚其中了。

　　感谢我的导师曹璐教授，她总是以润物细无声般的话语，给予我教诲与启发；给予我指导和方向；更给予我温暖和慈爱。她从未给我额外的压力，总是给我十足的动力，以她积极乐观的正能量推着我走到今天。她既是良师，亦是慈母！

　　感谢在课题写作中给予我帮助和启发的成美教授、陈作平教授、邓忻忻教授、张彩教授、孟伟教授，你们的建议对我而言弥足珍贵；感谢曾经给予我引领和支持的潘力教授、郎劲松教授、邹晓美教授。感谢我的同事王博在封面设计中的贡献。感谢给予我鼓励的众多同事、朋友和同学。

　　感谢中国传媒大学，在这里我走进了传媒世界，跨入了广播之门。小时候，在闽西山村的阁楼上，我曾经多少次拨弄着那神奇的收音机，梦想着走进这个话匣子；多年之后，母校引领我走进了这个奇妙的世界，打开了新的人生境界。这个课题，只是一个逗号，在这个历练和爬坡的过程中，更体会到自己的不足；未来，母校还将是我汲取学养的平台，以及实现自我超越的支撑点。

　　感谢北京人民广播电台，我已经在这里供职 13 年。在这里，我曾经激动于自己的声音从广播里传出；曾经雀跃于帮几位农民工讨到工钱；曾经欣喜于获得中国新闻奖的表彰；也曾经懊恼于没有做好一篇录音新闻、没有得到一次采访机会……这里的经历让我体会到了新闻人的使命和广播人的责任。这里是我职业成长的平台，也是我未来出发的起点。

特别要提到的是，2014 年，经北京人民广播电台推荐，我得以申报"北京市高层次创新创业人才支持计划青年拔尖人才"项目，并顺利成为首批获资助者。在申报过程中，还得到北京市委宣传部和北京市委组织部等部门工作人员的热心帮助，在此一并感谢。正是有这些机构和个人的无私推荐、帮助，才让我得以继续这个博士阶段未尽的课题。

还有我的父亲连加权、母亲曾涛秀，即便是在最困苦的时候，他们也没有动摇让我走出大山的信心。以及我的岳父曾钦建、岳母邓丽英，他们给予我同样深沉的爱。

最后，我要特别郑重地说明：负责此书出版编辑工作的中国传媒大学出版社编辑曾婧娴，是我已经携手八年的爱人。感谢你的温柔和善良，你的简单和大度，和你携手今生是我最无憾的选择。为了这本书，我们经常一起熬到半夜。因为有你，我可以放下一切专心写作；你却经常要等到孩子们都洗漱、睡下，才有时间看稿，完成你的编辑工作。这本书，就像是我们的第三个宝宝。而我们的大宝，连曾菡小朋友，一个即将四岁爱笑爱哭的小姑娘，在我焦灼于不知如何落笔的时候，你总是不失时机地以哭闹或者撒娇的方式让我暂时跳脱开，等重回电脑面前，多半找到了思路；我们的二宝，连曾岩小朋友，一个 14 个月大的小猴子般闹腾的小伙子，你总是以天使般的微笑、天籁般的哭声让我放松下来，让我劳逸结合提高效率。

因此，这本书见证着我的家庭的成长、个体心灵的成长、个人事业的成长；或许也印证着这个时代的成长：只要你有梦想，只要你愿意为之付出，这个大时代就会成为助推你的力量！

连新元

2017. 5. 20

图书在版编目（CIP）数据

听觉媒介景观再造：城市广播转型研究 / 连新元著. —北京：中国传媒大学出版社，2017.6
（融媒体·新视听研究丛书）
ISBN 978-7-5657-2007-9

Ⅰ.①听⋯　Ⅱ.①连⋯　Ⅲ.①城市—广播事业—发展—研究—中国
Ⅳ.① G229.2

中国版本图书馆 CIP 数据核字（2017）第 115276 号

融媒体·新视听研究丛书

听觉媒介景观再造：城市广播转型研究

TINGJUE MEIJIE JINGGUAN ZAIZAO: CHENGSHI GUANGBO ZHUANXING YANJIU

著　　　　者	连新元	
策 划 编 辑	曾婧娴	
责 任 编 辑	曾婧娴	
排　　　　版	楠竹文化	
责 任 印 制	阳金洲	

出版发行	中国传媒大学出版社		
社　　址	北京市朝阳区定福庄东街 1 号	邮编：100024	
电　　话	86-10-65450532 或 65450528	传真：010-65779405	
网　　址	http://www.cucp.com.cn		
经　　销	全国新华书店		
印　　刷	北京玺诚印务有限公司		
开　　本	710mm×1000mm　1/16		
印　　张	19.5		
字　　数	319 千字		
版　　次	2017 年 8 月第 1 版	2017 年 8 月第 1 次印刷	
书　　号	ISBN 978-7-5657-2007-9/G·2007		
定　　价	68.00 元		

版权所有　翻印必究　印装错误　负责调换